山东高速青岛胶州湾大桥建设丛书

交通工程及沿线设施

董淑喜　主　编

于天胜
翟文琦　副主编

人民交通出版社股份有限公司

内 容 提 要

本书是青岛胶州湾大桥建设丛书的第七册，本分册共8章，系统介绍了大桥交通工程及沿线设施总体设计、通信系统、监控系统、收费系统、供配电照明及综合电力监控系统、交通安全设施和交通工程及沿线设施监理等相关技术内容。本书丰富了我国海上建设高速公路桥的建设技术资料库，可供跨海工程、桥梁工程技术人员和高等院校师生参考借鉴。

图书在版编目(CIP)数据

交通工程及沿线设施 / 董淑喜主编. —北京：人民交通出版社股份有限公司，2016.11

(山东高速青岛胶州湾大桥建设丛书)

ISBN 978-7-114-13487-6

Ⅰ.①交… Ⅱ.①董… Ⅲ.①交通工程-沿线设施 Ⅳ.①U417

中国版本图书馆CIP数据核字(2016)第280829号

山东高速青岛胶州湾大桥建设丛书

书 名：交通工程及沿线设施
著 作 者：董淑喜
责任编辑：张征宇 刘永芬
出版发行：人民交通出版社股份有限公司
地 址：(100011)北京市朝阳区安定门外外馆斜街3号
网 址：http://www.ccpress.com.cn
销售电话：(010)59757973
总 经 销：人民交通出版社股份有限公司发行部
经 销：各地新华书店
印 刷：北京市密东印刷有限公司
开 本：787×1092 1/16
印 张：10.75
字 数：248千
版 次：2016年12月 第1版
印 次：2016年12月 第1次印刷
书 号：ISBN 978-7-114-13487-6
定 价：40.00元
(有印刷、装订质量问题的图书由本公司负责调换)

《山东高速青岛胶州湾大桥建设丛书》编审委员会

编辑工作委员会

《交通工程与沿线设施》编委会

主　　编：董淑喜

副 主 编：于天胜　翟文琦

编写人员（按姓氏笔画排列）：

王　超　乐卫洪　刘娅君　江大全　张　莉

张国庆　周　毅　周晓斌　胡德功　赵　然

段　勇　谈万均　栾传平　曹　明　董君玲

程建新　虢得华

序

山东高速青岛胶州湾大桥(以下简称胶州湾大桥)是我国北方冰冻海域特大桥梁,是青岛市规划的东西跨海通道“一路一桥一隧”中的“一桥”。大桥全长41.58km,为山东半岛蓝色经济区战略的重要交通枢纽,它的建成对进一步完善青岛市东西跨海交通联系,为城市的深度发展拓展出崭新的空间。

胶州湾大桥,由青岛市人民政府采取特许经营权模式,进行公开招标。山东高速集团凭借良好的信誉、雄厚的资金和技术实力、丰富的建设管理经验,一举中标成为项目法人。

胶州湾大桥,早在1993年4月就开始前期工作,经历了规划、预可、工可、预设、施工图设计和招投标等严格的建设程序,共历时13年零八个月。这期间,包括两院院士、长江学者在内的数百名中外专家、学者为大桥的建设付出了心血和汗水。

胶州湾大桥开工建设以来,国家有关部委,山东省委、省政府以及青岛市委、市政府等各方面高度重视,要求建设者高标准、高质量地将其建成精品工程。全体建设者露宿风餐、无私奉献、奋勇攻关,确保了工程质量、建设进度和施工安全,整个工程建设过程中,未出现一起质量、安全事故,没有发生一起违法违纪事件。

胶州湾大桥建设者始终坚持创新引领,攻克了许多特大型跨海大桥的技术难题,他们发明的“水下无封底混凝土套箱技术”为世界首创;“稀索斜拉桥索塔的耳板锚固方式”具有独创性;兼具防雾和景观功能的LED桥梁护栏节能灯为世界首创;应用4D技术和4D管理理念实现了项目管理的集成化和可视化管理;并且在结构耐久性的研究和长寿命评估方面,实现了大桥全寿命周期的过程控制。新技术的采用全面提高了胶州湾大桥的运营效率、降低了运营成本、延长了结构的实际使用寿命,为海上桥梁的耐久性设计提供了数据基础和理论依据。

胶州湾大桥于2011年6月30日全线通车,它结构新颖、造型独特、气势恢宏、美观大气,像一条玉带飘荡在蔚蓝色的大海上。它也为冰冻海域的大型桥梁建设提供了一个可资借鉴的经验和样板。

鉴于胶州湾大桥在科技创新、工程美学价值、与自然环境的协调统一等各方面取得的成果,很有必要将其总结编写成书。该桥还先后荣获了“乔治·里查德森大奖”和“全国质量奖卓越项目奖”,前者是专门授予那些在技术创新、工艺造型、工程质量、人才培养等方面都有卓越表现的大型桥梁工程;后者是中国质量的最高荣誉,旨在表彰在质量管理、技术创新、节能减排、资源利用、经营效益及社会责任等方面取得突出成效的重点工程和项目。该桥还是全国首座获得“全国质量奖卓越项目奖”荣誉的桥梁工程。这些奖项的获得,也为中国桥梁工作者赢得了荣誉。

借此机会,向胶州湾大桥所有的建设者表示祝贺!

前　言

山东高速胶州湾大桥工程是我国在北方寒冷冰冻海域建设的首座特大型桥梁集群工程。该桥是青岛市交通规划中东西岸跨海通道“一路、一桥、一隧”中的“一桥”，是国家高速公路网青岛至兰州高速公路的起点段。

胶州湾大桥的交通工程及沿线设施，除应满足通常情况下高速公路要求之外，尚需考虑其他方面的要求，如海雾、冰冻、台风等天气影响；另外，对桥梁的照明、通信、监控等也提出了较高的要求。

胶州湾大桥交通工程及沿线设施，包括通信系统、监控系统、收费系统、供电照明系统、综合电力监控系统等。在建设过程中，秉持技术先进、安全畅通、以人为本、经济适用的理念，进行严格把控，有效保证了胶州湾大桥交通工程及沿线设施的施工质量。在运营过程中，各个系统的稳定运行也确保了大桥的运营安全和畅通。

《交通工程及沿线设施》是山东高速胶州湾大桥建设丛书的第七册。该分册共 8 章。第 1 章介绍了胶州湾大桥交通工程及沿线设施的构成和建设管理；第 2 章为交通工程及沿线设施的总体设计，包括设计依据、设计目标、设计原则等内容；第 3 章为通信系统，阐述了胶州湾大桥通信系统建设目标和原则，数据、图像传输和交换，公众信息服务，光电缆线路敷设等；第 4 章为监控系统，介绍了监控系统的建设目标和原则，分析了项目特点，对监控方案、系统构成、监控中心和防雷设施也进行了叙述；第 5 章为收费系统，详细介绍了胶州湾大桥收费管理方案、收费方式和收费设施系统组成；第 6 章为供配电照明及综合电力监控，主要介绍了胶州湾大桥配电设施、道路和收费广场照明，电力监控等内容；第 7 章为交通安全设施，介绍了胶州湾大桥的标志、标线、护栏、隔离栅、轮廓标及其他安全设施；第 8 章为交通工程及沿线设施监理，主要介绍了胶州湾大桥交通工程及沿线设施的监理依据、原则、工作目标、监理制度和监理程序等内容。

限于编写时间及编写者水平，本书难免存在不当之处，恳请同行指正。

编　者

2016 年 7 月

目　录

第1章 交通工程及沿线设施概况

山东高速胶州湾大桥是青岛市道路交通网络中胶州湾东西岸跨海通道的重要组成部分，也是山东省“五纵四横一环”公路网主框架的重要组成部分。

胶州湾大桥起点位于环湾大道李村河口200m处，终点位于黄岛侧胶州湾高速东1km处，顺接济青南线设计起点；中间设红岛互通与红岛连接线相接。沿线设置胶州湾大桥收费站（包括南区、北区）一处和红岛南收费站一处。在红岛侧设置管理中心，包括通信分中心、监控分中心、收费分中心。在青岛侧设置养护中心，负责胶州湾大桥的日常养护工作。

1.1 交通工程及沿线设施构成

胶州湾大桥交通工程及沿线设施分为管理设施和交通安全设施，未设置停车区、服务区等服务设施。管理设施，包括通信系统、监控系统、收费系统、供配电照明系统、综合电力监控系统等；交通安全设施，包括标志、标线、护栏、风障等。具体内容如下：

1）管理设施

（1）通信系统

通信系统是胶州湾大桥交通工程设施的重要组成部分，是为各级运营、管理提供不间断语音、图像和数据传输通道的专用通信网络，是高速公路安全、高速、畅通、高效运转的重要基础和保证。它采用光纤同步传输系统和数字程控交换机系统组成一套数字综合业务通信系统，主要包括光纤数字传输系统、数字程控交换系统、光电缆工程、电源系统4个子系统，实现胶州湾大桥范围内，以及与周边路网、山东省内通信交换网间的业务联网。

光纤传输系统根据网络结构，分为干线传输和综合业务接入网两个部分。干线传输根据山东省交通骨干网的需要，采用SDH光同步传输系统，在胶州湾大桥的红岛通信分中心设置ADM设备，建立主干网通信路由，使用四芯光纤和STM-4光接口连接山东省高速公路通信骨干网B环青莱高速公路黄山互通王台通信中心的中兴S385 SDH设备，上传本路的视频、语音、数据信号至省通信总中心。胶州湾大桥通信系统，采用用户综合业务接入网作为光纤数字传输系统平台，以便于和环胶州湾通信系统接入网SDH设备的互联互通和协同管理。本工程综合业务接入网环线段采用STM-4（622M）传输等级的SDH设备构建自愈环网。将青岛通信站和环胶州湾高速公路各无人通信站的ONU光网络单元与本工程设置在红岛通信中心的OLT光线路终端通过光纤连接成SDH双纤自愈环网。各站点SDH设备采用1+1保护连接,设备具有在线升级至STM-16(2.5G)的能力,并为不断增长的数据业务预留了一定接口与插槽。

(2)监控系统

监控系统是一个由计算机局域网、闭路电视、外场智能设备、光纤技术等集于一体的综合工程。在红岛管理中心设置监控分中心,负责胶州湾大桥和胶州湾高速公路全线的运营管理和交通状况的监控,同时,还负责加强与南济青高速公路监控中心的联系,交换交通信息,充分发挥路网通行能力。监控分中心包括计算机系统、大屏幕投影系统、信息控制台、闭路电视监控子系统等。监控外场设备提供交通信息、气象信息、执行控制命令。外场设备主要包括:

微波车辆检测器:在胶州湾大桥全线设置微波车辆检测器,以监测全线各个位置的车辆流量,了解全线交通状况。

气象检测器:检测桥面和路面气象信息,为大桥的运营管理者和使用者提供及时准确的气象信息,保障大桥的安全运行。

闭路电视监控子系统:沿线设置监控摄像机和视频事件检测装置,利用视频事件检测装置,自动检测交通事故、停车、拥堵等交通事件,便于监控分中心值班人员了解交通事件的真相;同时利用全线设置的摄像机,指导交通救援和疏导交通。

可变情报板:根据大桥和周边路网的交通状况,发布相关交通信息,提醒过往车辆相应注意事项。

(3)收费系统

根据联网收费的要求,采用封闭式收费。收费中心设置在红岛管理中心,收费系统采用"联网收费结算中心-收费中心-收费站"三级管理模式。本工程收费系统的管理体制分为收费中心、收费站两级。红岛收费中心设在红岛管理中心,负责胶州湾大桥和胶州湾高速公路收费系统的管理。各个收费站为基层收费管理单位,直接从事收费业务。本工程共有红岛南收费站和胶州湾大桥收费站(包括南区、北区)2处收费站。

根据山东省内高速公路投资主体及监管体制的现状,胶州湾大桥不停车收费和非现金支付系统的管理运营体制如下:

①省交通运输厅高速公路收费结算中心,为系统的中心管理机构、资金结算机构及客服总中心,全面负责系统的密钥、卡和电子标签(OBU)发行管理,承担鲁通卡业务的资金结算、管理,交换跨省(市)联网交易数据、清分结果,完成跨省(市)通行费收入的划拨,承担鲁通卡的运营管理职责,建设结算中心客户服务总中心,负责与银行共同发行个人记账卡,负责发行内部记账卡,建设对外统一的服务平台。

②收费站、车道、服务区等作为鲁通卡的主要消费网点运行,负责高速公路ETC车道、MTC车道的日使用;作为结算方业主纳入全省非现金系统中;在结算中心运营平台管理范围内建设客户服务中心、分中心及下属POS网点,进行鲁通卡的运营和推广工作。

③为发挥不停车收费的社会效益,在全省范围推广,可与银行、委托服务机构等合作作为自有服务网点的补充,一方面银行作为通行费资金管理的载体,另一方面通过银行发行个人记账卡以及委托银行进行鲁通卡代充值和代办业务。

(4)供配电照明系统

①供配电系统:胶州湾大桥的供电区域分为两个部分:一是李村河互通供电区域,包括

青岛主线收费站、李村河互通两个匝道收费站的房建区和收费广场的用电；二是海上桥梁供电区域，包括海上桥梁段的道路照明、检修照明、检修插座、外场监控、航空照明、除湿系统、混凝土防腐和夜景照明等用电。

由于胶州湾大桥海上桥梁段长度25.88km，沿线分布监控、除湿、航空障碍灯、LED护栏灯等设施，具有容量小、距离长、布设分散的用电特点，对电网的结构和运行要求比较高。若采用传统的低压供配电技术，会存在一定的问题，为此，胶州湾大桥采用中压电能传输系统来解决海上桥梁段的供电。

②道路照明：胶州湾大桥全线采用LED护栏灯替代传统的低杆灯对桥面进行功能性照明，包括道路主线和匝道，以及红岛连接线。LED护栏灯安装在钢护栏上横梁下方、横梁与护栏立柱结合部位，间距为2m；同时，防雾灯与LED护栏灯相结合，设置在护栏灯的一端，间距为20m。

在每个供电点位设置照明控制器，负责LED护栏灯和防雾灯的开启或关闭，以及道路照明的逐级调光控制和防雾灯闪烁频率的调整。道路照明控制系统嵌入综合电力监控系统，由综合电力监控系统远程操作照明控制器，完成相应的道路照明系统控制。

③收费广场照明：收费广场照明主要包括胶州湾大桥收费站（包括南区、北区）和红岛南收费站的收费广场照明。收费广场照明采用15m中杆灯和11m低杆杆，具体设置情况如下：

青岛主线收费站：4×400W中杆灯与250W低杆灯混合使用，中杆灯间距为70m，低杆灯间距为32m，两侧对称布置；

李村河匝道收费站：4×400W中杆灯，理论间距为70m，单侧对称布置；

红岛南收费站：4×400W中杆灯，理论间距为70m，两侧对称布置。

（5）综合电力监控

胶州湾大桥全线分布众多的供电设备，为方便管理人员操作，提高管理效率，节省人力，对全线供电设备实行集中监控，实现无人值守。综合电力监控，包括供电设备集控系统和变电所视频监控系统。监控内容包括5个10kV变电所、25处外场埋地式变压器、道路照明、收费广场照明、除湿系统等。

主干通信网络采用冗余自愈工程的光纤以太网，并辅助以局部的多模点对点光纤通信系统。在胶州湾大桥监控中心（位于红岛管理中心）内设电力监控中心，由该电力监控中心对大桥各供配电照明设施进行统一监控、管理及设备维护，大桥监控中心的电力监控主机实现对沿线各供配电照明设施的电力监控，可以调出任意供配电的设备运行情况、数据报表情况、负荷分布状况及视频图像等数据，既可监视又可控制。

（6）房建设施

胶州湾大桥在主线站、DE匝道收费站、CH匝道收费站和红岛站分别设置管理用房，以满足胶州湾大桥日常运营管理和生活需要。其中红岛站管理用房除满足红岛站日常管理和生活需要外，还兼具红岛管理中心综合办公、大桥监控等功能。同时站区内还进行绿化，并配有污水处理设备、燃气锅炉和中央空调等环保设施。为突出三大系统等重点设施，下文对房建设施将不再赘述。

2）交通安全设施

交通安全设施，包括标志、标线、护栏、风障、隔离栅、轮廓标及其他交通安全设施。作为胶州湾大桥的重要组成部分,对维护交通秩序,保障行车安全、快速、舒适,充分发挥道路交通功能起着重要作用。完善而合理的交通安全设施,不仅可以有效减少事故的发生和事故造成的损失,还可以提高行车的安全舒适性。胶州湾大桥安全设施的设置是按照国家相关的标准和规范,并结合胶州湾大桥自身特点,进行建设。实施时,在确保工程内在质量的同时,特别重视外观质量,严格按照"标志清晰明了,标线美观大方,护栏线形优美,隔离栅顺滑流畅"的外观质量要求进行施工。

1.2 交通工程及沿线设施建设管理

(1)建设理念

胶州湾大桥交通工程及沿线设施建设过程中始终坚持以下理念:

技术先进:交通工程是以电子、电气、网络控制、通信、机械等技术为基础的综合性系统,技术更新速度快,这就要求必须具有前瞻性。瞄准技术发展方向,保证系统技术的先进性。

安全畅通:现代化特大型桥梁的运行特点是"高速、高效、安全、舒适",机电工程是特大型桥梁的现代化管理设施,设置它的目的就是确保大桥安全畅通。

以人为本:机电工程的设置必须从大桥管理者和使用者的角度出发,应用自动化管理手段,降低运营管理人员的工作强度,建立舒适的交通环境,方便使用者。

经济实用:现代化桥梁的机电工程要采用先进技术,但如先进的东西不实用,在运营过程中没有使用价值,也不可在胶州湾大桥交通工程设施中投入使用。在实际选择过程中,以经济实用为主要要求,在总结已建桥梁经验教训的基础上,选择适合胶州湾大桥使用的系统。

(2)组织机构

山东高速青岛公路有限公司对工程建设实施全面管理,负责计划管理、招投标管理、合同管理、施工监理、质量控制、安全管理、物资管理等各项规章制度和办法的制订,负责施工图设计审查、工程招标、组织工程交(竣)工验收以及大桥工程的建设实行监督。公司下设8个处室、1个总监处、3个工作站:办公室、人力资源(政工)处、总工办、信息处、工程处、综合处、计划合约处、财务处、监理处、红岛工作站、黄岛工作站和李沧工作站。信息处负责机电工程施工管理。

胶州湾大桥建设全面实行监理制度。根据大桥建设管理模式,采取业主与社会监理相结合的二级监理结构体系。胶州湾大桥工程监理处由青岛公司组建,行使总监理工程师权力,下设10个驻地监理工程师办公室。胶州湾大桥工程机电、照明、供配电及机电集控工程项目设监理部1处,该监理机构受业主委托负责本工程的全部监理工作,机构实行一级监理制。

监理组织机构框图,如图1.2-1所示。

(3)实施计划

胶州湾大桥交通工程及沿线设施,内容多,专业面广,各系统与主体工程、土建工程之间界面复杂,且交通工程及沿线设施需在土建和房建工程提供一定的施工界面以后方可施工。根据胶州湾大桥总体计划,以及主体工程的进度情况,对照2011年6月30日通车的总目

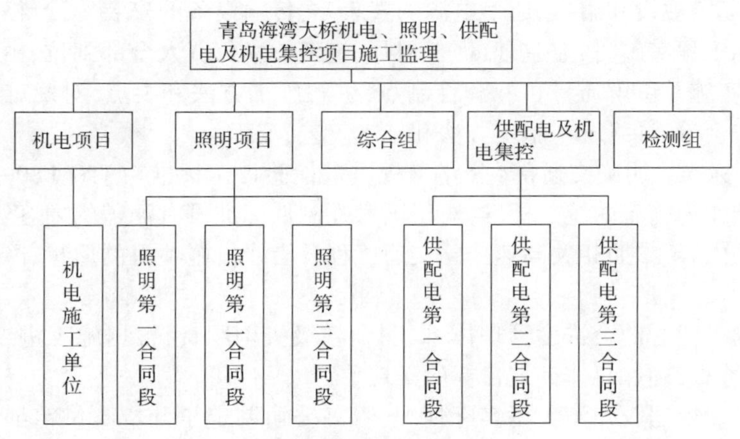

图 1.2-1　监理组织机构

标,根据交通工程及沿线设施实施周期倒排工期,制订施工计划,其主要控制点如下:

①2010 年 12 月 31 日前完成联合设计文件批复。

②2011 年 1 月 10 日前完成设备采购工作。

③2011 年 5 月 4 日,完成光缆敷设、电源系统安装、通信系统、收费系统、监控系统安装调试。

④2011 年 5 月 24 日前完成三大系统联调。

⑤2011 年 5 月 31 日前完成开通前准备,数据库清理。

(4)具体做法

①联合设计。交通工程及沿线设施不同于土建工程,土建施工单位进场后基本上是按图施工,而交通工程及沿线设施在招标前未确定设备的型号、品牌,所以其施工图只是一个系统方案图。指挥部组织交通工程及沿线设施设计、监理、承包单位,召开胶州湾大桥工程交通工程及沿线设施联合设计会议。依据工程招投标文件,结合交通工程新技术发展现状和本工程实际情况,充分考虑本路段与山东现有路网联网收费的功能要求,对本工程施工图设计进行了优化调整,形成了相关意见。

②联合采购。为了保证项目的工程质量,业主单位与施工单位联合采购,对各系统的主要材料、关键设备进行了多家对比,择优选定设备、材料。

③施工图设计。根据联合设计确定的方案和联合采购确定的设备,完成最终施工图。

④质量控制。

a.建立健全质量管理体系,严格检验程序。对每个分项工程,在批准施工实施细则以后,严格执行"开工申请—工序自检—监理复验认可—施工单位自检报告—监理签认检验合格证书"的程序。开工申请由施工单位提交,监理审核批准后方可开工。工序检验由施工单位进行,并有专业监理工程师在场,发现缺陷及时纠正和返工,把质量事故消灭在萌芽状态。

b.加强施工过程的质量控制。强化现场质量监督,及时发现问题、消除质量隐患。监理根据分部工程编制专项工程监理细则,明确监理程序和要求。

c.实行首段定标制。对各系统的施工方法及工艺,采取首段定标制。各种外场设备的安装、电力电缆的敷设、分中心的设备安装、收费车道设备的安装、线圈的切割和敷设、机房设备的安装、光缆的敷设和熔接、通信电源的安装、光传输设备的安装等,严格执行了首段定标制。首段定标工程实施时,业主、监理工程师、施工技术负责人全部到位,由施工人员按程序作业,分步骤实施并讲解质量目标和控制点,讲解施工方法和要点,对疑难工艺和质量控制难点实施各方会诊,最终统一施工方法和施工工艺、流程。

d.统一质量标准。明确交通部《公路工程质量检验评定标准》(JTG F80—2004)以及其他相关行业标准作为施工的统一标准,对于国家强制性标准没有涵盖的内容,组织学习相关招投标文件相关内容,参照相关高速公路交通工程及沿线设施项目的质量评定标准,统一施工质量标准。

⑤进度控制。建立健全进度管理体系,明确各级机构职责,根据施工进度计划,严格进度计划的落实、检查,确保总体计划目标的实现。

⑥投资控制。根据胶州湾大桥实际情况,青岛公司制定了计量支付精细化管理制度及程序。严格按照合同计量支付条款、管理办法及程序等开展计量支付工作。工程款计量、支付,主要依据有:工程量清单、图纸、工程变更令及修订的工程量清单、合同条件、技术规范、计量管理办法、通知、指令、合同协议等。

第 2 章

交通工程及沿线设施总体设计

2.1 概述

胶州湾大桥交通工程及沿线设施,包括通信系统、监控系统、收费系统、供配电照明、安全设施等,是一个技术密集的多学科系统工程。图 2.1-1 为胶州湾大桥全线示意图。

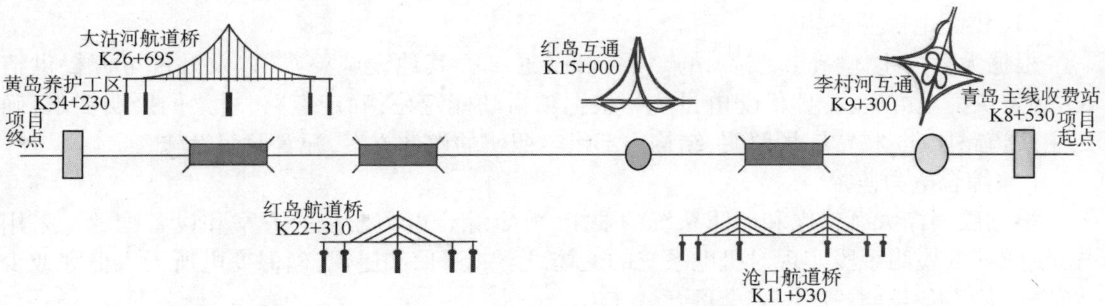

图 2.1-1 胶州湾大桥全线示意图

交通工程及沿线设施作为大桥运营管理的基础平台,如何利用最新理论技术,挖掘交通工程潜力,最大限度地为道路使用者提供优质服务,为管理者提供可靠的决策依据,构建稳定、高效、先进、经济的一体化系统,是提升大桥工程项目水平的主要目标和关键所在。胶州湾大桥交通工程及沿线设施,应以系统、先进、合理的设计理念和思路贯穿始终,具体体现为:

(1)与桥梁、道路等主体工程协调一致,保证大桥设计的整体统一。

(2)以建设一条"安全之路、畅通之路、环保之路"为目标,体现以人为本的设计理念,结合工程特点,合理分配资源和发挥各个系统功能,为道路使用者提供最大限度的方便与快捷,为管理职能的实现提供必要的硬件和软件支持。

(3)以系统的设计思路,指导通信系统、监控系统、收费系统、供配电照明、安全设施等专项设计,将各个专业集成融合,以保证大桥的高效运营。

(4)结合交通工程技术的最新发展,合理选用新设备、新技术,确保系统功能可靠、技术先进、易于维护。

(5)立足山东省高速公路网整体架构及通信骨干网、联网收费等远期规划,使系统具有良好的网络管理能力和可扩展性。

交通工程及沿线设施总体设计的主要内容包括：

1)管理养护机构

分析高速公路管理养护机构现状及规划，确定胶州湾大桥管理养护机构设置方案、设置位置、建筑面积和占地面积。

2)通信设施

确定通信设施设计原则和设计内容，明确通信系统与相邻高速公路通信系统联网方案，提出各个分系统设计方案，具体包括光纤数字传输系统、程控数字交换系统、室外光电缆、通信电源系统和通信管道工程。

3)监控设施

确定监控设施设计原则和设计内容，分析相邻路网现有监控设施情况，结合工程特点，论证监控设施的实施方案、监控对象、设备布设、信息传输和监控分中心设计。

4)收费设施

确定收费设施设计原则和设计内容，在分析现有高速公路路网收费概况的基础上，提出本项目收费制式和收费方案，确定收费系统构成、设备配置、系统功能，并完成收费系统土建工程设计。

5)供配电照明设施、综合电力监控

(1)供配电照明设施

根据大桥的主体特点、收费站点设置和交通工程其他设施要求，以及外部电源提供情况，确定供配电方案，配置供配电设施。根据项目功能定位，确定道路、桥梁的照明要求，确定主线道路照明、收费广场照明、结构内部供电照明的设计方案，配置照明设施。

(2)综合电力监控

根据胶州湾大桥供电和照明系统的要求，确定综合电力监控的方案和设备配置。采用先进、成熟的检测手段实现对机电系统的遥控、遥测、遥信和遥视，确保变电所无人值守或少人值守，使设备长期、高效、安全运营。

6)安全设施

根据路网和本项目实际情况，提出安全实施设计原则，确定设计方案和设计规模，包括：标志的布设原则和版面设置；标线的设置及材料使用；护栏形式和布设原则；结合主体工程平、纵面设计制订护栏设置方案，确定护栏材料；隔离栅设置及材料应用；防落网、视线诱导标及其他安全设施设计。

7)房屋建筑

根据管理养护机构的设置方案、建筑面积和占地面积，以及相关管理人员的岗位安排，确定房屋建筑的设计方案，结合周围环境，合理构建管理中心、收费站和养护工区的房屋建筑。

2.2 设计方案

2.2.1 运营管理体制及养护管理机构设置

(1)运营管理机构的设置原则

目前已开通运营的特大型桥梁均采用一桥一公司的管理模式。随着道路管理和营运的不断发展，管理体制总趋势是适应市场经济发展，逐步趋向集团化和公司企业化，既能体现集中统一指挥，也利于近期和远期管理上的连续性。

管理体制设置以《中华人民共和国公路法》为指导，按照专线管理的模式，成立大桥管理公司，同时还应充分考虑到大桥开通后与山东省高速公路联网运行的需要，以及国家制定的相关产业政策导向，设置胶州湾大桥管理体制。

(2)运营管理体制设置

胶州湾大桥设立路桥一体的大桥管理中心，对全线进行监控、通信收费、养护、经营等全面业务管理。

(3)管理养护机构设置(图 2.2-1)

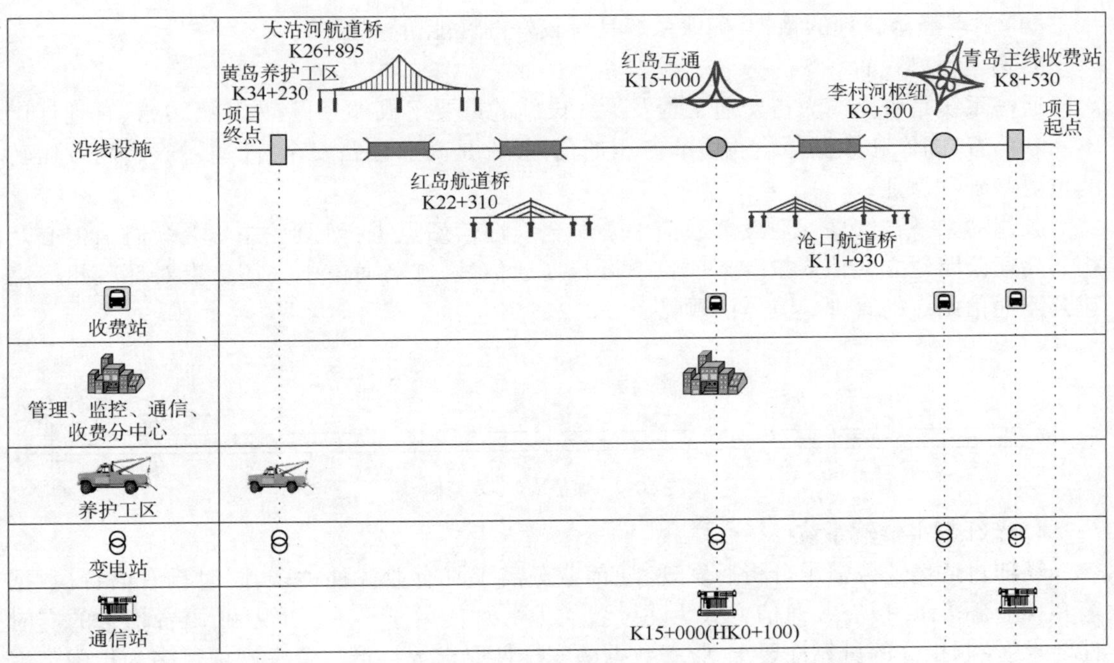

图 2.2-1　胶州湾大桥全线示意图

管理中心：为满足胶州湾大桥和胶州湾高速公路的正常运行管理需要，设置独立的监管一体化管理办公及配套设施机构。胶州湾大桥运营管理部门和监控、通信、收费分中心合设在红岛管理中心。

收费站：根据本项目全封闭收费系统特点，同时为保证全线的收费管理，本工程共设置胶州湾大桥收费站 1 处、红岛南收费站 2 处。

养护工区：为满足胶州湾大桥的养护管理需要，保证全线高效、迅捷、畅通地运行，养护工区设置在李村河互通收费北站处。

2.2.2　通信系统

1)设计目标

(1)为高速公路全线管理、监控、收费等部门提供不间断通信服务。

(2)保证各系统语音、数据、图像信号的实时传输。

(3)建立由光同步数字网、综合业务接入网和程控数字交换系统等组成的高效率通信传输网络。

(4)为道路使用者提供紧急电话呼叫服务。

(5)符合山东省高速公路通信网总体规划,预留全省专用通信网的组网条件。

2)设计原则

(1)与收费、监控等系统协调一致,满足高速公路运营和管理的要求。

(2)结合目前通信专网技术的发展,确保系统功能可靠、技术先进、易于维护。

(3)充分考虑系统与相关路网尤其是环胶州湾高速公路通信系统的汇接,并为通信网络的发展留有充分的系统容量。

(4)本着经济合理的精神,确保系统具有较好的性能价格比。

3)通信设施设置

通信系统是胶州湾大桥交通工程及沿线设施的重要组成部分,是为各级运营、管理提供不间断语音、图像和数据传输通道的专用通信网络,是高速公路安全、高速、畅通、高效运转的重要基础和保证。

胶州湾大桥在红岛互通设置通信中心对全线通信站点进行管理,并与上级通信中心及相邻高速公路建立通信连接。本项目下设青岛通信站,红岛通信中心还负责对环胶州湾高速公路通信站点的管理。具体设置见图 2.2-2。

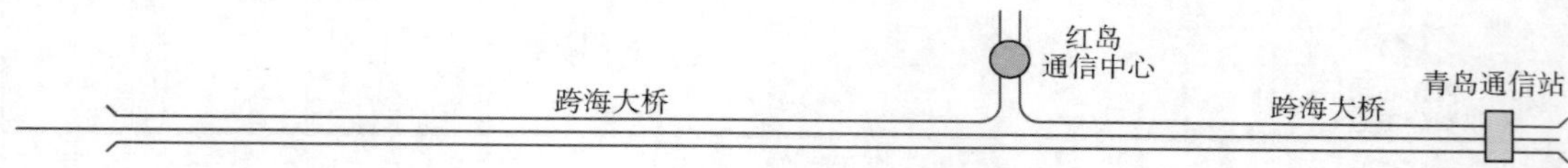

图 2.2-2 通信站布设示意图

4)光纤数字传输系统

经项目通信业务需求分析后发现,通信业务需求具有业务种类多,同时具有语音、数据等多种业务需求,以有线通信方式为主。各类业务性能要求不一,如视频、语音信号的实时性要求、控制指令的可靠性要求、收费数据的安全性要求等特点。考虑到项目多为集中汇聚型业务,带宽固定且可预见,对时延较为敏感,数据量不具备大的突发性。胶州湾大桥采用以下通信传输方案:

胶州湾大桥在红岛通信中心设置 ADM 设备,建立主干网通信路由,使用四芯光纤和 STM-4 光接口连接山东省高速公路通信骨干网 B 环青莱高速公路黄山互通王台通信中心的中兴 S385 SDH 设备,上传本路的视频、语音、数据信号至省通信总中心。接入网将青岛通信站和环胶州湾高速公路各无人通信站的 ONU 光网络单元与本项目设置在红岛通信中心的 OLT 光线路终端通过光纤连接成 SDH 双纤自愈环网。

每处监控外场摄像机与红岛监控分中心之间的图像传输(包括外场摄像机图像以及视频检测器图像)采用直接传输方式。红岛监控中心需向山东省监控总中心上传 4 路图像,每路图像占用 2×2M 带宽。

沿线监控外场设备数据通过通信系统为其设置的光纤以及监控系统设置的数据光端机传输至红岛通信中心;距离青岛通信站较近的外场设备直接采用光端机将数据传送至青岛

通信站机房,还原出的低速数据再通过监控系统设置的串口终端服务器转换成10M/100M以太网接口信号送入本站ONU设备以太网板,通过综合业务接入网传输至红岛通信中心。

收费站的视频图像采用视频数据复用光端机传输,通信系统为其提供光纤。收费站和收费中心之间的数据传输采用10M/100M以太网口传输,通信系统在沿线各通信站的接入网设备上提供10M/100M以太网接口。收费中心向省收费中心直传2路图像,每路图像占用2×2M带宽,通信系统在ONU、OLT及ADM设备上为其提供2M接口。

5)程控数字用户交换系统

在红岛通信分中心设置800线程控交换机,负责本路段电话用户的接入与管理。程控交换机的电话业务通过V5接口板与光线路终端设备OLT连接,语音数据经光综合业务接入网传输至光纤网络单元ONU,通过其话音板直接连接用户设备。通过SDH主干网和程控交换机中继接口模块建立与公共市话网、上级管理中心和相邻高速公路的模拟中继、数字中继,如图2.2-3所示。

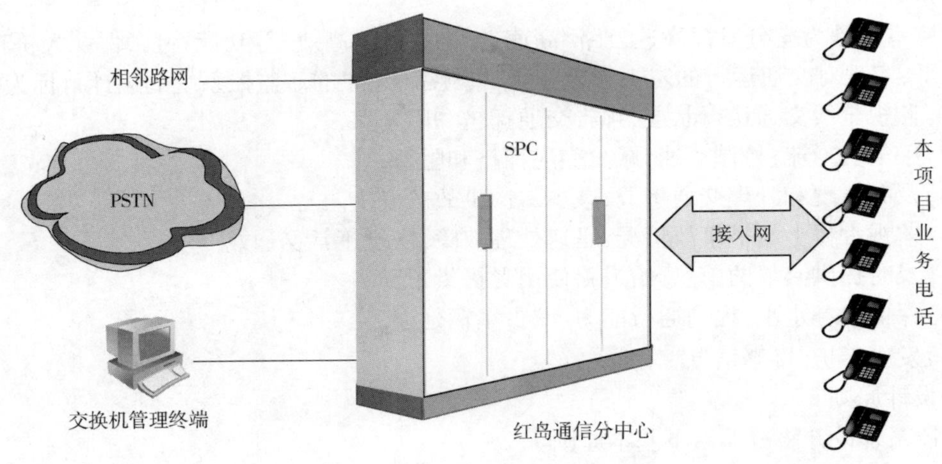

图2.2-3 程控交换系统构成图

在红岛监控中心多功能会议室设置会议电视系统服务器和会议电视终端,服务器提供的主要业务功能包括:电子白板、文件传输、应用共享和多方交谈。利用这些功能,用户可以一边发表意见,一边在电子白板上描述直观想法,并可向其他与会人员发送各种数据文件,从而提高会议交流效果。在胶州湾大桥收费站、李村河互通收费站(北区)、李村河互通收费站(南区)、红岛南收费站设备置1处会议电视终端。

6)光缆敷设

胶州湾大桥沿线敷设光缆,完成各通信站间的干线和区间通信传输,以及沿线监控系统和收费系统数据、图像传输。为避免多次切断熔接带来的信号衰减,本项目采用分缆制设计。将光纤数字传输系统、站间收费视频传输合于综合通信光缆内,将监控视频传输、监控外场设备数据传输、综合电力监控等合于综合监控光缆内。项目光纤敷设方式如图2.2-4所示。

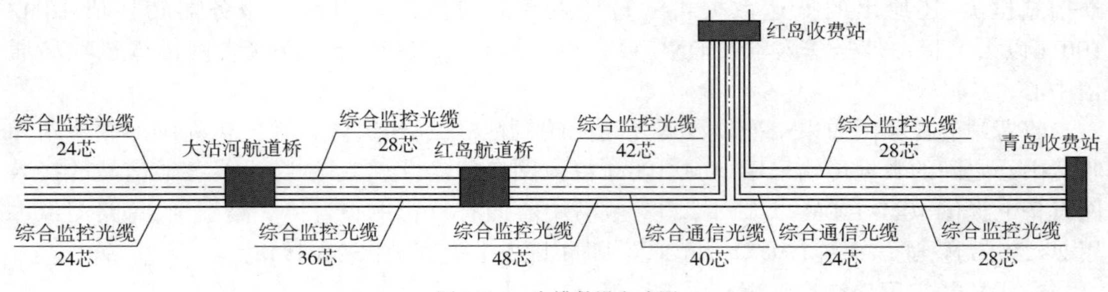

图 2.2-4　光缆敷设方式图

2.2.3　监控系统

1)设计内容

监控系统设计内容,包括设计目标、设计原则、监控策略、监控系统组成、外场监控设备布设方案、监控分中心系统构成、外场监控设备的数据传输方案等。

2)设计目标

监控系统是为充分发挥高速公路“高速、安全、舒适、高效”等功能特性,保证大桥较高的服务水平,实现对交通运行的宏观管理和实时调度而建立的。监控系统的设计目标为:

(1)监视全线交通运行状况,预告交通拥挤和阻塞路段。

(2)平滑交通流、控制车速,减少交通拥挤和阻塞。

(3)及时发现和处理交通事故,减少二次事故的发生。

(4)监视大桥上车辆事故情况,迅速处理故障,恢复正常交通。

(5)及时提供必要的信息,给道路使用者提供帮助。

(6)保证服务水平,提高通行能力、减少车辆延误。

(7)发布养护、维修信息。

3)设计原则

监控系统设计将遵循以下基本原则:

(1)安全性和可靠性:选择成熟可靠的设备,通过合理的设备冗余提高系统的安全性,保证系统可靠运行。

(2)先进性和实用性:综合考虑国内外交通监控发展趋势,采用先进的技术和设备,同时尽量节约投资,保证最优的性价比。

(3)易操作、便于维护和可扩展性:系统具有友好的人机界面,实现硬软件模块化,使系统易于操作,便于维护和管理;同时选用开放性和兼容性好的设备,使系统易于扩充和升级。

(4)系统性和协调性:结合整个路网的情况全面考虑监控系统的设计,在功能设计上区分重点,在设备布设上避免重复、矛盾,使系统设计合理、协调统一;同时实施规模及水平与道路系统其他部分协调一致,最大限度地发挥交通工程设施的整体作用;重视与相邻道路的衔接,保证路网安全畅通。

(5)远近结合、合理设计:随着交通量增加和路网的拓展,监控系统的规模会逐渐扩大。因此,采用力争一次设计完善,并为远期做好预留预埋工作的原则,以保证建设资金的合理利用。

4)项目特点分析

(1)道路分析

胶州湾大桥一期工程全长36.48km。由于胶州湾大桥为高速公路特殊路段,空间环境有限,加之大桥长度较长,发生交通事故时,极易造成严重的交通堵塞。交通发生异常后,如何快速准确检测,如何减少阻塞,事故发生后如何快速地组织排障救援,有效组织交通流及快速恢复交通正常运行是监控系统需要解决的问题。

(2)交通分析

本项目预测的基年为2003年,预测年限为项目建成后20年。本项目预计2008年下半年建成通车,预测特征年为2009年、2015年、2020年和2028年。根据所建的预测模型,胶州湾大桥2009年平均交通量28763pcu/d,2015年平均交通量45480pcu/d,2020年平均交通量预测为59163pcu/d,2028年平均交通流量预测为76071pcu/d,最大断面交通量80317pcu/d。

根据交通量预测,胶州湾大桥在开通后至2028年其道路服务水平仍能维持在二级服务水平,因此,交通事件类型主要是偶发性事件。因此,2028年之前监控系统的主要目标是针对偶发性事件的检测和交通诱导,减少偶发性事件引起的阻塞,在道路服务水平降至二级及以下时,再进一步完善监控系统,加强对常发性拥堵的检测和交通诱导控制。

(3)气象分析

青岛地处北纬36℃的胶州湾,濒临黄海,受季风气候和海洋性气候交替影响,气候季节变化比较明显。主要灾害天气,有台风、海雾、雨雪、雷暴等,由于一年四季均有灾害性天气(特别是大风和大雾)发生,对大桥正常运行会产生较大影响,其中台风、海雾、雨雪等天气是影响交通运行的主要气象因素。

由国内外高速公路的运行情况看,恶劣的气象对道路交通影响是非常严重的,容易导致交通事故的发生,造成惨重的人员和财产损失。考虑到项目区域内的气象特点,设计中将采取针对性的监控措施,对能见度、风速、风向、雨量、路面状况等参数进行监测。

5)监控系统总体设计方案

(1)监控策略

按照《高速公路交通工程及沿线设施设计通用规范》(JTG D80—2006)的有关监控设施配置的要求,本项目作为双向六车道城市快速路的特大桥路段,应配置A12类的监控设施,信息采集以车辆检测器、闭路电视、紧急报警设施为主,配置完善的信息采集、交通异常自动判断、交通监视、诱导、主线及匝道控制、信息处理及发布等设施。通过以上道路、交通和气象因综合分析,本项目的监控策略细化如下:

①近期监控策略。自动采集和统计主线路段的交通参数,收集全线的事故报警信息,将胶州湾大桥作为监控重点,设置全程覆盖的视频监视,配置完善的交通诱导和速度控制设施,结合路网监控要求在部分地点设置交通信息发布设备,进行综合气象参数的检测。

②远期监控策略。随着交通量的增加,逐渐完善全线的交通诱导和速度控制措施,增强交通参数的统计和检测,提高交通分析的精度,增强交通信息发布和交通诱导功能,完善交通异常自动检测,增强对交通流的警告或速度调节功能。

(2)监控系统组成结构

本工程监控系统,由交通监控子系统和闭路电视监视子系统组成。

①交通监控子系统。

a.交通信息检测部分。在主线站、互通、枢纽立交、转向车道的两侧布设微波车辆检测器,用于交通流检测,统计分析不同路段的交通参数,结合全程覆盖的视频监视系统,为交通状况监视与道路运营提供依据。

由于胶州湾大桥气象条件复杂,设置气象检测站,对温度、湿度、气压、雨量、风速、风向、能见度等参数进行检测,考虑到海雾是青岛气候的显著特点,增设能见度检测器,用于雾、雨等影响能见度的气象条件的检测。

设置路面状态检测器,用于检测路面温度、湿度、水膜厚度等路面状态参数,同时结合地区气象预报对交通采取相应的控制措施。

b.交通信息诱导控制部分。交通诱导控制主要用于协助疏导交通,向驾驶员提供交通信息,保证道路安全畅通,提高路网整体通行能力。

在主线站、枢纽、互通出入口及转向车道附近设置门式可变情报板,用于发布前方交通状况、交通诱导信息等。设置可变限速标志对行驶车辆速度进行提示和限制;设置车道控制器对车辆进行路线控制,同时结合胶州湾大桥上的转向车道,对交通流进行合理的诱导与控制。

②闭路电视监视子系统。闭路电视监视子系统可直观、及时地监视胶州湾大桥的交通运行情况和事故现场,并对特殊事件进行确认。

摄像机布设方式按照500m间距双侧交错布设遥控摄像机,达到全桥无盲区监控,同时在三座通航桥孔布置遥控摄像机监测航道水面。

系统结构:系统由监控分中心视频控制设备、互通或枢纽外场遥控摄像机、大桥摄像机及数据传输通道组成。

2.2.4 收费系统

1)设计目标

(1)适合本工程的具体特点,提高运营管理的效率。

(2)所有的收费登记必须全部入账,所有的登记、记录必须完整、准确,最大限度地堵塞源自收费人员的财务漏洞。

(3)根据车辆类型和行驶里程对高速公路的所有车辆正确收费,减少逃费现象的发生,最大限度地堵塞源自驾驶员的交费漏洞。

(4)系统具有处理多种特殊情况的能力,以使每辆车都有准确的处理记录。所有收费记录力争实现计算机化,统计报表准确、及时,满足管理方面的要求。

(5)收费操作过程简明、实用,有助于减轻收费员的工作强度。

(6)系统应具备较高的服务水平,尽可能避免造成不必要的交通延误。

(7)系统具有先进性、高可靠性和后备功能,局部故障不影响其他部分的正常工作。

(8)系统具有可扩充性、可互换性和易维护性,易于实现升级,兼容性强。

(9)定时向交通监控系统(管理分中心)提供收费站交通数据。

(10)收费站和收费分中心可实现数据汇合,统一进行数据管理及报表输出等职能。

(11)实现与相关路段的联网收费,拆账准确无误,严防作弊,并能适应全省联网结算的要求。

(12)加强对军车、紧急车、公务车等特殊车辆的管理。

2)设计原则

(1)在满足交通部颁布的《高速公路联网收费暂行技术要求》和《山东省高速公路信息管理系统总体设计方案(收费系统)》的基础上,结合本路段的具体实际,以使收费系统的设计原则标准化和规范化。

(2)结合工程本身的实际情况,量身裁衣,尽量节约投资。

(3)适应路网规划发展,收费站点布局合理,满足近期使用和远期规划要求。

(4)在实用、可靠的前提下,优先选用国内先进技术和设备。

3)收费设施设置

本项目一期起点位于青岛市崂山区海尔路,终点与南济青高速公路相接,南济青高速公路和胶州湾高速公路均与山东省高速公路实现联网收费,因此,本项目也一同纳入山东省高速公路联网收费系统。全线共设置红岛南、胶州湾大桥2处收费站。

收费中心设在红岛管理中心,统一管理胶州湾大桥全线的收费业务。

(1)收费方式

采用封闭式收费制式,需满足《山东省高速公路信息管理系统总体设计方案(收费系统)》的要求。

依照《山东省高速公路信息管理系统总体设计方案》,山东省联网收费高速公路实行"一卡通",采用封闭式收费制式。收费方式为半自动方式,即"入口发卡,出口验卡、收费"。通行券采用符合 Mifare 国际标准的非接触式 IC 卡,通行费根据行驶里程和车型分类及车辆质量按有关标准收取。为加强收费业务的管理,收费过程由计算机系统控制并通过闭路电视系统对收费全过程进行监视稽查。

目前采用人工判别车型、牌照自动识别、称重系统称重、人工收取通行费、车辆检测器校核、计算机管理、闭路电视监视的半自动收费方式。

(2)系统构成

胶州湾大桥收费系统采用五级计算机管理系统,即收费总中心-收费中心-收费分中心-收费站-收费车道。本路段收费分中心设在红岛互通。收费分中心除负责所管辖的各收费站业务外,并对各收费站上传的数据进行汇总、整理和上报,如图2.2-5所示。

收费 CCTV 系统重点监视收费车道、收费亭内的收费交易情况和收费广场的交通运行情况,同时应用视频技术和先进的多媒体图片处理技术,站级值班员可以直接控制所辖站所有摄像机图像的切换以及录像等,收费分中心可查看收费站图像,必要时可以直接参与控制、提取各站所需要的摄像机图像。

胶州湾大桥收费设施,采用"集中监控"的管理模式,即只在红岛监控中心设置完备的收费管理计算机系统、视音频监视系统,收费站设置无人值守视音频监视系统,相应的视频图像在收费站通过视频分配器一分为二,一路输入至硬盘录像机,另一路通过视频光端机传输至红岛监控中心,由红岛监控中心负责监视。收费站视音频监视系统,由外场设备、传输设备、控制室设备三部分组成。外场设备,包括广场摄像机、车道摄像机、收费亭摄像机(含拾音器)、财务室摄像机、控制室摄像机、数据图像叠加器;传输设备包括视频光端机和传输介质;收费站控制室设备包括视频分配器、硬盘录像机、光端机和硬盘录像机监视器。

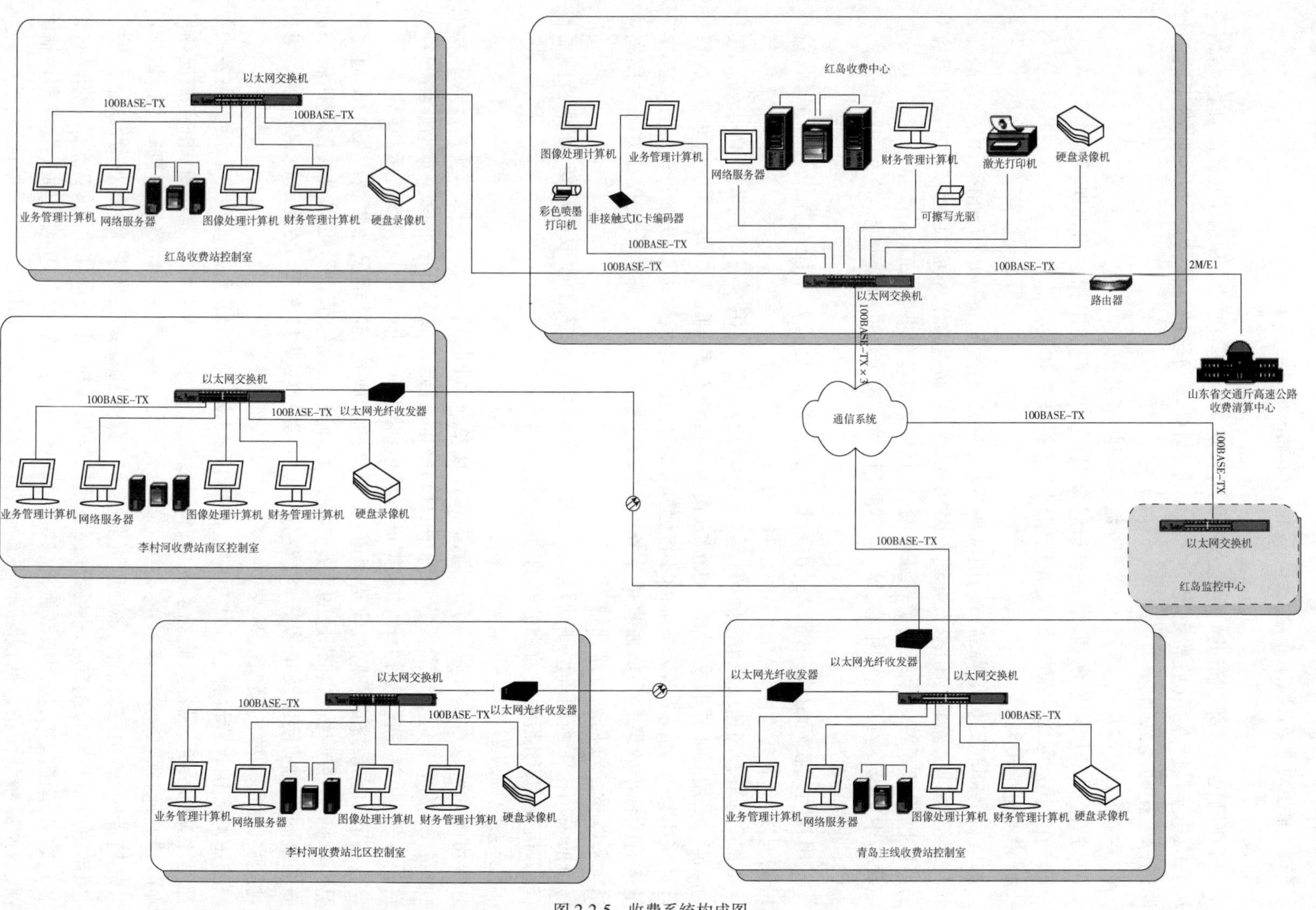

图 2.2-5　收费系统构成图

2.2.5 供配电照明

1)设计思路

供配电系统施工图设计是为道路照明、箱梁内部检修照明、外场监控、钢箱梁除湿和夜景照明,以及互通收费站提供可靠电源的专项设计,是《公路工程基本建设项目设计文件编制办法》第八篇交通工程及沿线设施中的一部分,是大桥日常营运管理的重要组成部分。它的设计直接影响到交通工程各子系统的可靠性和系统的维护管理。

2)供配电工程

(1)供电对象和范围

结合胶州湾大桥的地理位置,供电范围分为4部分:李村河互通(南北)、海上桥梁段、红岛互通。李村河互通范围内的用电设施,包括主线收费站和李村河互通四个匝道收费站的收费广场照明、收费通信和房建设施用电设施及养护工区的房建设施用电。海上桥梁段的主要用电设施,包括结构内部照明、道路照明、通航孔桥夜景照明等设施及红岛管理中心的房建设施用电。红岛互通的主要用电设施,为收费广场照明、收费通信和房建设施用电。

(2)负荷等级和供电要求

按照国家规范要求,根据胶州湾大桥范围内电力负荷的重要性和中断供电产生的政治、经济影响程度,供电等级分为下列三级:

一级负荷:通信、收费、航空障碍灯、结构健康检测、应急照明等大桥特有的重要用电;

二级负荷:除湿机、主塔下横梁内照明、钢箱梁内照明、大棚照明;

三级负荷:检修用电、道路照明、桥梁夜景照明、收费广场照明、收费亭空调、房建区办公生活用电。

照明供电电压偏差允许值不应超过+5%~-10%,其他用电设备无特殊规定时,供电电压偏差为±5%。

(3)李村河互通供电方案

在青岛主线收费站区变电所设置10kV外线引入点,通过中压10kV电缆、高压柜等设备,以放射式的供电方式将青岛主线收费站、李村河南收费站、李村河北收费站的变电所或箱式变电站统一起来。具体方式如图2.2-6所示。

三个收费站变电所或箱式变电站,均采用"1路10kV市电+1台柴油发电机"的供电模式。在市电停电的情况,发电机自启动,在15s之内正常供电,确保收费站区通信、收费、消防等重要负荷的用电连续性。只在青岛主线收费站的变电所内设置高压计量装置,以便于供电部门收取电费,各个高压出线均设置计量表,便于内部考核。

(4)海上桥梁段供电方案

在红岛管理中心房建区设置10kV中心变电所。该变电所共设置4台变压器。2台10/0.4kV、500kV·A的干式变压器,为管理中心提供0.4kV可靠电源;2台10/5.5kV、1000kV·A的干式变压器,为海上桥梁段提供5.5kV电源。根据主桥段用电设备的性质和用途,将5.5kV中压线路分为三种:

①道路照明:主要为桥面道路照明提供电源,白天关闭,夜间开启。

②检修照明:主要为箱梁内照明插座、外场设备、航空照明、除湿系统和混凝土防腐提供

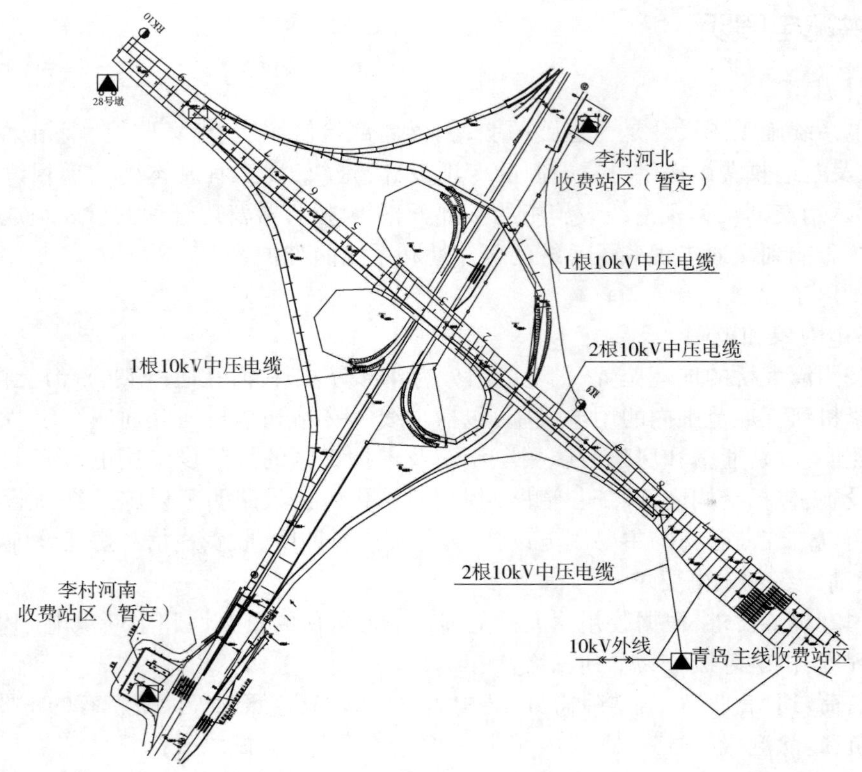

图 2.2-6　李村河互通供电区域图

电源，全天候开启。

③夜景照明：主要为沧口、红岛和大沽河航道桥的夜景照明设施提供电源，白天关闭，夜间开启。

由于海上桥梁段约 25.35km，根据胶州湾大桥的特点，以 117 墩为界，将整个海上桥梁分成两个供电分区：

K8+770～K15+290，分别从红岛中心开闭所引 3 个中压电缆回路，为道路照明、内部检修和夜景照明设备供电；

K15+290～K34+120，分别从红岛中心开闭所引 3 个中压电缆回路，为道路照明、内部检修和夜景照明设备供电。

具体形式，如图 2.2-7 所示。

根据桥梁用电设施的位置和特点，全桥共设置 21 处供电点（供电点与检修钢平台合设），供电设备放置在检修平台或混凝土箱梁内（300 号墩处），采用 5.5/0.4kV 埋地式变压器供电，为道路照明、内部检修供电、钢箱梁除湿、航空障碍灯、桥梁防腐、夜景照明等提供 0.4kV电源。

（5）黄岛连接线、红岛互通供电方案

红岛互通收费站均采用“1 路 10kV 市电+1 台柴油发电机”的供电模式。在市电停电的情况，发电机自启动，在 15s 之内正常供电，确保收费站区通信、收费、消防等重要负荷的用电连续性。

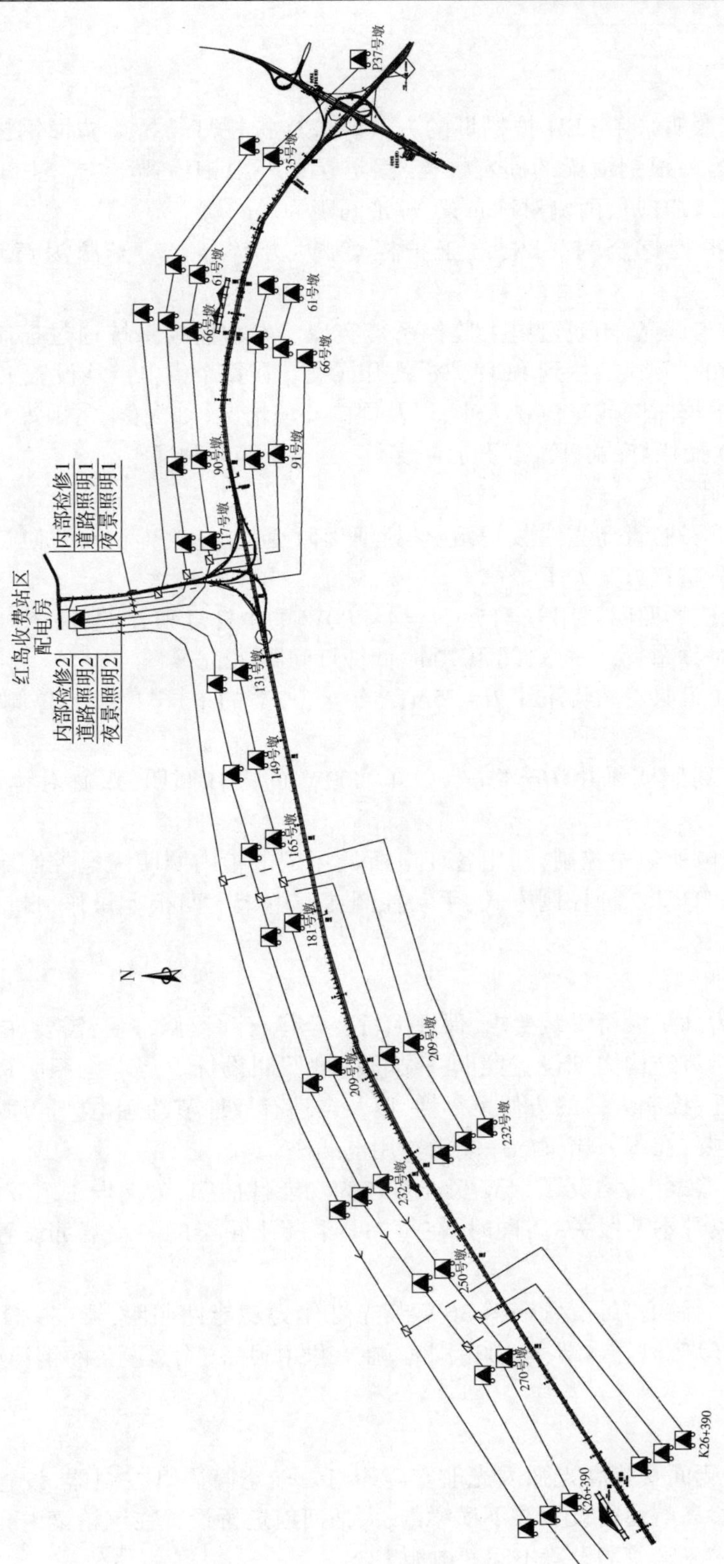

图 2.2-7 海上桥梁段供电区域图

3)照明工程

(1)道路照明

胶州湾大桥道路照明采用LED护栏灯的方式。LED护栏灯与桥梁防撞钢护栏有机结合,利用护栏立柱与第一根钢横梁的固定螺栓,固定在第一根钢横梁下方。主线采用10W LED灯,匝道采用8W LED灯,两侧对称布置,理论间距为2m。

防雾灯与LED护栏灯合为一体,嵌于护栏灯内,功率为1W,光源为黄色,理论间距20m。

道路照明的控制与调光,均通过电力监控系统实现。电力监控系统通过控制道路照明配电箱内交流接触器的开或关,达到LED护栏的开或关。在每个供电点均设置LED照明控制器,电力监控系统根据时间或车流量大小,以及周围环境情况(如大雾、雷雨等),通过LED照明控制器调整LED护栏灯的亮度,或开启防雾灯,引导车辆顺利通行。

(2)收费广场照明

本项目共四个收费站:青岛主线收费站、李村河南匝道收费站、李村河北匝道收费站和红岛互通收费站,照明布置方案如下:

①青岛主线收费广场照明采用$H=15\text{m}$,$P=4\times400\text{W}$的中杆灯和$H=11\text{m}$,$P=250\text{W}$的低杆灯组合照明,双侧对称布置,中杆灯间距70m,低杆灯间距32m。

②李村河南、北匝道收费站均采用$H=15\text{m}$,$P=4\times400\text{W}$的中杆灯照明,单侧布置,中杆灯间距70m。

③红岛南收费广场照明采用$H=15\text{m}$,$P=4\times400\text{W}$的中杆照明,双侧对称布置,间距约70m。

广场照明均在变电所集中控制,利用各变电所低压配电柜内照明配电控制单元实现控制,控制可采用手动和自动2种控制方式,手动控制在配电柜上面板上操作,自动控制通过电力监控统一开启控制。

(3)结构内部照明

桥梁结构复杂,为满足大桥安装要求,保证大桥安全运行和检修方便,需要在钢箱梁、混凝土箱梁、主塔下横梁灯结构内部设置照明。结构内部照明设计重点考虑照明标准的合理性、布线路径的安全性、控制方式的方便可靠性,以及合理有效地节约用电。同时,为方便结构内部临时用电的需要,在每节箱梁的一端设置用电插座。

在每一节混凝土箱梁内,均设置36W荧光灯作为功能性照明,梁端设1组双联开关,实现进入本节段开灯,离开本节段关灯;同时,在每一节混凝土箱梁的一头端部设置1套组合插座装置。

在每一片钢箱梁门洞上方,设置一盏36W荧光灯作为功能性照明,梁端设1组双联开关,实现进入本节段开灯,离开本节段关灯;同时,在有供电设备、除湿设备的钢箱梁内设置1套组合插座装置。

(4)航空障碍灯

在主塔的顶部和侧面安装高光强闪光航空障碍灯。航空障碍灯控制器,设置在下横梁或钢箱梁内(沧口和红岛航道桥设置在下横梁内,大沽河航道桥设置在钢箱梁内),由2台控制器实现同步闪烁,并在其前端设置不间断电源UPS。

沧口和红岛航道桥塔身的中部和顶部,均设置航空障碍灯,其中在塔身中部为红色闪光中光强障碍灯,顶部为白色闪光中光强障碍灯,沧口航道桥共设置16套,红岛航道桥共设置8套。

大沽河航道桥塔身的中部和顶部,均设置航空障碍灯,均为白色闪光中光强障碍灯,共设置2套。

2.2.6 综合电力监控系统

1)设计原则

综合电力监控系统,包括变电所监控、道路照明监控、收费广场照明监控、夜景照明监控、结构内部照明监控、航空障碍灯监控等。该系统具有远程控制、诊断和维护功能,系统可靠性和可维护性强,减轻管理人员劳动强度等优点。其设计原则如下:

(1)安全性和可靠性:确保系统安全可靠运行,能适合胶州湾大桥运行环境,能防止人为误操作和外来干扰对本系统安全的影响;确保系统在其生命周期内可靠运行。

(2)先进性:系统采用经过工程证实成熟可靠的先进的技术,能体现出现代化特大型桥梁的自动化水平,并确保建成后的电力监控系统在国内领先,且在今后若干年中技术继续处于领先地位,并能随着科技发展能不断升级。

(3)实用性及经济合理性:确保大桥电力监控系统投入运行后,能解决以往特大桥监控管理中存在的主要问题,提高自动化水平,提高经济效益和社会效益;同时,系统具有较高性价比和低的生命周期成本。

(4)标准化与模块化:设计符合有关的国际标准、国家标准或部颁标准,软硬件设计尽量采用标准化和模块化,使系统具有足够的扩展能力,使用方便,维护简便。

(5)灵活性和开放性:系统具有足够灵活性,以满足多样需求,能够接入其他厂商生产的带智能通信接口和提供通信协议的各种智能设备。

2)系统构成

胶州湾大桥电力监控系统构成包括:

(1)中央监控管理系统

设置于红岛管理中心的监控中心,负责全线综合电力监控系统的管理,对沿线机电设备进行远程控制和监测。

(2)变电所电力监控子系统

监测红岛管理中心(大桥主变电所)、红岛收费站、青岛养护工区、青岛主线收费站、2处箱式变电站(李村河南收费站、李村河北收费站)变电所内高、低压开关状态和故障状态,并监测低压出线回路的电流、电压、有功功率和无功功率,以及干式变压器的温度等设备状态,并监测变电所室内环境。

根据时间,在变电所内控制收费广场照明的开、关。

(3)桥上检修平台电力监控子系统

根据时间和户外环境,控制大桥道路照明、夜景照明和雾灯的开启或关闭,以及调节道路照明的照度,达到节能目的。

(4)监控钢箱梁除湿系统

监测除湿装置送风风压、送风风量、空气湿度、温度及机组运行状态,并根据实际情况,对除湿装置进行控制。

2.2.7 安全设施

1)设计思路

安全设施设计需从系统的实用性、可靠性、技术经济指标、标准化等多方便着手,设计思路如下:

(1)安全、美观

作为规模大、标准高、技术含量高的工程,安全、美观应成为胶州湾大桥安全设施设计的重要因素。

安全实施专业要求所设置的设施能最大限度地保证过往车辆及驾乘人员的生命和财产安全,最大限度地降低事故严重度,最大限度地保证行驶车辆免受各种干扰。最大限度地为驾乘人员提供各种行车帮助。安全设施专业要求设置的设施造型优美、大方,与大桥、道路及周围环境相适宜。

(2)充分考虑与路网衔接

胶州湾大桥起点与青岛市区的海尔路相接,跨越环湾大桥,终点与南济青高速公路相接,是典型的城市快速兼高速公路。安全设施除应发挥提示周边高速公路作用外,还应积极引导周边城市路网,帮助过往车辆顺畅、快速地通过大桥。

(3)紧密结合主体工程

安全设施,应配合桥梁、道路主体工程,最大限度地发挥大桥快速、经济、安全、舒适的特点。其设置应处理好与构造物、外场设备之间的位置关系,相互之间协调,注意避让。

(4)积极采用成熟的新材料、新工艺

安全设施领域的新材料、新产品不断涌现。结合以往设计经验和工程案例,采用新材料、新工艺,体现胶州湾大桥的先进性。

2)设计内容

(1)标志

本工程标志设计中依照《道路交通标志和标线》(GB 5768—2009)及《公路交通标志和标线设置规范》(JTG D82—2009)进行设计。全线主线布设的标志类型有出口预告标志、直行方向标志、组合限速标志、入口标志、合流标志等;匝道上布设的标志类型有匝道限速标志、地点方向标志等;被交道路上布设的标志类型有入口预告标志、组合禁令标志等。

为了满足80km/h车速时道路使用者对标志信息的视认要求,主线指路标志汉字高度按照GB 5768—2009中的规定,为60cm,匝道及被交道路上标志汉字高度采用40~50cm,版面采用中英文对照。汉字高宽比为1:1~1:0.75,字体为交通标志专用字体,英文字高为汉字高度的1/2,版面尺寸按不同版面内容确定,尽量达到统一,版面内容中汉字间距、笔画粗度、最小行距、边距、边框等均以国标为依据。

本工程设计主线、互通匝道及连接道路标志中的文字、箭头以及底色等均采用二级反光膜,设置于地方道路上的限高标志采用三级反光膜。

为保证标志结构喷塑后的总体质量,应符合《高速公路交通工程钢构件防腐技术条件》(GB/T 18226—2000)有关试验规定。

(2)标线

标线、导向箭头的布设应确保车流分道行驶,起导流作用,保证昼夜的视线诱导良好,车道分界清晰,线形清楚、轮廓分明。

根据标线的布设原则,全线布设的标线类型有车行道边缘线、车道分界线、出入口标线、导流线、接近障碍物标线、导向箭头以及减速标线等。

车道边缘线——设在上下行车道两侧路缘带的内侧,为宽 20cm 的白色实线。

车道分界线——设在行车道之间,为白色虚线,线宽 15cm,实线长 600cm,间隔为 900cm。

出入口标线——设在出入口加减速车道与行车道之间,为白色虚线,线宽 45cm,虚实段均为 300cm。

导流线——设在进出口三角端处,为白色实线,线宽 45cm,线距为 100cm,具体做法详见互通标线布置图及大样图。

接近障碍物标线——设在收费岛前以及匝道与连接道路平交口处,用以引导车流运行,为白色实线,线宽 45cm,线间距 100cm。

减速标线——设置于进入主线收费站前的收费广场,以提醒驾驶员减速进入收费站。

导向箭头——设置于互通式立交以及匝道和连接道路上。

为了使标线在夜晚具备同白天一样的清晰度,需要使用寿命长、反光效果好的材料做标线。使用的标线涂料,应具备与路面黏结力强,干燥迅速,以及良好的耐磨性、持久性、抗滑性等特点,做出的标线应具有良好的视认性,宽度一致,间隔相等,边缘等齐,线形规则,线条流畅。另外标线涂层的厚度要考虑路面排水的需要。本工程设计车道边缘线、车道分界线采用热熔 2 号标线漆。考虑到振荡标线的使用可能引起桥梁共振,影响结构安全,因此仅在路基上的收费站前设置振荡减速标线,桥上收费站前设置普通减速标线。

(3)护栏

全线路基段路侧设置 $\phi140\times4.5$mm 圆柱式等截面波形梁护栏,护栏立柱与栏板之间采用 A 型防阻块连接。

主线中央分隔带两侧、匝道中央分隔带设置 Am 级波形梁护栏,护栏立柱与栏板之间采用 A 型防阻块连接。护栏采用热浸锌后涂塑的防腐方案。

本工程在主桥段共设 4 处中央分隔带开口,开口段长度分别为 50m 和 60m。为了分隔对向交通流,同时在特殊情况下又便于紧急车辆通过,开口处设置了移动式护栏。移动式护栏采用防撞等级达到 Am 级的钢管预应力索防撞活动护栏。

(4)风障

为提高胶州湾大桥在大风环境下的行车安全性,在大沽河航道桥设置风障。通过风障桥面风环境数值风洞模拟研究,确定风障外形、透风率和空间布置等关键的结构参数,其中风障透风率为 50%,主梁 0°风攻角阻力系数为 1.47。风障由立柱、障条、障条夹板三部分组成。根据风障研究专题成果,大沽河航道桥外侧护栏布置三道风障,桥塔区前后 60m 范围内侧采用桥塔中心 20m 范围内布设三道风障、两侧各 20m 范围布设两道风障的布设方案。

风障立柱采用 Q345 钢,并采用与大桥护栏相同的热浸锌后涂塑的防腐方案。所有紧固件(螺钉、螺栓、螺母和垫片)采用与大桥紧固件相同的热镀锌的防腐方案。

风障障条采用类 U 形风障条，材料采用 PC 耐力板，原材料为聚碳酸酯，该材料具有较好的抗撞击破碎性能、抗火性能好的特点，并在表面喷涂抗 UV 涂层。

(5)其他安全设施

①轮廓标。为了帮助夜间行驶的车辆清楚地辨认道路线形，在主线路侧和中央分隔带两侧及互通立交匝道两侧连续设置轮廓标。

②里程牌。里程牌通过支撑钢管及抱箍安装在路侧波形梁护栏立柱或混凝土护栏上。里程牌采用铝合金板制作，厚度 2mm，表面粘贴二级反光膜。

③百米牌。为了便于对道路的管理，在百米桩号的护栏立柱上用 ϕ10cm 白底绿字二级反光膜标注百米字样。百米牌设置于沿路线前进方向的右侧护栏上，反光膜呈 45°角粘贴于波形梁护栏立柱上或混凝土护栏上。

④锥形路标。锥形路标设置在匝道收费广场上，用以分隔上下行车流，设置间距为 3m，材质为 5mm 白色玻璃钢。

⑤突起路标。在主线和互通匝道配合车道边缘线布设了突起路标，主线设置间距为 15m，互通匝道为 6m。突起路标反光片颜色与标线颜色相同，为白色。

⑥防撞筒。在互通式立交的分流端，为避免波形梁护栏端头对失控车辆造成伤害，需在护栏端头前设置防撞筒以吸收碰撞能量，降低车辆的伤害程度。防撞筒采用玻璃钢材料制作的防撞筒。在迎车方向防撞筒的表面粘贴二级反光膜，用以引导车流。筒内装砂以消除碰撞能量。

⑦界碑。界碑的设计按照国标的要求，采用钢筋混凝土结构。设置位置为道路两侧用地范围分界线上，设置间距一般为 200m，在曲线段设置间距适当调整。

第 3 章

通信系统

3.1 概述

通信系统是胶州湾大桥交通工程及沿线设施的重要组成部分,是为各级运营、管理部门提供不间断语音、图像和数据传输通道的专用通信网络,是高速公路安全、高速、畅通、高效运转的重要基础和保证。本工程施工图设计,包括光纤数字传输系统、数字程控交换系统、有线广播系统、光电缆工程、电源系统 5 个子系统,分别对传输路由、系统构成、设备技术指标以及功能需求等提出相应的要求。

胶州湾大桥,在红岛互通设置通信中心,对全线通信站点进行管理,并与上级通信中心及相邻高速公路建立通信连接。本项目下设青岛通信站,红岛通信中心还负责对环胶州湾高速公路通信站点的管理。

3.1.1 建设目标

(1)为高速公路全线管理、监控、收费等部门,提供不间断通信服务。

(2)保证各系统语音、数据、图像信号的实时传输。

(3)建立由光同步数字网、综合业务接入网和程控数字交换系统等组成的高效率通信传输网络。

(4)为道路使用者提供紧急电话呼叫服务。

(5)符合山东省高速公路通信网总体规划,预留全省专用通信网的组网条件。

3.1.2 建设原则

(1)与收费、监控等系统协调一致,满足高速公路运营和管理的要求。

(2)结合目前通信专网技术的发展,确保系统功能可靠、技术先进、易于维护。

(3)充分考虑系统与相关路网,尤其是环胶州湾高速公路通信系统的汇接,并为通信网络的发展留有充分的系统容量。

(4)本着经济合理的精神,确保系统较好的性能价格比。

3.2 光纤数字传输系统

3.2.1 系统构成

经项目通信业务需求分析后发现,本项目通信业务需求具有以下特点:

业务种类多,同时具有语音、数据等多种业务需求,以有线通信方式为主。

与环胶州湾通信系统关系紧密,设备接口等需有良好的兼容性。

各类业务性能要求不一,如视频、语音信号的实时性要求、控制指令的可靠性要求、收费数据的安全性要求等。

24h 全天候工作,要求通信系统具有较高的可靠性和线路保护机制。

集中管理程度要求高,维护人员应可远程对通信设备进行管理和监控。

多为集中汇聚型业务,带宽固定且可预见,对时延较为敏感,数据量不具备大的突发性。

胶州湾大桥在龙泉王家枢纽和李村河互通处连接环胶州湾高速公路。为满足以上需求,本项目在黄岛枢纽连接建青莱高速公路黄山互通王台通信中心。

胶州湾大桥在红岛通信中心设置 ADM 设备,建立主干网通信路由,使用四芯光纤和 STM-4 光接口连接山东省高速公路通信骨干网 B 环青莱高速公路黄山互通王台通信中心的中兴 S385 SDH 设备,上传本路的视频、语音、数据信号至省通信总中心。由红岛通信中心上传至省通信总中心的为:1 路收费数据,带宽计为 10M;1 路监控数据,带宽计为 2M;4 路监控图像,每路带宽计为 4M;2 路 2M 语音中继。通信站布置,如图 3.2-1 所示。

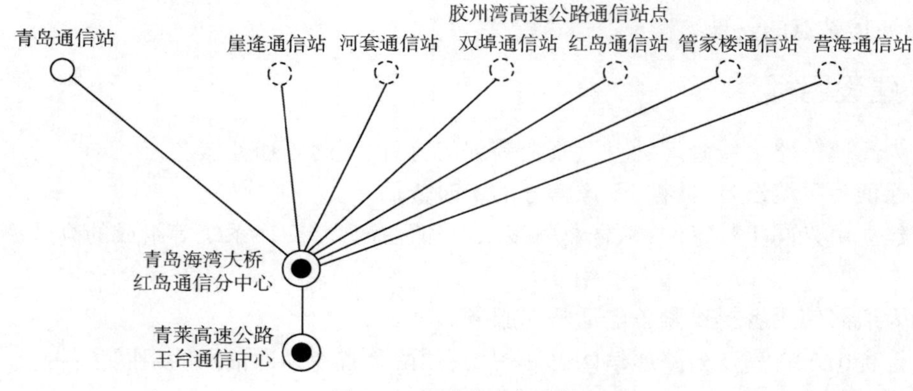

图 3.2-1 通信站布点示意图

胶州湾大桥通信系统采用用户综合业务接入网作为光纤数字传输系统平台,也便于和环胶州湾通信系统接入网 SDH 设备的互联互通和协同管理。本项目综合业务接入网环线段采用 STM-4(622M)传输等级的 SDH 设备构建自愈环网。将青岛通信站和环胶州湾高速公路各无人通信站的 ONU 光网络单元与本项目设置在红岛通信中心的 OLT 光线路终端通过光纤连接成 SDH 双纤自愈环网。各站点 SDH 设备采用 1+1 保护连接,设备具有在线升级至 STM-16(2.5G)的能力,并为不断增长的数据业务预留一定接口与插槽。

SDH 传输网络,如图 3.2-2 所示。

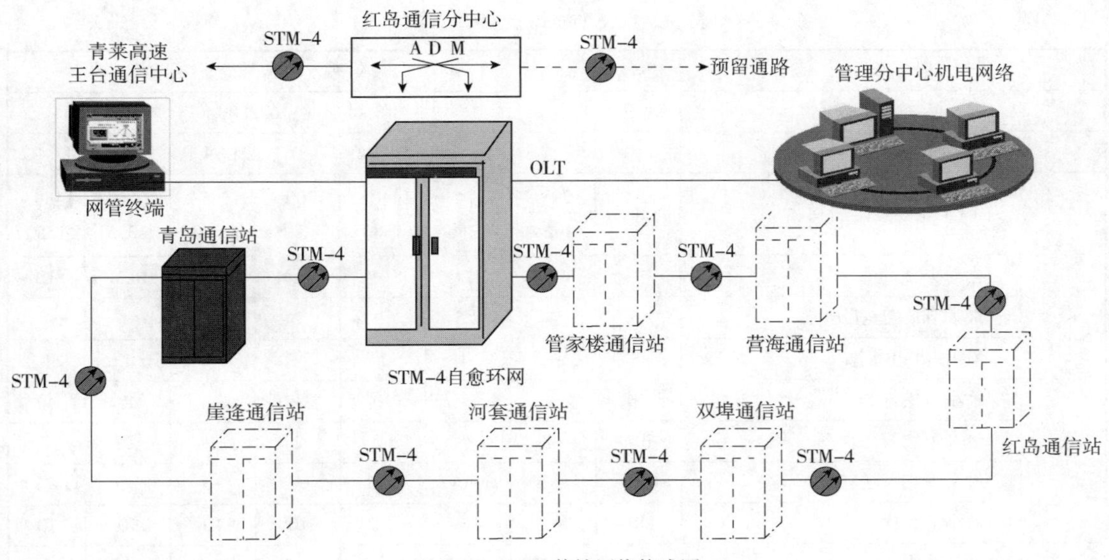

图 3.2-2 SDH 传输网络构成图

注:虚线为环胶州湾高速公路通信站点

3.2.2 SDH 设备性能

STM-4 等级 ADM 分插复用设备能满足节点所要求的交叉能力。交叉连接方向不少于:群路到支路、支路到群路、群路到群路和支路到支路。另外本工程使用的 ADM 设备在满足 SDH 性能要求的同时,还能兼容 IP 和 ATM 业务,具备插入以太网接口板的能力。

综合业务接入网系统在各站配置 SDH 传输设备,在满足 SDH 性能要求的同时,还满足配置综合业务接口板的能力。

设备输入抖动和漂移容限满足 ITU-T G.825 相关规定。

单个设备在规定条件范围下工作时,自环连续测试 24h 无误码。

设备的告警功能符合 ITU-T 建议 G.782、G.783、G.784 的要求。

传输设备的时钟不劣于 ITU-T 建议 G.813 的要求。该设备自由振荡时的输出频率精度应优于 4.6ppm(测试时间不少于 1 个月)。设备具有根据时钟同步信息的优先级进行选择的功能。

本工程 SDH 干线传输系统和 SDH 内置式综合业务接入网系统需要的光接口参数不劣于 ITU-T G.957 建议,见表 3.2-1。

电接口符合 ITU-TG.703 建议,2Mbit/s 电接口具有 75Ω 不平衡和 120Ω 平衡阻抗供选用。

V5.2 接口对承载信道及信令信道有完善的控制与保护倒换措施,并具有相应的 1:2、1:4或 1:8 的集线能力,符合 ITU-TG.965 规定。

提供符合 IEEE 802.3 标准的 10M/100M 兼容的以太网接口。以太网接口板提供 DDN 的业务透明传输能力,提供局域网用户的互联和汇聚功能;提供点到多点通信能力;支持 VLAN 的识别和配置;支持半双工/全双工,支持 10BASE-TX,100BASE-TX/FX;对用户提供 1~n 个 10M/100Mbit/s 的自适应 Ethernet 端口,提供不少于 1~48 个 2M 的转发容量;支持 IEEE802.1D 生成树协议;支持 IEEE802.3X 流控;支持 ML-PPP。

表 3.2-1　STM-4 光接口参数

项　目		单位	数　值						
标称比特率		kbit/s	STM-4　622080						
应用分类代码			S-4.1		S-4.2	L-4.1			L-4.2
工作波长范围		nm	1293～1334	1274～1356	1440～1580	1300～1325	1296～1340	1280～1335	1480～1580
发送机在S点特性	光源类型		MLM	MLM	SLM	MLM	MLM	SLM	SLM
	最大 rms 谱宽(σ)	nm	4	2.5	—	2	1.7	—	—
	最大-20dB 谱宽	nm	—	—	1	—	—	1	<1*
	最小边模抑制比	dB	—	—	40	—	—	40	40
	最大平均发送功率	dBm	-8	-8	-8	2	2	2	2
	最小平均发送功率	dBm	-15	-15	-15	-3	-3	-3	-3
	最小消光比	dB	8.2	8.2	8.2	10	10	10	10
SR点光通道特性	衰减范围	dB	0～12	0～12	0～12	10～24	10～24	10～24	10～24
	最大色散	ps/nm	46	74	NA	92	109	NA	*
	S 点最小回波损耗(含有任何活接头)	dB	NA	NA	24	20	20	20	24
	SR 点间最大离散反射系数	dB	NA	NA	-27	-25	-25	-25	-27
接收机在R点特性	最差灵敏度	dBm	-28	-28	-28	-28	-28	-28	-28
	最小过载点	dBm	-8	-8	-8	-8	-8	-8	-8
	最大光通道代价	dB	1	1	1	1	1	1	1
	接收机在 R 点的最大反射系数	dB	NA	NA	-27	-14	-14	-14	-27

3.2.3　网管系统

网管系统设置在红岛通信中心，负责全线 SDH 设备的管理。全线 SDH 设备(包括一期工程)在招标时根据统一型号的原则，以便于统一网管。沿线所有 SDH 入网设备支持标准 Q3 接口，并支持网管信息通过 SDH 通道的上传功能。网管系统应能对传输系统进行配置管理、性能管理、安全管理、参数监视、故障告警、故障定位、故障隔离、故障改正等操作。

3.2.4　同步系统

SDH 设备同步时钟信号，可由上级通信中心时钟节点处引接，如图 3.2-3 所示。

全线 SDH 设备应满足以下要求：

所有 SDH 设备，均应遵守《SDH 网同步状态信息(SSM)技术规范》(YDN 121—1999)的规定，能够处理同步状态信息。在任何情况下，必须避免形成定时信号的环路。ADM 设备、OLT 设备、ONU 设备均具有根据时钟同步信息的优先级进行选择的功能。

当从时钟失去基准主时钟时，应进入保护故障状态；传送 SDH 同步信息的同步链路应具有一个主同步链路和至少一个备用同步链路；各级时钟的定时要求应符合 TZ015-9413.6 规定。

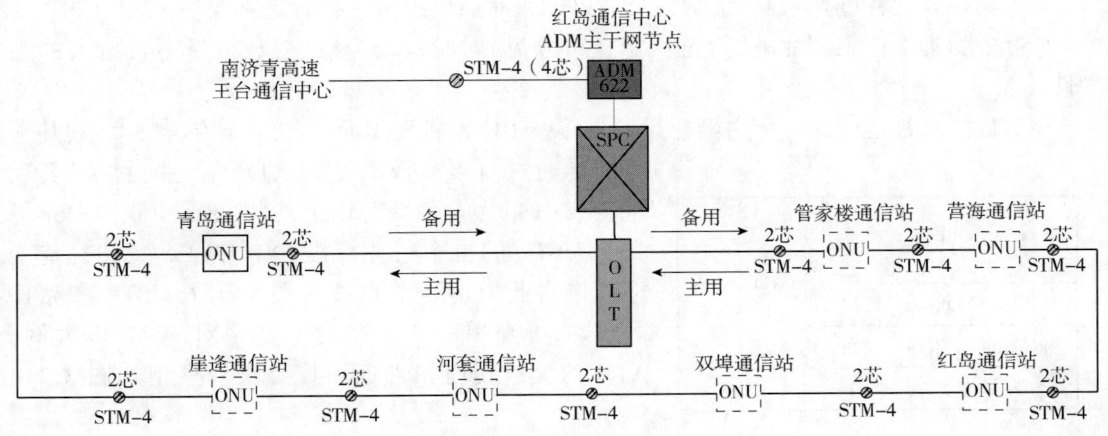

图 3.2-3　时钟同步系统示意图

3.2.5　传输设备的一般要求

(1)环境温度及湿度

运输和储存时温度:-20～+60℃。

使用时温度要求如下:

保证性能:+5～+40℃;

保证工作:0～+45℃。

相对湿度要求如下:

保证性能指标:10%～90%(+35℃);

保证工作:5%～95%(+35℃)。

(2)设备工作电源:输入电压:-48V -15%+20% DC

(3)温度循环试验和振动测试要求,应能满足国际和国内规定。

(4)设备机架高度建议优选 2000mm 和 2200mm 规格类型。机架宽度按 19in 标准。

(5)所供设备机架、子架中不装单元框的空位置,应加装盖板。

(6)设备的冷却优选自然冷却方式。

3.2.6　MSTP 传输技术在项目中的运用

高速公路通信专网除需支持高速公路信息管理、沿线监控和联网收费等业务的实时传送,还是提高高速公路的运营效率、管理水平和安全保障能力的重要手段。其系统设计和设备选型除符合项目管理体制结构和业务需求特点外,还应结合目前专网技术发展,确保系统功能可靠、技术先进、易于管理维护。

经分析后发现,本项目通信业务需求具有以下特点:

(1)业务种类多,同时具有语音、数据等多种业务需求,以有线通信方式为主。

(2)各类业务性能要求不一,如视频、语音信号的实时性要求、控制指令的可靠性要求、收费数据的安全性要求等。

(3)24h 全天候工作,要求通信系统具有较高的可靠性和线路保护机制。

(4)集中管理程度要求高,维护人员应可远程对通信设备进行管理和监控。

(5)多为集中汇聚型业务,带宽固定且可预见,对时延较为敏感,数据量不具备大的突发性。

MSTP 技术是适应综合传送网建设要求,从 SDH 设备发展而来的综合传送技术,其基本特征是通过对以太数据帧和 ATM 信元的封装,实现基于 SDH 的多业务综合传送。自 2002 年我国发布了关于 MSTP 的首个行业标准"YD/T1238-2002:基于 SDH 的多业务传送节点技术要求"后,MSTP 产品日渐成熟,可在单一传送平台上实现对 TDM、以太网、ATM 的统一处理和管理。其协议栈模型如图 3.2-4 所示。

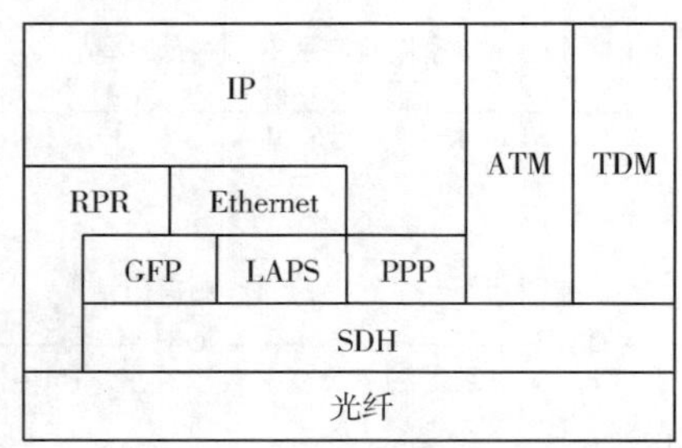

图 3.2-4　协议栈模型示意图

从图中可以看出 MSTP 是多种技术和协议在市场需求和技术发展驱动下优化组合的结果。MSTP 技术具有以下特点:

(1)支持多业务接入。MSTP 多业务传送平台除支持传统的 2M 业务外,还可满足各种宽带、窄带业务需求。

(2)灵活的组网能力。MSTP 技术除支持环状和线形拓扑结构外,还支持网状、星形、树形和多环相切等组网方式,可提高网络的可扩展性,便于灵活高效的配置系统。

(3)丰富的保护机制。MSTP 支持多种保护方式,支持 2 纤/4 纤复用段共享保护环、1+1 通道保护、虚拟路径保护环等。

(4)与原有 SDH 设备的良好兼容性。MSTP 技术从 SDH 技术发展而来,充分兼容现有的 SDH 技术和业务,保证通信专网建设和运营的平滑过渡。

(5)提供综合网络管理功能。MSTP 技术提供不同协议层的管理功能,便于网络的日常维护和管理,一般只需在高速公路中心机房设置一台网管计算机,即可完成对整个高速公路通信传输平台的网络管理。

与目前部分高速公路专网采用的千兆以太网技术相比,MSTP 技术在充分利用 SDH 技术接口丰富、可靠性高、延时小和 50ms 的线路保护倒换时间等优点的基础上,也适用于电话数据、IP 数据等多业务应用的传输。

现有 MSTP 设备,主要采用 PPP 协议和 GFP 实现对 IP 数据传输的支持。

PPP 协议(Point to Point Protocol)定义了点到点链路上传输多协议数据包的标准方法。PPP 协议将 IP 数据包切为 PPP 帧后映射入底层 SDH 帧结构,由于 PPP 封装具有较低的开销,所以相对其他净负荷映射方法而言,它能提供更大的吞吐量,能充分利用现有设备,降低线路终端设备投资。其帧结构如表 3.2-2 所示。

表 3.2-2　STM-4 帧结构

标志 0x7E	地址 0xFF	控制 0x03	协议 (2 字节)	信息 (最多 1500 字节)	填充	FCS	标志 0x7E

GFP(Generic Framing Procedure 通用成帧规程)则克服了 PPP 协议只支持点到点逻辑

拓扑结构、需要特定的帧定界字节、需要对帧里的负荷进行扰码处理等问题。采用和ATM技术相似的帧定界方式，减小定位字节开销、避免传输内容对传输效率的影响。其传送以8B/10B方式编码的以太网数据帧结构，如表3.2-3所示。

表3.2-3　以太网数据帧结构

PLI（2字节）	cHEC（2字节）	负荷头（4字节）	N×[536,520]块	FCS（4字节）

以太网业务透传功能是指以太网数据帧不经过二层交换，直接进行协议封装和速率适配后映射至MSTP的虚容器(VC)中，然后通过MSTP节点进行点到点传送。以太网业务透传适用于专网实时语音和图像业务传输，以类似数据专线的方式实现高质量数据传输。与传统专线传输方式相比，MSTP直接提供了FE/GE接口，而不需要外接转换设备，简化了网络结构，还可通过网管系统实现带宽的灵活配置和业务端到端的性能监视。

本项目通信系统设计采用二纤单向通道保护环，提高各通信站在网络事故中的生存性和安全性。二纤单向通道保护环由两根光纤实现，用于传送业务信号的称为S光纤，另一根用于传送保护信号的称为P光纤。环网采用首端桥接、末端倒换的连接方式，业务信号和保护信号分别由光纤S和P携带，当节点A需传送数据至节点C处时，其中S光纤按顺时针方向将业务数据送至分路节点C，P光纤逆时针方向将同样的信号作为保护信号送至分路节点C，节点C根据通道信号的优劣决定选用两个方向支路信号的一路作为分路信号。

当出现图示的光纤断点时，由A节点经S光纤来的信号丢失，按通道优选准则，倒换开关将由S光纤转向P光纤，接受由A节点经P光纤而来的分路信号，实现小于50ms的快速保护倒换，当故障排除后，开关返回原来位置，如图3.2-5所示。

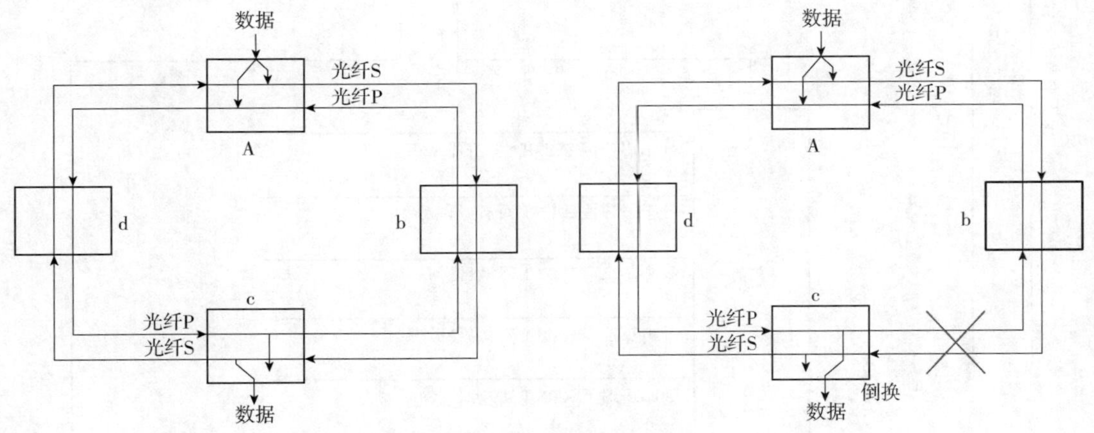

图3.2-5　光纤网络保护示意图

胶州湾大桥的设计实践表明：良好的通信系统设计对有效利用系统资源、提高管理效率有着极其重要的作用。MSTP技术成功地继承了SDH技术的优点，在兼顾技术先进性的同时保持对现有设备的良好兼容性，为高速公路通信专网提供了安全、高效、灵活的解决方案，良好地适应话音、数据、视频的多业务传送要求，满足了业主对数据业务日益增长的需求，也为未来业务发展留下了广阔的空间。综合业务传输，如图3.2-6所示。

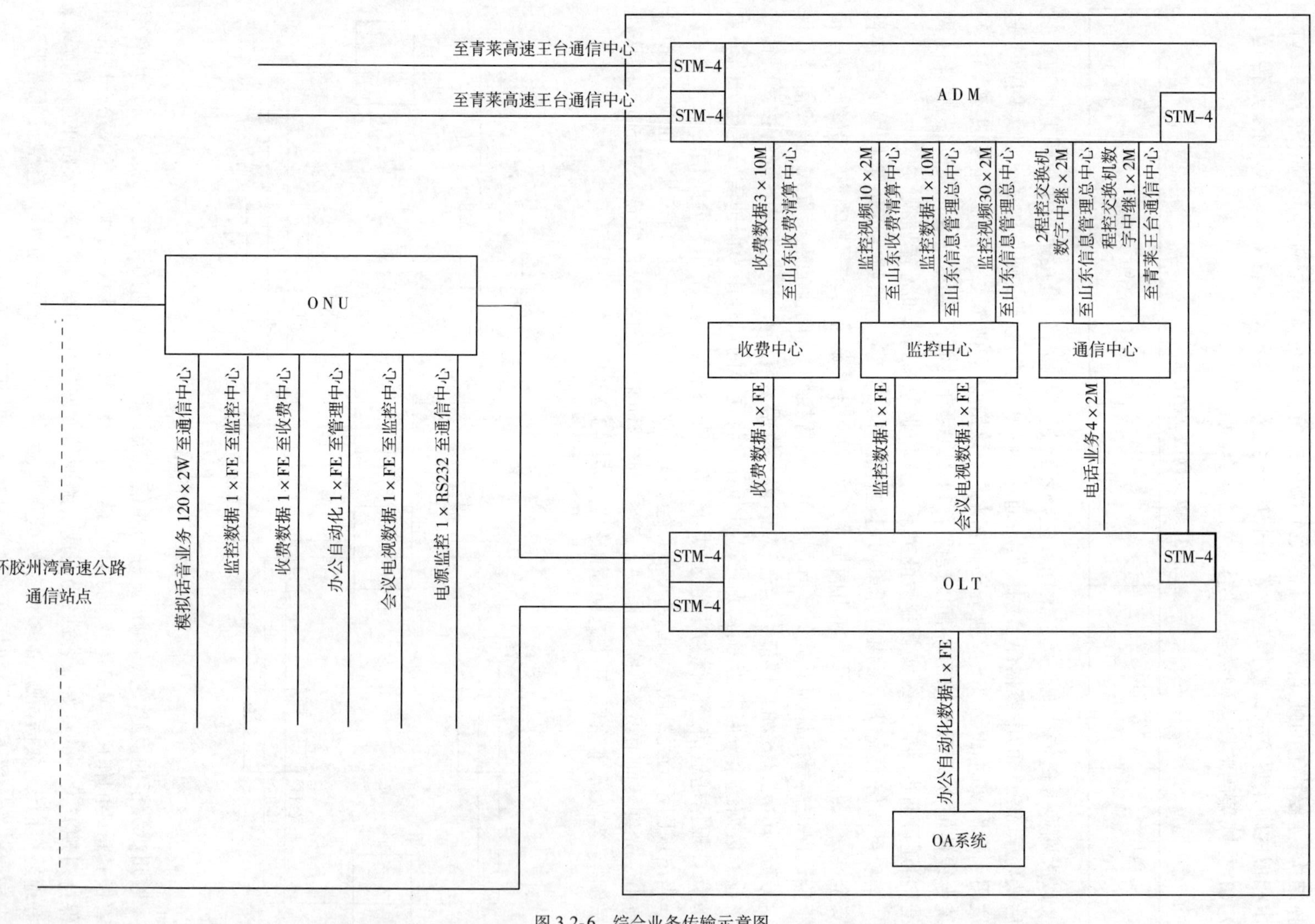

图 3.2-6　综合业务传输示意图

3.3 图像、数据传输

3.3.1 监控系统图像、数据传输

每处监控外场摄像机与红岛监控分中心之间的图像传输(包括外场摄像机图像以及视频检测器图像)采用直接传输方式,通信系统均为其在光缆中各提供1芯光纤。红岛监控中心需向山东省监控总中心上传4路图像。每路图像占用2×2M带宽,监控系统提供视频编码器,通信系统在ADM-622设备上为其提供2M支路接口板。界面划分在支路接口板处。

根据监控系统设计,本路段沿线监控外场设备数据通过通信系统为其设置的光纤以及监控系统设置的数据光端机传输至红岛通信中心;距离青岛通信站较近的外场设备直接采用光端机将数据传送至青岛通信站机房,还原出的低速数据,再通过监控系统设置的串口终端服务器转换成10M/100M以太网接口信号,送入本站ONU设备以太网板,通过综合业务接入网传输至红岛通信中心,取出送入监控中心以太网交换机。

各收费站外侧悬臂型可变信息标志直接接入串口终端服务器后,与收费广场以太网交换机连接,通过收费站局域网连接到收费站交通控制计算机,再通过通信系统提供的传输通道连接到监控中心。监控数据传输,如图3.3-1所示。

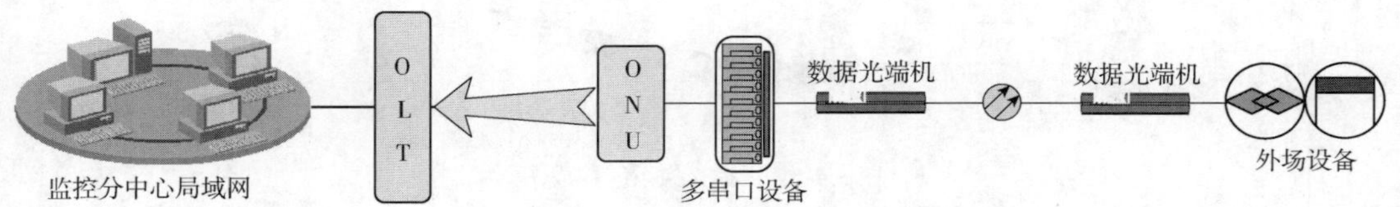

图3.3-1 监控数据传输示意图

3.3.2 收费系统图像、数据传输

收费站的视频图像采用视频数据复用光端机传输,通信系统为其提供主干光纤。

收费站和收费中心之间的数据传输采用10M/100M以太网口传输,通信系统在沿线各通信站的接入网设备上提供10M/100M以太网接口。收费站实时数据需上传山东省交通厅高速公路收费清算中心。

收费中心向省收费中心。直传2路图像,每路图像占用2×2M带宽,收费系统提供视频编码器,通信系统在ONU、OLT及ADM设备上为其提供2M接口。界面划分均在2M支路接口板处。收费数据传输如图3.3-2所示。

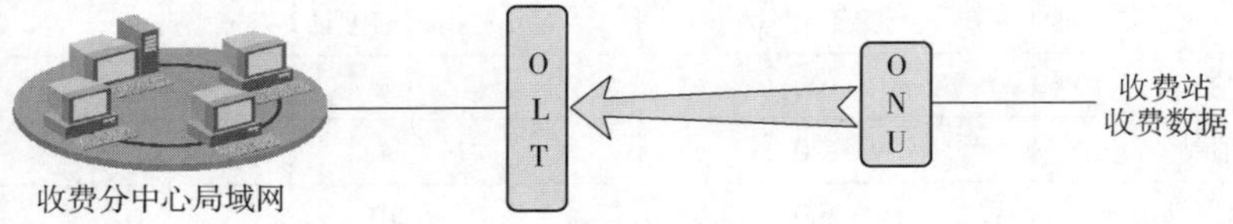

图3.3-2 收费数据传输示意图

3.4 数字程控交换系统

数字程控交换系统，为高速公路沿线管理、维护人员提供公务电话（BT）、指令电话（CT）的交换、接续及综合数字服务，完成与本地市话网以及全省交通专用语音通信网的连接。它由数字程控交换机、传输网络和电话分机组成。

3.4.1 系统构成

为满足本系统对语音和数据通信的要求，本项目采用具有综合业务数字网（ISDN）接口的数字程控交换机。程控交通系统构成，如图 3.4-1 所示。

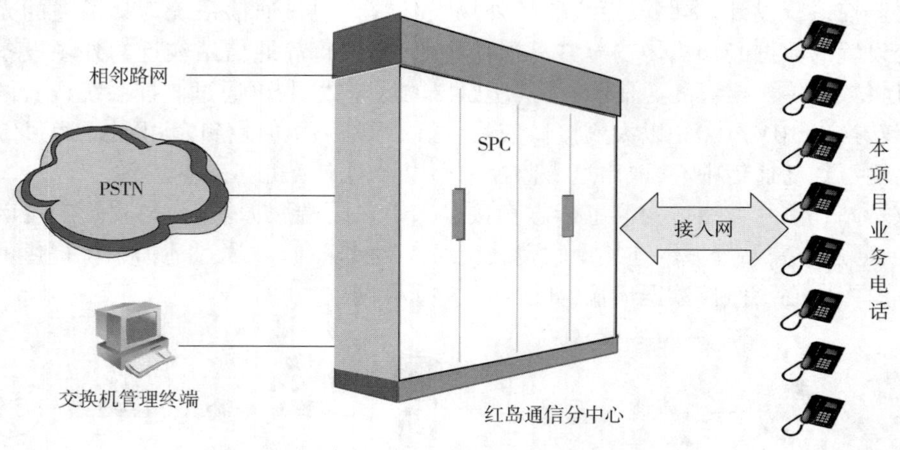

图 3.4-1 程控交换系统构成图

在红岛通信分中心设置 800 线程控交换机，负责本路段电话用户的接入与管理。程控交换机的电话业务通过 V5 接口板与光线路终端设备 OLT 连接，语音数据经光综合业务接入网传输至光纤网络单元 ONU，通过其话音板直接连接用户设备。通过 SDH 主干网和程控交换机中继接口模块建立与公共市话网、上级管理中心和相邻高速公路的模拟中继、数字中继。

本项目通过 SDH 主干网和程控交换机中继接口模块建立与公共市话网、上级管理中心和相邻高速公路的模拟中继、数字中继。本交换机与山东高速公路通信中心的交换机间设基干中继电路，用 2×2Mbit/s 数字中继线相连，与青莱通信中心的交换机间设基干中继电路，用 1×2Mbit/s 数字中继线相连。用户数量表见表 3.4-1。

表 3.4-1 用户数量表（户）

名　称	业务电话	指令电话	2B+D
红岛中心	100	5	6
青岛通信站	120	4	0
环胶州湾高速电话业务	300	10	2
合计	520	19	8

3.4.2 系统接口方式与信令

本项目拟采用 DOD2+BID 模拟方式接入电信公网。连接上级管理中心和相邻高速公路程控交换机的 2M 数字中继采用 7 号信令。利用主干传输设置 2 条 2M 数字中继至山东省通信中心,1 条 2M 数字中继至青莱高速公路黄山互通王台通信中心,并设置至青岛市的 30 线市话模拟中继。

3.4.3 同步时钟

为提高电话交换局的时钟精度,减少错误发生,电话网需引接 SDH 同步网定时信号。程控交换机可从所在地 SDH 设备同步节点 2Mbit/s 时钟输出口上引接同步信号。

3.4.4 计费方式

本专用网内部呼叫不作计费,当用户呼叫当地公网用户及长途用户时,采用立即计费方式。系统在通信中心设置独立计费系统。

计费系统采用明细记录计费方式,记录内容为:每次通话起止日期、时间、主叫类别、主叫用户号码、中继线号码、被叫用户号码、费率等。记录内容可设定自动或定时结算,系统可以提供多种报表和话费清单的打印服务。

3.4.5 编号计划

编号计划,应符合《国家通信网自动电话编号》(GB 3971.1—1983)以及当地市话局的相关规定(号码制度),具体号码分配应满足山东省交通厅关于山东省交通专用电话网的编号规划。

编号计划应考虑到将来扩容时,用户号码变动最小。

采用公共系统码,完整性能和系统透明。

3.4.6 运行与维护

本项目电话网采用独立的运行维护方法,红岛通信中心数字程控交换机的维护管理终端设备负责各交换机的运行维护以及所辖范围内的话务管理。

(1)运行管理

交换机的管理,包括用户管理、路由管理、服务电路管理以及对其进行控制,如中断线的调配等。系统应能监视全网各中断电路、话路的状态,应具有软件实现网络管理的性能,能实时处理随机出现的意外情况。人机命令能够储存,可在指定时间启用,对大量的用户数据可通过多路电传机输入。数据输出可由人机命令输送至电传打字机、磁带或运行维护中心的管理终端。

EPROM 数据改动时,新数据在投入运转前须经过全面的测试,旧数据仍须保存,在新数据使用不满意时能转换至旧数据,这些数据都能从输出设备中读出。

(2)维护

程控交换机的维护工作,包括进行各种指定测试,以及在忙时测量所有项目。测量项目包括：

用户呼出、呼入话务量和中断线的话务量；

接续中各级通话网络中断电路的话务量；

公用设备的话务量；

软件中若干呼叫表格的话务量(如汇接话务量、新业务话务量等)；

占用保持时间；

呼叫次数；

统计话务拥塞；

统计个别设备的话务；

统计服务质量。

3.4.7 主要性能指标

(1)用户线条件

用户环路电阻(包括话机电阻)：≤1800Ω。

用户线对800Hz的衰耗：≤7dB。

话机与交换机或ONU设备的音频板为2线模拟接口。话机为双音多频按键话机。模拟用户接口Z1应符合ITU-T G.507标准。

模拟用户线信令：LOOP+DTMF，符合《电话自动交换网用户信号方式》(GB 3378—1982)的规定。

(2)数字用户接口

本系统的交换机，应向用户提供2B+D数字接口和数字化服务。

(3)V5接口

交换机需提供V5.2接口与综合业务接入网的OLT设备相接。V5.2接口符合G.965要求。

(4)网内中继接口与信号方式

交换机应配2Mbit/s数字中继接口，采用中国NO.7信令。

2Mbit/s数字中继接口A符合ITU-T G.703、G.704、G.705、G.732和Q.512标准。

(5)话务量

用户线平均忙时话务量：0.26erl/线(发话50%，收话50%)。

中继线话务量：0.7erl/线。

BHCA≥10000次。

时分数字程控交换设备的传输性能和指标应符合ITU-T Q.501~Q.507，G.712的要求。

3.4.8 指令电话

指令电话系统是监控中心工作人员及有关高层管理人员在紧急情况下指挥和控制相应工作人员的通信手段。

(1)系统构成

指令电话主机设于红岛监控中心，采用程控交换机的数字电话作为指令电话控制台，利用程控交换机的“热线”和“会议电话”的功能实现指令电话功能。

(2)主要功能

指令电话系统的话机数量计入业务电话系统。为节约成本,指令电话分机选用同业务电话分机同样的DTMF模拟话机,总机采用多功能数字话机。指令电话系统完成的主要功能有:

①指令电话控制台可对指令电话分机进行选呼、组呼和全呼;

②指令电话控制台对任一指令电话机都呈透明状态,即无阻塞;

③总机可以显示呼叫指令电话号码(分机号码或字母数字);

④指令电话系统具有记录和打印功能。

3.4.9 辅助设备技术要求

总配线架的内线侧为测试接线排,外线侧为保安接线排,利用保安单元连通;总配线架上配置50%自复式保安单元,承包人应提供保安单元类型、尺寸及相关的技术参数。

总配线架是适合数字交换设备的新型配线架,承包人应提供建议的总配线架的类型和尺寸。

承包人应提供标准机柜以及接线工具、塞绳等必需的配套工具。

3.5 会议电视系统

3.5.1 系统构成

会议电视系统是一种交互式多媒体信息业务,可在多个地点之间实现交互式通信,具有真实、高效、实时的优点,为人们提供了一种简便而有效的沟通、管理、协同决策手段。会议电视系统,一般由终端设备、传输信道、多点控制单元等几部分组成。

终端设备,一般直接由用户操作,提供视频、音频、数据等信号的输入/输出。其包括视频输入/输出设备、音频输入/输出设备、终端处理器、终端管理系统等。根据不同用户的业务需要还可以选择配备调音台、功放、大屏幕、电子白板等。终端的作用是将某一会议点的实况图像信号、语音信号及相关的数据信号进行采集、压缩编码、多路复用后送到传输通道。同时将接收到的会议电视信号进行分类、解码,还原成接收会场的图像、语音及数据信号;终端还要将本点的会议控制信号(如申请发言、申请主席等)传送到MCU。同时还需执行MCU对本点的控制指令。传输网络可采用光纤、电缆、微波等方式。会议电视系统传输速率在64k~2M之间,可通过E1、V.35、ISDN及IP等标准接口进行传输。多点控制单元(MCU)是会议电视的控制核心。所有终端都要通过标准接口连接至MCU,MCU按照H.264系列协议的规定实现图像和语音的混合与交换,实现所有会场的控制等相关功能。MCU分为主机和操作台两部分,主机完成上述建议规定的相关功能,操作台提供主机运行的操作控制,用户通过操作台对主机进行各种操作和发布命令。

会议电视系统,在红岛监控中心多功能会议室,设置会议电视系统服务器和会议电视终端。服务器提供的主要业务功能,包括电子白板、文件传输、应用共享和多方交谈。利用这些功能,用户可以一边发表意见,一边在电子白板上描述直观想法,并可向其他与会人员发送各种数据文件,从而提高会议交流效果。在青岛主线收费站、李村河互通收费站(北区)、李村河互通收费站(南区)各设置1处会议电视终端。

3.5.2 系统功能

根据项目管理体制结构,拟在红岛监控中心设置会议电视系统控制单元,在青岛收费站设置3处会议电视终端。综合考虑系统建设规模和应用需求。本项目采用单层结构会议电视系统,使用H.264协议进行组网,传输接口采用接入网的10M/100M以太网接口。

会议电视系统在红岛监控中心设置会议电视控制单元,会议电视终端通过内部局域网连接红岛监控中心电视终端和会议电视控制单元。系统内任意一个终端都可以作为主会场使用。可利用主叫呼集功能由终端侧直接发起、召集和结束视讯会议。

会议电视系统可支持最高64个终端的接入,系统可支持IP、E1和ISDN线路混合组网,支持高清会议和普通会议混合组网,可为不同级别的用户提供分级的会议质量。系统采用的视音频协议严格遵循ITU-T国际标准,可以兼容H.261、H.263、H.264等多种图像编码协议。系统支持主叫呼集功能,用户通过终端可直接召集多点会议并进行会议操作,包括广播会场、点名发言、静音、自由浏览、多画面显示、单画面和多画面切换、增加和删除会场等功能。

会议电视系统采用电信级高稳定性嵌入式操作系统,可满足长时间不间断工作的要求,系统支持核心模块主备倒换,模块可热插拔。

会议电视系统管理终端设于红岛监控中心,在管理终端可实现以下功能:

(1)网络结构管理:配置视讯交换系统的网络结构。

(2)配置管理:负责对视讯交换平台和设备属性进行设置和查询。

(3)系统诊断:对视讯交换平台运行状态和接口的状态检测,并实时显示。

(4)日志管理:提供操作日志的记录、管理、查询功能。

(5)面板管理:显示视讯交换平台面板,以便更直观地对设备或其某一部分进行访问和控制。

会议电视系统设备技术要求:

(1)协议标准:支持ITU-T H.323 V4。

(2)系统结构:2U盒式结构,可安装在标准19in机架,嵌入式系统,能彻底有效地避免病毒对系统的破坏。

(3)容量:40×2M用户接入能力,支持6组并发会议,多个会议之间互不干扰。

(4)速率:至少支持6Mbit/s带宽的会议接入能力。

(5)会议可靠性:支持双电源热插拔备份支持双机热备功能,支持终端断线重呼,支持7×24h稳定工作,MTBF(平均无故障时间)≥12万h。

(6)接口:提供4个10M/100M/1000M的自适应以太网口。

(7)音频指标:支持G.711、G.722、G.722.1、G.722.1C、G.723.1音频编码格式,支持全路智能混音功能,所有会场都能够混音,支持不同的音频协议输入混音。

(8)视频指标:支持H.263、H.263+、H.264,支持1080P、720P、4CIF、CIF、SXGA(1280×1024)、XGA(1024×768)图像分辨率,支持2路1080P/720P 25/30fps的H.239双流能力。

帧率:1080P 30 帧/s、720P 30 帧/s、PAL 25 帧/s,720P 的最低码率可以达到 768kbit/s,4CIF 的最低码率可以达到 256kbit/s。

(9)动态多分屏:支持 16 分屏显示。

(10)支持多种适配:支持多路(至少 3 种速率)速率适配,提供智能混速功能;支持分辨率适配,不同分辨率可转换,支持协议适配,支持 H.263、H.264 视频协议的转码适配,支持不同帧率间的适配,能将高帧率的码流适配发给只能解码较低帧率码流的终端。

(11)字幕、横幅、会场名:支持动态及静态中文字幕,支持全屏字幕,提供自由设置字幕功能,除了随时可以被隐藏或者显示,字体、大小、主颜色及背景色可以被灵活设置外,字幕可以设备自右向左或者自下向上滚动方式,配置快速、中速、低速、静止等滚动速度,配置滚动次数及时间。支持丰富的横幅设置,字体、大小、主颜色及背景色可以被灵活设置,支持丰富的会场名设置,字体、大小、主颜色及背景色可以被灵活设置。可以灵活选择随时开启、隐藏字幕、横幅、会场名。

(12)组播功能:通过计算机组播接收软件实现单向接收会议。

(13)会议控制:支持 web 管理平台会议控制,无须安装另外的 MCU 管理软件,支持主席、导演、语音激励的会议控制模式,提供丰富会议控制功能,包括:结束会议、延长会议、会议静音、会议闭音、会议发送/关闭视频、指定主席、接收主席申请、取消主席、设置为发言人、接受(同意)发言申请、接收观看图像申请、增加会场、删除会场、自动断线重邀、群邀上线、重呼上线、断开呼叫、会场静音、会场闭音、广播图像、广播轮询、主场轮询、多画面观看者设置、多分屏模式设置、多分屏中各小画面设置、多分屏边框设置、字幕控制、横幅控制等功能。支持会议中主会场观看多分屏,其他会场观看主席会场或者广播会场画面,即演讲者模式,多分屏中各小画面可灵活设置选择(指定/轮巡/语音激励/自动)(语音激励在 Build1 不支持,Build2 升级支持),创建会议可以使用模板方式,也可以随机定义。可创建 20 个会议模板。

(14)纯音频会议:支持 160 路语音终端接入。

(15)级联:支持 2 级互控级联,3 级简单级联。

(16)管理特性:支持 WEB 远程管理,提供全中文化操作界面,支持远程在线升级功能,支持多用户同时登录(同时支持 24 用户登录,包含客户端用户以及浏览器用户)。支持分权管理,授权不同的会议操作员不同的会议管理权限,可以定义立即召开会议、支持召开不限长会议。

(17)支持群邀上线功能,如果有多个终端掉线,可使用群邀上线功能一起邀请上线,而不用单独邀请。支持当前系统资源信息的显示查看。

(18)GK:支持标准 H.323 GK。

(19)证书:要求提供信息产业部入网证书和 3C 证书。

会议电视系统管理计算机指标:

(1)处理器:酷睿 2 双核芯片,主频不小于 2.6GHz。

(2)高速缓存:不小于 2M 的高级传输高速缓存。

(3)内存:2GB,PC2100 DDR SDRAM 内存或更高档次。

(4)硬盘:1 块,不小于 250GB,转速 7200r/min。

(5)显示器:22in 彩色液晶显示器,1280×1024。

(6)TCO99/NUTEK 认证;标准键盘、鼠标器;集成 100MB 以太网卡;16 倍速 DVD-ROM。

投影机指标:

(1)投影技术:LCD。

(2)光亮度(流明):大于 1600。

(3)光亮度均匀值:大于 96%。

(4)标准分辨率(dpi):1920×1080。

(5)对比度:大于 60000:1。

(6)投影镜头:大于 3 倍光学变焦镜头。

(7)投影画面尺寸(m):50~300in。

(8)投影距离(m):1~20。

(9)输入端子:HDMI、S 端子、复合视频、模拟 RGB(D-Sub 15)、RS-232C。

(10)输出端子:1.3a HDMI 双端子。

(11)视频信号方式:NTSC/NTSC4.43/PAL/M-PAL/N-PAL/PAL60/SECAM。

(12)工作温度(℃):-10~45。

(13)含遥控器。

(14)灯泡使用寿命:大于 8000h。

3.6 通信电源系统

3.6.1 系统构成

通信站电源系统主要负责沿线各站点通信设备的供电。各通信站均采用本地供电方式,设置独立的交直流供电设备。供电设备采用高频开关整流模块电源,它将交流配电、直流配电、高频开关整流器和集中监控模块等组合在一个机柜里。

本项目设置通信中心 1 处。设备类型主要有光传输接入网设备、程控交换机、计算机等。考虑今后系统扩容的需求,通信中心电流模块拟采用 1+1 备份,电源配置为 2×30A,设置独立蓄电池柜,容量 2×200A · h。设置无人通信站 1 处。设备类型主要有光传输接入网设备、计算机等,无人通信站电流模块拟采用 1+1 备份,电源配置为 2×20A,和 ONU 设备合并设置蓄电池柜,容量 100A · h。

3.6.2 电源设备性能指标

整流器的主要技术指标:

(1)交流输入

标称输入电压:AC 380V。

输入电压范围:323~418V。

频率范围:50Hz±10%。

(2)直流输出

系统电压:-48V。

变化范围：-43～-57V。

输出限流特性：5%～100%。

(3)环境条件

工作温度：-10～50℃。

相对湿度范围：25%～90%。

(4)平均无故障工作时间

MTBF：大于100000h。

蓄电池组主要特性：

以下指标在环境温度20℃测得。

使用寿命：连续浮充工作15年，容量只下降到额定容量的80%。

浮充电压：2.23V±1%。

自放电大小：按10h容量，每日自放电率小于3%。

循环能力：在80%的放电深度可以使用1200次以上。

3.6.3 电源监控系统

电源监控系统由监控终端设备、站内电源监控模块等组成。系统各独立电源系统具有监测和报警功能，提醒维护人员及时了解电源情况(如交流故障、充电设备故障、电压过高或过低、保险丝熔断等)。

电源监控采用三级测量、控制、管理模式。最高一级为设置在通信中心的电源监控管理终端；设于各无人通信站的电源监控模块构成第二级监控单元；各充电模块内监控板、充电柜监控板和馈电柜监控板构成电源监控系统的第三级监控单元。电源监控系统RS232低速监控数据通过光综合业务接入网传输至红岛通信中心电源监控主机。

电源监控终端实现的主要功能如下：

(1)负责采集每个通信站电源设备的运行数据。

(2)对采集到的数据进行分析、判断和整理，必要时对数据进行保存。

(3)对发生故障的电源设备，可立即响应故障回叫，进行故障显示、声光告警提示。

(4)对受控电源设备进行参数设置和远程控制。

3.6.4 通信站交流用电量(负荷)

本项目通信中心机房交流用电量(负荷)为10kW(不含照明、空调等生活用电)。

3.6.5 防雷电保护

为防止雷电侵入供电线路，除按电力系统安装规定在配电室、进线端加装进线保护，并在变压器高压侧加装高压避雷器外，电磁感应和静电感应也可能使低压侧出现较大过电压，雷击波可能直接侵入低压用电器，因此需要在低压三相进线端加装避雷器。

3.6.6 接地保护

为提高通信质量、确保通信设备与人身安全，通信电源的交流和直流供电系统都必须有良好的接地。本设计所包含通信设施接地主要包含机房内通信设备接地及相应的实施措施：

(1)通信站接地采用联合接地方式,通信站接地电阻小于1Ω。

(2)全部通信设备及其供电设备的金属部分、进局电缆的保安装置接地端以及电缆的金属护套均应作保护接地。

(3)直流电源接地线必须从接地总汇集线引入。

(4)引入机房内交流电力线宜采用地下线缆接入,其金属护套两端均应作良好接地。通信设备机架保护接地不得与建筑物钢筋在电气上连通。

(5)接地系统由房建专业统一设计,接地装置埋设和引入应与机房土建同步施工。

3.7 光缆、电缆工程

3.7.1 光缆配置

胶州湾大桥沿线敷设光缆,完成各通信站间的干线和区间通信传输,以及沿线监控系统和收费系统数据、图像传输。为避免多次切断熔接带来的信号衰减,本项目采用分缆制设计。将光纤数字传输系统、站间收费视频传输合于综合通信光缆内,将监控视频传输、监控外场设备数据传输、综合电力监控等合于综合监控光缆内。本项目所敷设高品质单模光纤需符合ITU-TG.652技术规范。具体如下：

综合通信光缆：

(1)在本路起点(K8+540)至红岛互通(K15+000)敷设一根24芯单模光缆,用于通信数据传输,长度约10km(含红岛连接线段连接用光缆,设于大桥左幅托架内)。

(2)在红岛互通(K15+000)至终点(K34+947)敷设一根40芯单模光缆,用于通信数据传输,长度约22km(含红岛连接线段连接用光缆,设于大桥左幅托架内)。

考虑到胶州湾大桥桥梁结构设计特点,综合监控光缆在桥上分左幅和右幅设置,具体设置方式如下：

大桥左幅综合监控光缆：

(1)在本路起点(K8+540)至红岛互通(K15+000)左幅敷设一根28芯单模光缆,用于监控数据及图像、大桥附属设施传输,长度约10km(含红岛连接线段连接用光缆)。

(2)在红岛互通(K15+000)至红岛航道桥(K22+310)左幅敷设一根48芯单模光缆,用于监控数据及图像、大桥附属设施传输,长度约9.5km(含红岛连接线段连接用光缆)。

(3)在红岛航道桥(K22+310)至大沽河航道桥(K26+660)左幅敷设一根36芯单模光缆,用于监控数据及图像、大桥附属设施传输,长度约4.6km。

(4)在大沽河航道桥(K26+660)至终点(K34+947)左幅敷设一根24芯单模光缆,用于监控数据及图像传输,长度约8.5km。

大桥右幅综合监控光缆：

(1)在本路起点(K8+540)至红岛互通(K15+000)右幅敷设一根28芯单模光缆,用于监控数据及图像、大桥附属设施传输,长度约10km(含红岛连接线段连接用光缆)。

(2)在红岛互通(K15+000)至红岛航道桥(K22+310)右幅敷设一根42芯单模光缆,用于监控数据及图像、大桥附属设施传输,长度约9.5km(含红岛连接线段连接用光缆)。

(3)在红岛航道桥(K22+310)至大沽河航道桥(K26+660)右幅敷设一根28芯单模光缆,用于监控数据及图像、大桥附属设施传输,长度约4.6km。

(4)在大沽河航道桥(K26+660)至终点(K34+947)右幅敷设一根24芯单模光缆,用于监控数据及图像传输,长度约8.5km。

光缆敷设方式如图3.7-1所示。

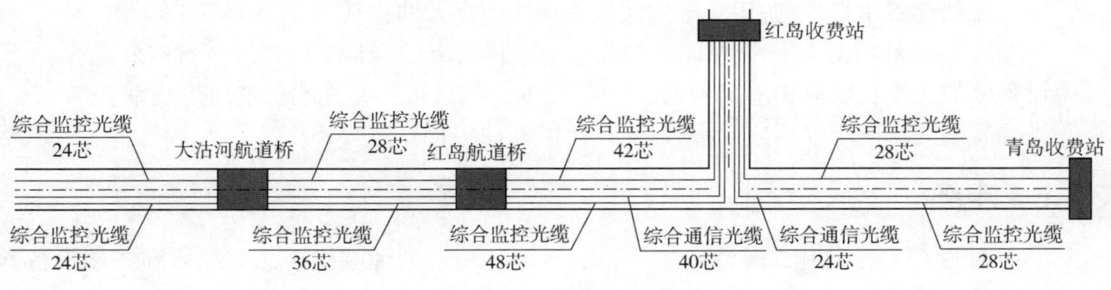

图3.7-1　光缆敷设示意图

3.7.2　光缆技术参数

光缆的机械性能应经受拉伸、压启、冲击、反复弯曲、扭转、曲绕、挂钩等项检验。

光缆应具备防潮、防水、防鼠咬、防腐蚀、防雷等性能。

光缆的接头盒应具备优良的机械性能,并具有防潮、防水性能。接头盒内的光纤接头的质量对连接光纤的强度不应有明显影响。

3.7.3　光缆的敷设

光缆应按实际长度铺设,铺设时不应超过光缆厂家规定的牵引张力和弯曲半径的要求,承包商应根据自己的施工经验,作出合理的敷设光缆图和光缆在人井预留图,光缆采购盘长应在2000m以上。

在铺设光缆之前,每个管道要用合适的方法清理。

光缆应在所有中间人孔中给以支托,在光缆布设在过桥金属架和高架桥时,根据要求提供附加的环境保护。保证获得规定的光缆寿命。

可以使用光缆牵引润滑剂,但必须得到监理工程师同意。

3.7.4　光缆的接续

光缆应在人孔外十分清洁的环境中接续。

光缆接续应采用熔接法,光缆接头应配有单独的接头护套。

应备有备用光缆并装在光缆接头盒的托盘上,放在托盘上的光纤不应产生微弯曲损耗。

在所有光缆需要分歧或分配出与单独终端单元相连的光纤头应使用接头盒保护,接头盒的设计应易于安装。

接头盒应为光缆接头提供一个紧闭的、防潮的环境。接头盒应能重新进入,以便维修和满足其他工作要求。

在光缆线路所处的温度和其他环境条件下，接头盒的预期使用寿命至少 40 年。

光缆不应在桥上接头。

接头应牢固地安装在每个人孔中，接头应安装在尽可能高处，以免浸水。

3.7.5 光缆的端接

每根光缆应端接在光缆终端和接线板上，光缆应在每个站端接。

出线要储存备用光纤，备用光纤的储放不应产生微弯曲损耗。

光缆的"入"和"出"应端接在同一接线板上。接线板的容量足以端接所有室外光纤。

设备侧的光缆长度应作适当预留，一般为 20m 左右，可存在光端机室或进线室。

进局光缆的弯曲半径不应太小，以免产生微弯曲损耗。

3.7.6 电缆

采用铜芯 PVC 绝缘电缆实现音频和低速数据传输。电缆端接于总配线架和终端设备，并按要求做交叉连接。电缆敷设应采用综合布线系统实现，敷设电缆线对时应该保留 50% 扩充余量。

电缆应符合室外、室内电缆技术规范，选用的电缆支持双音多频电话。承包商有责任保证所使用的电缆能满足整个系统的要求，性能指标达到标准。电缆护套能够达到一定的机械强度，防雷、防腐、防震、防微生物侵蚀。

3.8 通信机房

参照有关通信机房设计规范提出以下通信机房工艺和土建要求。机房设备布置如图 3.8-1 所示。

3.8.1 机房面积、荷重

(1)通信机房需安装光接入设备、程控交换机、配线架等设备。通信机房独立设置，面积约 $60m^2$。

(2)机房净高(吊顶下缘距防静电地板面的距离)≥3m。

(3)机房要求采用防静电、防火、耐磨及不易变形地板，地板高 0.25~0.30m。

(4)机房楼面载荷：≥$450kg/m^2$。

3.8.2 机房环境

(1)机房附近无污染气源。

(2)走线方式采用下走线；天花板和墙壁采用防火、防潮、防尘的建筑材料进行装修；设备的双扇门门洞宽度不应小于 1.5m，其他门(单扇门)门洞宽度应不小于 1m。

(3)机房温度应控制在 18~28℃，湿度控制在 30%~70%，电池最高温度≤30℃，需考虑安装空调。

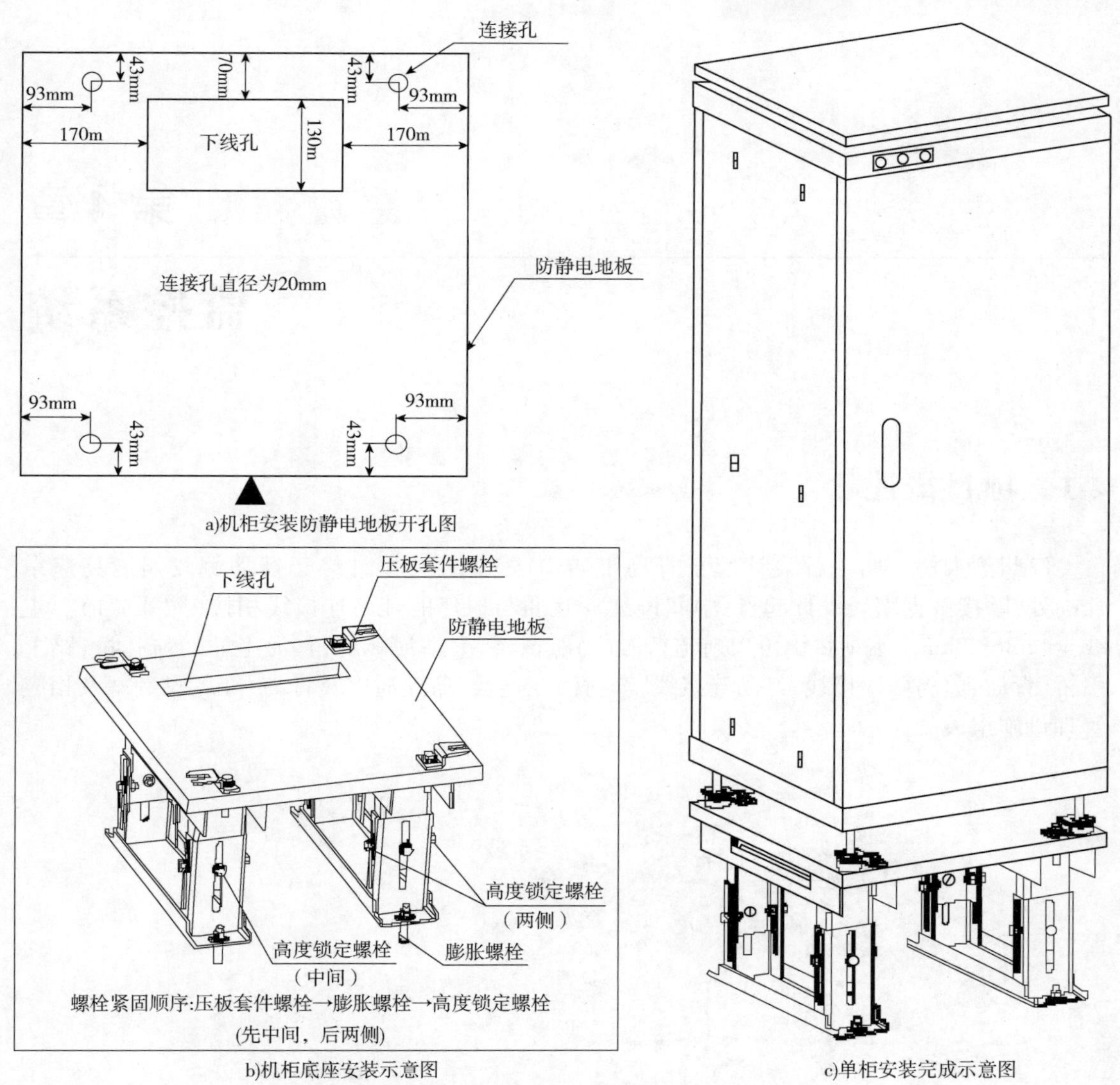

图 3.8-1 机房设备安装示意图

3.8.3 机房工艺

(1)机房应满足国家二级防火标准,配备防火消防设备。

(2)机房应设置应急灯及烟雾探测报警器。

(3)机房应防止有害气体、液体侵入,做到严密防尘,当灰尘直径≥0.5mm 时,最大浓度应≤1 万粒/L,各机房地面、墙面、顶棚都应做防尘处理。

(4)室内电源插座距地面 30cm。

3.8.4 机房接地

接地系统保证通信传输系统、电源供给系统的正常运行和人身、设备、房屋的安全。机房采用联合接地系统,具体连接方式和结构要求在通信电源部分已说明。

第 4 章

监控系统

4.1 项目概述

胶州湾大桥一期工程设计起于青岛市崂山区海尔路,设计终于黄岛侧胶州湾高速东 1km 处,顺接济青南线设计起点;中间设红岛互通与拟建的红岛连接线相接(图 4.1-1)。主线全长 36.48km。本项目由沧口航道桥、红岛航道桥、大沽河航道桥、海上非通航孔桥、路上引桥、青岛、黄岛两岸接线、红岛连接线,李村河互通、红岛互通以及青岛、红岛收费站及相应管理设施组成。

图 4.1-1　胶州湾大桥地理图

本项目在红岛收费站设本路段监控通信收费管理中心。全线设有红岛南收费站、胶州湾大桥收费站 2 处收费站。

4.2 监控范围

本次监控系统设计范围是胶州湾大桥、红岛接线段和红岛管理中心。

(1)胶州湾大桥主体工程

道路等级:城市快速路兼高速公路。

行车道:双向六车道,车道宽度 2×3×3.75m。

设计行车速度:80km/h(主线);60km/h(定向匝道);35km/h(环形匝道)。

路基宽度:35m。

最大纵坡:≤4%。

桥面横坡:2%。

设计荷载:城-A 级、城-B 级、公路-Ⅰ级。

地震基本烈度:Ⅵ度。

设计洪水频率:1/300。

航空限高:沧口航道桥,88m;红岛航道桥,150m。

(2)红岛连接线工程

道路等级:城市Ⅰ级主干路。

行车道:双向四车道,车道宽度 2×2×3.75m。

设计行车速度:60km/h。

路基宽度:24.5m。

最大纵坡:≤5%。

4.3 管理体制

胶州湾大桥全线在红岛连接线设置 1 处管理中心,管辖全线的基层管理设施。

管理体制为:山东省高速公路信息管理总中心—红岛管理中心—基层管理单元。

1)红岛管理中心

红岛管理中心设置在公司管理处,位置在红岛连接线,含路段收费中心、监控中心、通信中心,负责所辖高速公路的日常运行管理工作。

(1)管理中心负责所辖路段的收费、监控、通信等系统运行管理,保障正常运营,并及时上报运行情况,接受省中心的统一调度,执行联动操作。

(2)管理中心负责根据交通运输部、省交通运输厅、集团公司等上级主管部门的规范要求,建设和完善所辖路段的收费、监控、通信等系统设施,达到联网运行的业务技术标准。

(3)管理中心负责所辖路段收费、监控、通信等系统设施的维护工作,并根据路网运行管理的需要,及时补充和更新系统设施,使其经常处于良好的技术状态。

2)基层管理单元

基层管理单元包括收费站、养护工区等,各单元体由路段管理中心综合所辖路段的运营管理实际需要进行设置,并指派专门机构和人员负责具体实施工作。

基层管理单元主要负责采集管理区域内的运行信息,并向管理中心报送;同时接受上级的统一调度,构成基本的信息采集及发布网络。

胶州湾大桥一期工程全线共有 2 处收费站,分别为胶州湾大桥收费站和红岛南收费站。

4.4 监控系统的建设目标和原则

4.4.1 建设目标

监控系统是为充分发挥高速公路“高速、安全、舒适、高效”等功能特性,保证道路较高的服务水平,实现对交通运行的宏观管理和实时调度而建立的。监控系统的建设目标是:

(1)监视全线交通运行状况,预告交通拥挤和阻塞路段。

(2)平滑交通流、控制车速,减少交通拥挤和阻塞。

(3)及时发现和处理交通事故,减少二次事故的发生。

(4)监视大桥上车辆事故情况,迅速处理故障,恢复正常交通。

(5)及时提供必要的信息,给道路使用者提供帮助。

(6)保证服务水平,提高通行能力、减少车辆延误。

(7)发布养护、维修信息。

4.4.2 建设原则

监控系统的建设遵循以下基本原则:

(1)安全性和可靠性:选择成熟可靠的设备,通过合理的设备冗余提高系统的安全性,保证系统可靠运行。

(2)先进性和实用性:综合考虑国内外交通监控发展趋势,采用先进的技术和设备,同时尽量节约投资,保证最优的性价比。

(3)易操作、便于维护和可扩展性:系统具有友好的人机界面,实现硬软件模块化,使系统易于操作,便于维护和管理;同时选用开放性和兼容性好的设备,使系统易于扩充和升级。

(4)系统性和协调性:结合整个路网的情况全面考虑监控系统的建设,在功能设计上区分重点,在设备布设上避免重复、矛盾,使系统设置合理、协调统一;同时实施规模及水平与道路系统其他部分协调一致,最大限度地发挥交通工程及沿线设施的整体作用;重视与相邻道路的衔接,保证路网安全畅通。

(5)远近结合、合理建设:随着交通量增加和路网的拓展,监控系统的规模会逐渐扩大。因此,采用力争一次建设完善,并为远期做好预留预埋工作的原则,以保证建设资金的合理利用。

4.5 项目特点分析

4.5.1 道路分析

由于胶州湾大桥空间环境狭窄,存在潜在的交通事故危险,当桥上发生交通事故,如不能及时发现、救援和疏导,不仅难以控制事故的损失,而且容易诱发二次事故,造成更大的危害。因此需要把交通事件检测和对策措施作为重点研究问题。

4.5.2 交通特点

根据所建模型预测，胶州湾大桥于2008年下半年通车，在2009年平均交通量为28763pcu/d，2015年平均交通量45480pcu/d，2020年平均交通量59163pcu/d，2028年平均交通流量为76071pcu/d，最大断面交通量80317pcu/d。

根据交通量预测，胶州湾大桥在开通后至2028年其道路服务水平仍能维持在二级服务水平，因此，交通事件类型主要是偶发性事件。因此，2028年之前监控系统的主要目标是针对偶发性事件的检测和交通诱导，减少偶发性事件引起的阻塞，到道路服务水平降至二级及以下时，再进一步完善监控系统，加强对常发性拥堵的检测和交通诱导控制。

4.5.3 气象特点

青岛地处北纬36℃的胶州湾，濒临黄海，受季风气候和海洋性气候交替影响，气候季节变化比较明显。主要灾害天气有台风、海雾、雨雪、雷暴等，由于一年四季均有灾害性天气(特别是大风和大雾)发生，对大桥正常运行会产生较大影响，其中台风、海雾、雨雪等天气是影响交通运行的主要气象因素。

由国内外高速公路的运行情况看，恶劣的气象对道路交通影响是非常严重的，容易导致交通事故的发生，造成惨重的人员和财产损失。考虑到项目区域内的气象特点，设计中将采取针对性的监控措施，对能见度、风速、风向、雨量、路面状况等参数进行监测。

4.6 监控策略

按照《高速公路交通工程及沿线设施设计通用规范》(JTG D80—2006)的有关监控设施配置的要求，本项目作为双向六车道高速公路的特大桥路段，配置了A12类的监控设施，信息采集以车辆检测器、闭路电视设施为主，配置完善的信息采集、交通异常自动判断、交通监视、诱导、主线及匝道控制、信息处理及发布等设施。通过以上道路、交通和气象因综合分析，本项目的监控策略细化如下：

(1)近期监控策略

自动采集和统计主线路段的交通参数，收集全线的事故报警信息，将胶州湾大桥作为监控重点，设置全程覆盖的视频监视，配置完善的交通诱导和速度控制设施，结合路网监控要求在部分地点设置交通信息发布设备，进行综合气象参数的检测。

(2)远期监控策略

随着交通量的增加，逐渐完善全线的交通诱导和速度控制措施，增强交通参数的统计和检测，提高交通分析的精度，增强交通信息发布和交通诱导功能，完善交通异常自动检测，增强对交通流的警告或速度调节功能。

4.7 监控方案

按照上述监控策略的要求，监控系统具体设置如下。

4.7.1 交通事件检测

交通事件是指引起道路通行能力下降的偶发性事件或者对交通需求的异常增长。前者有交通事故、车辆抛锚、物品散落、道路养护等;后者主要是由特殊事件引起的,如救灾、军事行动等。一般来说,交通管理部门由通报制度可预知道路养护和特殊事件的发生时间,但对交通事故等突发事件的检测需有专门的技术手段。

交通事件检测是事件管理流程中的重要环节,交通事件检测得越快,对事件处理就越及时,事件对交通的影响就越小。目前主要有人工检测和自动检测两种技术,人工检测技术有闭路电视、手机呼入、巡逻车(人员)、固定观察人员等,自动检测技术有交通异常自动检测算法和图像识别技术。

(1)人工检测技术

闭路电视:设置在道路沿线,具有直观、信息量大的优点,同时提供事件检测和确认功能。缺点是容易导致操作人员厌倦,检测效率受布设位置影响。

手机呼入:通过监控中心公开的热线电话或特服号接入,通常是最快速的报警手段,但需要对事件的确认过程。

巡逻车:具备最快速的事件检测、确认和响应的功能,缺点是人力成本高,检测速度与巡逻车数量及巡逻频度相关。

(2)自动检测技术

图像识别技术:通过对摄像机图像信息的提取和分析,可以检测出交通事故、停车、拥堵等交通事件,还可检测车速、交通量等参数。

本项目采用以传统的人工检测技术为主,即闭路电视、手机呼入、巡逻车;同时在胶州湾大桥通航孔桥等重要路段设置30路视频自动检测装置,远期根据交通量的增加,逐步设置视频事件自动检测的设备规模,桥上摄像机视频信号通过光端机直接传输到监控中心,为视频处理提供非损伤的高质量图像。

在跨海大桥段按500m平均间距交错设置1对摄像机,每台摄像机覆盖前后500m路面,在互通枢纽、航道下横梁和护栏等特殊路段增加设置遥控摄像机,保证沿线的全程视频监视。在全线设置30台固定视频事件检测摄像机,用于检测交通事故、停车、拥堵等交通事件,及检测车速、交通量等参数。

4.7.2 气象信息检测

考虑到项目区域内的气象特点,气象信息检测采取针对性的监控措施,对能见度、风速、风向、雨量、路面状况等参数进行监测。

本项目区域内对交通影响较大的天气情况主要是雾天引起的能见度低以及冬季冰雪天气造成道路表面结冰等。以上的恶劣天气易造成车辆行驶速度降低、通行能力下降,并往往引发交通事故,因此气象检测应将能见度、路面状况作为重点,及时采取相应的管理措施。

本项目在桥梁路段设置气象检测器1套,检测风速、风向、雨量、温度、湿度等信息;设置能见度检测器2套,检测桥梁路段能见度信息;设置非接触式路面状态检测器6套,检测桥梁路段的路面的干、潮、湿、雪、冰、冰水混合等状态。

除沿线气象检测设备的实时观测外,监控中心可通过电话、互联网的方式与气象部门建立联系,获取本地区的气象预报及灾害天气警报,提前准备应对措施。

4.7.3 交通事件确认

交通事件确认是验证事件的发生、确定事件发生地点、了解事件情况的过程。监控中心收集尽可能详细的资料,用于准确评估现场状况,派遣合适的处置或救援力量。确认方法一般有闭路电视、现场工作人员、对报警呼入信息的综合分析等。

本项目在跨海大桥段按500m间距交错设置2台摄像机,在互通枢纽、主航道孔设置遥控摄像机,基本能保证沿线的全程视频监视。视频图像具有直观、信息量大的优点,不仅可用于交通监视,也可用于路政、养护等部门的日常工作。

此外,通信系统提供了监控中心与移动公网之间的通信线路,路政、养护及交警等部门的巡逻和工作车辆上的人员在现场可通过手机向监控中心报告。

4.7.4 交通流控制

在监控系统采集了交通事件、气象等信息后,监控中心经过综合分析,通过外场的信息发布设备实现对交通流的控制和诱导。遇有突发性事件时,公安机关交通管理部门可以采取限制车速、调换车道、限制通行、临时中断交通等交通管制措施,高速公路经营单位应当及时将有关交通管制信息向通行车辆进行提示;发生交通堵塞时,公路管理机构、高速公路经营单位应当积极协助公安机关交通管理部门疏导交通。因此,监控中心应按公安机关交通管理部门的要求发布交通管制信息。

(1)交通控制和信息发布设备布设

在收费站入口前方设置信息发布屏,显示高速公路的路况和交通诱导信息;在互通枢纽出口的前方和胶州湾大桥出入口设置大型可变情报板,发布路况和交通诱导信息、预告前方道路状况;胶州湾大桥段8处中央分隔带开口处设置车道控制标志,对大桥上的交通流实施车道控制和速度控制,以便在交通事故等引发严重堵塞时,结合大桥上设置的8处中央分隔带开口进行交通疏导。

在沿线设置交通广播信息标志,提醒司机收听交通广播来了解路况信息。

向监控总中心发送本路段的路况信息,利用邻近道路的设备发布信息。

(2)交通控制

①交通正常时。沿线的信息发布屏和大型可变情报板显示交通安全教育信息、路况信息等,跨海大桥的车道控制标志显示"↓",可变限速标志显示限速值或简短提示信息。

②一般交通事件。一般交通事件指不占用行车道、发生在紧急停靠带上的车辆停泊或养护作业等。

通过发生地点上游的大型可变情报板显示警示信息,同时受影响里程范围内的车道控制标志闪烁黄色报警信号,提醒驾驶员注意前方。

如确认车辆违章停车,通过调度指挥系统通知巡逻车前往事发地处理;如遇车辆抛锚的情况,通知救援车辆到现场提供帮助。

③重大交通事件。重大交通事件指占用行车道、对通行能力影响较大的事件,如交通事

故、物品散落、养护作业等。

养护作业如需封闭车道，且持续时间 12h 以上的，或夜间作业的，应当事先报告公安机关交管部门，采取相应的防护、警示或公告措施。

如发生交通事故等交通事件，应立即报告公安机关交管部门。

可通过车道控制标志将阻塞车道关闭，引导车辆使用其他车道；利用可变限速标志对通过事故区的车辆进行速度控制；通过影响区域内的信息发布设备及时预告前方道路状况，疏导交通流，减轻事故路段的交通压力；必要时，在事故区上游采取交通管制措施，在收费站实施匝道控制，减少驶入事发路段的车辆。

在半幅路面全部阻塞的情况下，如需维持该路段双向通行，可控制反方向行车道上的车道控制标志双面显示相应的匹配信息，清空左侧行车道作为逆向车流的行驶车道，打开事故区上下游的中央分隔带开口，引导受阻车辆从清空车道绕过事故区。

在需要紧急救援、清障的情况下，监控中心通过指挥调度系统与排障、医疗、消防等部门的救援车辆建立联系，同时根据需要控制车道控制标志等设备为车辆通行清理出救援通道，确保救援力量尽快到达事故现场，缩短事故处理的时间。

④突发事件。突发事件指救灾、军事行动、社会突发事件时的交通需求，必须为相关车辆的快速通过提供保障。

可通过车道控制标志清理出专用车道，引导车辆使用其他车道；利用可变限速标志对通过车辆进行速度控制；通过影响区域内的信息发布设备、公众媒体等及时预告，诱导社会车辆选择其他路径或取消出行，减轻路段的交通压力；必要时，在影响区域内采取交通管制措施，在收费站实施匝道控制，减少驶入高速公路的车辆。

⑤恶劣气象条件。雾天：按公安机关交通管理部门的要求确定道路是否开放。如允许通行，通过信息发布设备发布气象警示信息和限速值；影响区域内的车道控制标志闪烁黄色报警信号，提醒驾驶员注意；向监控总中心发送路况信息，通过路网内的其他信息发布设备及交通广播等手段及时发布车辆诱导信息，提醒驾驶员选择行驶路线。

风速大：按公安机关交通管理部门的要求确定道路是否开放。如允许通行，通过信息发布设备发布气象警示信息和限速值；影响区域内的车道控制标志闪烁黄色报警信号，提醒驾驶员注意行车速度；通过路网内的其他信息发布设备及交通广播等手段及时发布信息。

雨雪天气：通过信息发布设备发布气象警示信息和限速值；影响区域内的车道控制标志闪烁黄色报警信号，提醒驾驶员注意行车速度；通过路网内的其他信息发布设备及交通广播等手段及时发布信息。

⑥极端恶性事件。近年国内发生数起桥梁被大吨位船舶碰撞非通航孔桥墩，导致桥梁倒塌的极端恶性事件，此类事件出现概率极低，但导致损失巨大。海上桥梁路段 500m 间距布设的路侧摄像机，可以保证在发生桥面塌陷的极端情况时，近距离视频信息采集，为监控中心的管理人员提供可靠的信息采集手段。

4.7.5 指挥调度

通信系统为监控中心与交通管理、消防、医疗、气象、公众媒体等外部机构之间提供电话连接；在沿线管理设施内的路政、养护、排障、收费等部门设置指令电话，通过公众移动平台的移动集群技术实现执勤人员的手机与内部电话的多方通话,方便指挥调度;设置录音设备记录指令电话的通话内容,保证交通事件处理过程的可追溯性。

4.7.6 监控信息联网

监控中心通过通信系统与省信息管理总中心建立信息共享通路,监控中心与省信息管理总中心可交换道路监控数据,监控中心的视频传输平台内置有视频传输通道,可通过以太网络将图像上传至省信息管理总中心,总中心通过网络控制器可任意调用沿线摄像机的图像。

监控中心报送省信息管理总中心的监控数据包括:交通流量信息、道路封闭(开启)信息、交通事件信息(特殊气象、施工作业、交通事故、道路损坏状况、突发性事件、系统运行状况)等,同时接受省信息管理总中心的路网调控管理信息和指挥调度信息。

4.8 监控系统构成

胶州湾大桥的监控中心设在红岛管理中心,总体负责胶州湾大桥和胶州湾高速公路的交通监控管理,监控系统由交通监控子系统、闭路电视子系统、调度电话子系统共三个子系统构成。

4.8.1 交通监控子系统

1)交通监控子系统组成

交通控制子系统主要接收外场检测设备采集到的检测数据,进行数据信息的分析、处理,并以此为依据制订相应的控制方案,从而控制外场显示设备显示限速、警告、交通拥挤等有关信息。在特殊情况时,利用可变情报板、车道控制标志、可变限速标志进行交通诱导和控制。

交通监控子系统由外场设备(摄像机除外)、监控中心设备以及传输通道等组成。

外场设备包括:微波车辆检测器、小型气象检测站、能见度检测器、可变情报板、车道控制标志、可变限速标志、信息发布屏等设备。

监控中心设备包括:计算机系统、投影系统、控制台、不间断电源。计算机系统主要设备包括服务器、工作站、以太网交换机,外围设备包括彩色喷墨打印机、激光打印机、彩色扫描仪。

外场设备与监控中心之间的数据传输通过外场设备——监控中心实现逐级的数据传输。跨海大桥段的外场设备和互通附近的外场设备采用数据光端机实现外场设备到监控中心之间的传输。全路段的监控数据通过交换机接入红岛监控中心,由监控中心的计算机系统进行数据分析、处理并产生相应的控制方案。

2)主要设备技术指标

(1)门架式可变情报板

①规格。

a.板面尺寸(显示部分)。

与标志合设板面:长×高=3.6m×2.4m;

独立设置板面:长×高=1m×12m,显示板有效显示面积为12m×1m,包括12个模块。第一个模块为1m×1m,主要用于显示图形,为全彩模块,解析度(32×32)点,其余11个模块为双基色模块,尺寸为1m×1m,主要用于显示汉字、英文、符号、图形等。

b.像素构成:双基色,4红2纯绿;全彩色,4红2纯绿1蓝。

c.相邻像素间距:

与标志合设显示板:25mm,解析度为144×96;

独立设置显示板:31.25mm,解析度为32×384。

d.发光亮度:≥9000cd/m^2。

e.半功率角≥30°。

f.显示内容:全屏编辑,可显示汉字、英文字符、阿拉伯数字、特殊符号、图形等。

②显示性能。

a.LED采用定电流驱动,具有过流保护功能。

b.发光亮度可根据外界环境条件自动或手动无级调节,手动调节优先。

c.在正常工作条件下,像素年失控率应不大于1‰。

d.当车辆以120km/h速度行驶时,显示的信息在正常天气情况下200m外可清晰辨认。

e.无显示内容时,显示屏应为全黑,无任何亮点。

f.播放的方式:显示功能基于一种播放表格式,分为清屏(全黑)、静止显示、左移、右移、上移、下移、横百叶窗、竖百叶窗、闪烁、全亮等。

g.可视距离:≥250m(120km/h)。

h.亮度控制:手动或自动,32级。

i.通信接口:2×RS485。

j.控制模式:现场操作或远端遥控。

k.显示板箱体防护等级(IP66)。

l.MTBF≥10000h。

m.耗电量:≤12kW(12模块)。

n.工作电压:AC380,50Hz。

o.工作环境:温度-10~+65℃,湿度10%~95%RH。

p.机箱:IP65。

③安装要求。

与标志合设情报板(门架结构计入监控系统),其余为独立设置情报板,均采用门架式安装,具体技术要求及施工要求参见国标GB 5768—1999及交通安全标志施工技术规范。显示板及外场控制器安装在支架上,支架上预留检修、维修通道。地面至支架上有爬梯以利上下检测、维护。支架、立柱、横梁采用热喷涂锌防腐,外涂船用漆。可变情报板的安装应保证大型卡车驾驶员及小汽车驾驶员均能容易辨认,且应保证可变情报板的安全,不易损坏。

(2)悬臂式可变情报板

①尺寸。

显示板有效显示面积为1.92m×3.84m,包括8个模块。模块为双基色模块,主要用于显示汉字、英文、符号、图形等。

②技术指标。

a.显示面积:1920mm(高)×3840mm(宽)(8 模块)。

b.显示点阵:96×192(8 模块)。

c.显示内容:交通标志图案,文字、英文字母、数字等。

d.单位面积显示亮度:≥8000cd/m^2(双基色模块)。

e.发光器件:红色、纯绿。

f.可视距离:≥250m(120km/h)。

g.亮度控制:手动或自动,32 级。

h.通信接口:2×RS485。

i.控制模式:现场操作或远端遥控。

j.显示板箱体防护等级(IP66)。

k.MTBF≥10000h。

l.耗电量:≤4.5kW(8 模块)。

m.工作电压:AC380,50Hz。

n.工作环境:温度-10~+65℃,湿度 10%~95%RH。

o.机箱:IP65。

③安装要求。

采用悬臂式安装,具体技术要求及施工要求参见国标 GB 5768—1999 及交通安全标志施工技术规范。显示板及外场控制器安装在支架上,支架上预留检修、维修通道。地面至支架上有爬梯以利上下检测、维护。支架立柱、横梁采用热浸镀锌防腐,外涂船用漆。可变情报板的安装应保证大型卡车驾驶员及小汽车驾驶员均能容易辨认,且应保证可变情报板的安全,不易损坏。并可抵御 48m/s 的风速。

(3)车道控制器标志

车道控制器标志为红叉灯和绿箭头灯,红叉灯为禁止信号,绿箭头灯为通行信号。指示器为单体组合式,造型美观,密封性能好,显示清晰色度片范围符合国际 CIE 标准。车道指示器由灯壳、前盖、光学系统、变压器、安装装置组成。灯壳和前盖可用金属压制,亦可用高强度聚碳酸酯工程塑料一次注塑成型。安装装置可用钢材,亦可用铝合金制造。

①技术要求。

a.光源:采用超高亮度 LED。

b.显示面板尺寸 600mm×600mm。

c.显示亮度:≥8000cd/m^2。

d.LED 平均寿命:≥10 万 h。

e.MTBF:10000h。

f.可视距离:>250m。

g.电源:220VAC±10%,50Hz±2Hz。

h.工作环境:温度-10~+65℃,湿度 10%~95%RH。

i.机箱:IP65。

②安装要求。

采用抱箍安装于监控门架上，具体技术要求及施工要求参见国标 GB 5768—1999 及交通安全标志施工技术规范。显示板及外场控制器安装在支架上，支架上预留检修、维修通道。地面至支架上有爬梯以利上下检测、维护。支架立柱采用热浸镀锌防腐，横梁采用热喷涂锌防腐，外涂船用漆。可变情报板的安装应保证大型卡车驾驶员及小汽车驾驶员均能容易辨认，且应保证可变情报板的安全，不易损坏。

(4)微波车辆检测器

微波车辆检测器设置在路侧，安装在路侧的灯杆上或专门的立柱上，当车辆通过微波检测区域时被检测到，将检测到双向不小于十车道路段上的交通参数。

①设备主要检测精度要求。

a.车流量精确度任何单一车道流量>95%总流量>98%。

b.单车车速精度误差>97%，10~250km/h。

c.平均车速精度误差>97%，10~250km/h。

d.车道占有率精度误差小于±5%，即使是在交通拥堵时段。

e.适用于全天候条件，包括雨，雾，雪，大风，冰，灰尘等。

f.精确的识别能力，即使车辆有多达 50%的部分被障碍物遮挡亦可被识别。

②设备主要技术要求。

a.外壳标准：通过 NEMA250，TYPE4X 外壳标准(防水、冰冻、防锈)。

b.功率消耗：小于 25W　9-28VDC。

c.工作频率：24.125GHz(K-波段)。

d.信号射角：50°。

e.信号方位角：12°。

f.检测范围：0~76m。

g.雷达波发射周期：小于 2ms。

h.传输信号带宽：50MHz。

i.通信接口：RS-485，RS-232，选装的内置 CDPDmodem 调制解调器，支持外接的 RS-232 调制解调器，可编址的 TCP/IP。

j.操作温度：-25~+75℃。

k.数据存储时间：以 20s 为周期，则可存储 4.9d 数据；60s 为周期，则可存储 14.8d；15min 为周期，则可存储 222d 数据；如果通信中断，一旦恢复后，可由通信端口上传历史数据到便携电脑或控制中心，保存数据完整。

l.FLASH 内存容量：8M。

m.数据处理周期：最小 10s，可由用户自行设定。

n.检测车道：双向不小于十车道(两个隔离带)。

o.检测范围：1.8~76.2m。

p.侧置后退距离：小于 0.5m。

(5)气象检测器

气象检测器用于检测胶州湾大桥的气象信息，为运营管理提供及时准确的气象信息，从而为大桥的安全运行提供保障。技术要求如下：

①能见度检测器。

a.检测器应能对雾、雨、雪等各种天气状况进行能见度检测。

b.对光学镜头上的污染可被检测到。

c.检测范围10m~2km(可调整)，误差2%，至少每隔3min检测一次。

d.校正工作应简单、方便，并提供用来校准测量精度的设备。

e.维修方便，一般因雾化引起的镜头污染应可通过内部加热来清洁镜头。

f.工作温度：-10~+60℃。

g.分辨率：1%。

h.散射角度：35°。

i.光源：高效LED。

j.接口：模拟电流信号或rs232，rs485。

k.输出：仪器地址、日期、时间、能见度、环境温度、背景亮度及自身状态报告(发射管、接收管、窗口污染检查、电源状态等)。

l.自动校准。

m.可对窗口污染作自动补偿。需要清洁时有状态提示。

n.LED光源寿命为10年。

o.电源：AC220V±10%，50Hz。

②雨量检测器。

a.检测范围：无限制；

b.精度：0.2mm。

c.内置加热元件能有效防止积霜和结露，快速干燥。

d.降雨量强度：低强度<2mm/n；

中等强度：2~8mm/n；

高强度：>8mm/n。

③非接触式路面传感器

a.路面状态输出：冰、雪、湿、潮、干燥；精度：0.01mm(0~2cm水膜厚度时)。

b.道路表面温度：-40~85℃；精度：+/-0.5℃。

c.测量路面类型：水泥、沥青；测量距离：2~15m。

d.测量范围：约22cm(10m处)。

e.测量角度：25°~80°。

f.工作温度：-40~65℃。

g.工作湿度：0~95%。

h.光源等级：I级(肉眼安全)。

i.信号输出：RS485/RS232。

j.平均无故障时间：100000h。

k.防护等级：IP65。

④温度和相对湿度检测器

a.温度范围:-40~60℃。

b.湿度范围:0~95%。

c.分辨率为:1%。

⑤测风传感器

a.风速检测器:0.4~60m/s检测范围,启动阀值0.4m/s。

b.风向检测器:0~360°范围内,误差±5°。

4.8.2 闭路电视子系统

闭路电视子系统主要用于道路交通状况的监视、交通事件的确认,为选择控制方案提供依据。对视频图像进行录像,重要的图像可长期保存,以便事后的分析取证。

本子系统主要由外场摄像机、监控中心闭路电视控制设备以及传输通道等组成。

1)外场摄像机布设

胶州湾大桥外场摄像机根据监视区域不同,分为四类:

(1)路侧普通遥控摄像机:采用10-200mm变焦镜头,设置于道路两侧,用于监视道路运行情况,采用独立杆式安装或与监控门架合设。

(2)路侧透雾遥控摄像机:采用10-200mm变焦镜头,设置于道路两侧,用于监视道路运行情况,采用独立杆式安装或与监控门架合设。布设在航道监控、李村河枢纽两侧、主航道桥两侧以及按照3km间距布设在主桥路段。

(3)长焦距水面透雾摄像机:采用10-330mm变焦镜头,设置于桥塔和护栏外侧,用于监视3处通航桥的航道情况,采用角钢支架式安装。

(4)固定视频事件检测摄像机:采用10-120mm手动变焦镜头,均匀布设在大桥沿线,用于检测交通事故、停车、拥堵等交通事件,及检测车速、交通量等参数,与其他摄像机共杆安装。

2)图像传输

图像传输方案采用外场摄像机与监控中心之间的直接传输方式,图像及控制信号传输直接采用光纤为传输介质,在光纤两端分别设置一台视频数据光端机,视频信号以非压缩数字方式传输。

监控中心闭路电视控制设备配有视频传输控制平台、视频监视计算机、数字硬盘录像机、控制键盘、监视器等。视频传输控制平台将收费视频和监控视频同一接入控制,可任意调用和控制监控系统、收费系统的摄像机图像。视频传输控制平台可将的图像数字视频编码转化后,经高速公路骨干通信网传输至省信息管理总中心,共计上传30路(10路监控视频20路收费视频)视频图像。

视频传输控制平台输出:20路监控外场摄像机图像及20路收费视频图像至屏幕墙监视器、1路至主监视器、18路至大屏幕投影系统的控制器、20路收费视频至收费视频计算机、10路监控外场视频及20路收费视频上传至省信息管理总中心。

桥梁路段监控视频经视频分配器直接输出至监控视频计算机,监控视频计算机2台,每台显示32路道路监控图像。

3)图像存储

监控中心只存储监控外场摄像机图像,收费视频的图像存储由收费系统负责实现。胶州湾大桥工程全线一期共设置约60多台监控外场摄像机,所有外场监控视频经视频分配器分配后均进入硬盘录像机存储,正常情况下的视频图像在存储两天后自动清除,重要的视频图像可长期保存。

存储系统由6台数字硬盘录像机组成,录像机具备以太网接口,与监控系统的交换机连接。每台录像机以MPEG-4编码格式可同时录制16路视频,编码后存储时间约30d。其中5台录像机对所有外场摄像机的图像进行存储,定期清除,可通过调节画面质量和录制帧速的方式延长保存时间。另1台以最高录制质量记录重要事件发生时的图像,包括主监视器上的操作视频、主通航桥、交通枢纽等视频。需要长期保存的图像资料可通过网络转存至服务器或刻录在光盘介质。

4)图像显示

监控中心的图像显示设备有:屏幕墙上的40台32in彩色LCD监视器、大屏幕投影系统的18台60inDLP显示单元、视频计算机的显示屏和32in彩色LCD主监视器。DLP和32in彩色LCD监视器显示由视频矩阵输出的外场摄像机图像;设于桌面的视频计算机(共3台)显示由视频控制矩阵输出的监控及收费摄像机图像。

胶州湾大桥外场监控摄像机的视频信号91路、收费视频110路,推荐采用如下显示方案。

在交通正常情况下,大屏幕投影系统在全线平面图上显示各路段的交通状况、外场设备工作状态等,LCD监视器分区域切换显示外场摄像机图像,对重要路段如枢纽互通、海上桥梁、收费广场等处的遥控摄像机,可指定部分监视器1对1显示,其余的监视器以单台对应3路图像的方式循环显示其他摄像机的画面(其中收费车道图像采用1对多显示);未来胶州湾高速公路视频接入后(约32路),可设定10台监视器用于胶州湾高速视频显示,此时监视器采用单台对4路视频图像循环显示的模式。设于桌面的视频计算机每台可实现32路模拟视频输入并同时显示于LCD宽屏显示器上,2台视频计算机用于监控图像1对1的显示,图像取自视频分配器;1台视频计算机用于收费图像显示,图像取自收费视频控制矩阵。

监控员平时观察屏幕墙的显示画面,需要对特定摄像机进行观察时,可操作放置在控制台上的主监视器或视频计算机。

在处理交通事件的情况下,将事件影响区域内的遥控摄像机图像显示在大屏幕投影系统上,方便指挥调度时对现场情况的实时观察。

5)主要设备技术指标

(1)彩色摄像机

①常规技术指标。

a.信号系统:PAL。

b.成像装置:1/3in CCD成像器。

c.像素:795(H)×596(V)(PAL制式)。

d.同步系统:外电源同步。

e.清晰度:480TVL。

f.扫描系统:625行,50帧/s。

g.灵敏度:0.5Lux@ F1.2。

h.最小照度:0.001lux,F0.75。

i.信噪比:>48dB。

j.白平衡:自动、手动。

k.自动逆光补偿功能。

l.相对湿度:≤90%。

m.分辨率:480TVL。

n.镜头接口:C/CS。

o.视频信号输出1.0VP-P75Ω。

p环境温度:-10~+60℃。

q.自动光圈类型:直流或视频驱动。

r.电子快门:1/50~1/100000s。

s.电源:9-40VAC/VDC。

t.具备透雾功能。

②自动光圈变焦镜头。

a.焦距:路侧摄像机10-200mm,桥塔和水面摄像机10-330mm,固定视频事件摄像机10-120mm。

b.DC自动光圈。

c.结构紧凑。

d.大光圈,完美的低照度性能。

e.均采用非球面镜头,可提供优质图像。

f.高质量多涂层优质玻璃镜头,可提供优质对比度和色彩再现力。

g.具备透雾功能。

③室外云台

a.旋转角度:水平360°连续不间断,垂直向上≥15°,向下≥60°。

b.旋转速度:水平手动0.1°/s(长焦)-60°/s(广角),垂直0.1°/s(长焦)-20°/s(广角)。

c.负载:≥25kg(包括遮阳罩、防护罩、摄像机、镜头等)。

d.环境温度:-15~+60℃。

e.室外防护等级:IP54,外露金属构件需防盐处理。

f.额定风负荷:不少于48m/s。

g.云台为顶部安装方式。

④室外摄像机防护罩

a.电动雨刷器:远程遥控、自动回位。

b.罩内温度自动调节:当罩内温度高于40℃,自动开启轴流风机,降至30℃时,自动关闭风机,当罩内温度低于5℃时,自动接通加热器,升至15℃时,自动切断电源。

c.除霜:防护罩装有除霜玻璃或电动除霜器,当除霜玻璃的表面温度达到30℃时自动切断电源。

d.环境温度:-15~+60℃。

e.工作电压:220VAC,50Hz。

f.能够容纳10-100倍变焦镜头。

g.额定风负荷:不少于48m/s。

h.室外防护等级:IP65。

⑤解码器

a.通信接口:RS-485串行;

b.波特率:9600bit/s;

c.传输距离:≥1200m;

d.电源电压:AC220V±10%,50Hz;

e.工作环境温度:-10~+60℃;

f.工作环境湿度:≤85%。

(2)视频/数据光端机

①支持制式:NTSC,PAL。

②数据接口:RS422、RS485等。

③传输模式:1310/1550nm单模光纤。

④10位数字量化编码。

⑤分辨率:≥520线。

⑥信噪比:≥65dB。

⑦微分相位:<2°。

⑧微分增益:<2%。

⑨光源器件:激光器。

⑩输入/输出阻抗:75Ω。

⑪环境温度:-10~+70℃。

⑫工作湿度:0~95%无冷凝。

⑬MTBF:大于10万h。

⑭带宽≥5~8MHz。

⑮电源:24VAC/12~16VDC。

⑯机架式。

4.8.3 大屏幕投影系统

大屏幕投影系统由显示单元陈列和智能多屏拼接控制器组成。

显示单元阵列为18台60in的DLP一体化显示单元拼接而成(横向3排、纵向6列),DLP技术具有噪声小、精确的灰度等级、无缝图像、可靠性高等优势,成为当前大屏幕拼接墙显示系统的主流产品。本项目采用性价比高的单片式DLP显示单元,分辨率1280×1024,能显示16.7M色。

智能多屏拼接控制器可以将若干路视频图像与计算机网络信号组合拼接显示在大屏幕上,可实现单屏显示、任意大小显示、共屏显示、跨屏显示、整屏漫游等,并且可以实现图像的分组切换、巡检、预案显示等功能。

(1)DLP显示单元

①60in 单片式 DLP。

②投影仪标称亮度：≥800ANSI 流明。

③分辨率≥1280×1024dpi。

④对比度≥800∶1。

⑤显示色彩：全彩 16.7M 色。

⑥屏前亮度：≥250CD/m^2。

⑦可接收计算机图形信号与视频图像信号。

⑧灯泡寿命：≥8000h。

⑨显示器件寿命：≥100000h。

⑩MTBF：整机不小于 40000h，可以 24h 连续运行。

(2)数字硬盘录像机

①硬盘：4000GB，并可扩充。

②网卡：10/100Mbps 自适应，接口 RJ45。

③输入：模拟视频输入 16BNC-F，兼容制式 NTSC/EIA、PAL/EIA。

④输出：模拟视频输出 BNC，监视器口 Y/C。

⑤视频压缩格式：MPEG-4。

⑥视频分辨率：720×576PAL，720×484NTSC。

⑦存储时间 30d。

⑧图像记录(显示)速度：每路 0.1~25 帧/s 可调。

⑨录像形式：每路可同时录像。

⑩检索方式：按日期、时间、地点方式检索。

⑪回放方式：单路或多路音视频同时回放，回放速率为每路 25 帧/s。

(3)视频传输控制平台

①红岛中心配置：具备 256 路视频输入，192 路视频输出，32 路 H.264 视频上传通道；信息总中心配置：32 路 H.264 视频解压通道。

②前端接入编码模式可选：数字非压缩视频；或 H.264 双码流；或数字非压缩+H.264 三码流。

③光纤接入模式可选：点对点接入；级联接入；自愈环网接入；VEPON 接入；EPON 接入。

④接入视频类型可选：纯标清视频接入；标清视频+高清视频混合接入；纯高清视频接入。

⑤各级监控分中心与各级监控中心组网模式可选：光纤专网；光纤专网+IP 通信网；IP 通信网。

⑥支持所有常用的业务接口：视频、音频、数据、以太网、电话、爱峰对讲、E1、报警接口。

⑦支持任意拓扑结构及组合：单/双纤自愈环网、单/双纤链网、星形网、树形网、相切环网结构、链形/环形光分支、PON 网络等。

⑧单机箱 256×256 全交叉标清/高清视频通道。

⑨高清视频接口支持：HD-SDI，HDMI。

⑩单卡交换能力：40G/80G。

⑪每路视频都具有字符叠加、时钟叠加功能。

⑫支持全网时钟统一功能。

⑬高可靠及冗余性设计。

⑭全部采用插卡式业务单元结构、即插即用。

⑮支持 IP-SAN 和 NAS 存储协议。

⑯无损伤信息交换,无距离限制。

⑰功能强大的管理软件平台,实现传输/交换统一管理。

⑱全网只进行一次 AD/DA 转换。

(4)彩色 32in LCD 监视器

①分辨率 1366×768WX GA 8bit 1920×1080 WUXGA 8bit。

②颜色标准颜色 16.7M。

③最大颜色值 FullColor。

④液晶面板-屏幕类型 TFT-LCD。

⑤显示对角线 31.51in(800.4mm)。

⑥亮度 600cd/m^2。

⑦对比度 1200∶14000∶1。

⑧响应时间 5ms。

⑨可视角度 178°。

⑩PC 信号 RGB 输入行频 39-53KHz60-73KHz 场频 60Hz。

⑪视频彩色制式 PAL/NTSCCVBS。

⑫输入/输出 1Vp-p,75Ω,BNC×2S-video。

⑬输入 Y∶1Vp-p,75ΩC:0.3Vp-p,75Ω。

4.9 监控系统功能

胶州湾大桥的监控系统实现以下功能:

(1)信息采集功能

收集路段交通数据、气象参数、收费站出入口交通量、图像信息、事件信息、外场设备工作状况和报警求救信息。

(2)图像监视功能

实时监视道路的交通状况,并且在监控中心进行图像的显示和存储,实现闭路电视子系统的二级监视。

(3)信息处理、显示功能

通过对采集的各种信息进行分析、处理,制订控制方案,并通过图形界面实时显示数据、设备显示内容、设备报警等信息。

(4)控制功能

监控员发布确认的控制方案,通过大型可变情报板发布信息;控制车道控制标志、可变限速标志实现对桥区交通流的车道控制、速度控制;可控制道路沿线的摄像机,并可切换显示、录像。

(5)告警处理功能

系统可根据告警事件的严重程度分级进行处理。一旦有告警,立即在计算机上显示。所有告警随时进行存储、记录、打印。

(6)报表统计与打印功能

系统按预先规定的格式和内容,定时进行报表统计处理及打印。

(7)查询功能

监控员可随时查询当前、历史的数据及视频图像,分析交通事故的原因。

(8)自动数据备份和系统恢复功能

系统具有数据实时自动备份功能,在系统受到破坏后可尽快恢复。

(9)安全功能

对管理人员按授权等级设置使用权限,设置操作密码,有登录和重要操作记录的功能。

(10)数据传输功能

向上级传输图像和数据,并接受上级的指令和控制命令;为对外信息服务系统提供相关的交通信息。

(11)协调处理功能

在出现事件时,可通知交警、消防、医院、养护、路政等部门协调处理。

(12)调度、服务功能

利用公共通信网的功能实现对特种车辆、公务车的调度功能。

4.10 监控中心

4.10.1 功能与布局

监控中心是胶州湾大桥全线交通监控管理的枢纽,承担监控系统的中心控制功能。与交通监控相关的电力监控系统的中心控制设备也安放于此,实现集中控制、统一调度指挥。另外,为结构安全检测等系统预留席位。

监控中心按照功能性质主要划分监控中心区、电源区、设备区及休息区。区域间以隔断分开,避免相互间的影响。

监控中心区是监控人员从事监控管理业务的主要工作区。中心区的前方是放置显示设备的屏幕墙,中间为大屏幕投影系统,左右两侧是监视器墙,屏幕墙略向内弯曲,适合监控人员观察的视线角度。距屏幕墙约 6m 处开始设置两排操作台。前排是监控操作台,中间为交通监控及调度指挥席位,两边是视频监控席位,操作台上放置视频计算机、图形计算机、交通监控计算机、紧急电话控制台、闭路电视系统主监视器和键盘等。后排操作台主要设置电力监控席位,安放相应的控制终端。打印机、传真机等工作噪声较大的设备放置在区域的最后排。

监视器墙后设置为设备区。

设备区安装以太网交换机、双服务器及磁盘阵列、硬盘录像机、连接外场监控设施的接口设备、光电缆配线架等。

电源区设置于1楼电源室,安装UPS设备、稳压电源及后备电池组。

4.10.2 监控中心主要设备

(1)服务器

红岛监控中心服务器采用双机热备+磁盘阵列,主要的技术指标如下:

①处理器:采用2个Intel Xeon或以上芯片,主频不小于3.0GHz。

②高速缓存:二级高级缓存2M(每处理器)。

③内存:不少于4GB,能扩充到16GB,标准PC1600或更高档次。

④I/O扩展槽:不少于4个,PCI插槽不少于2个,并至少提供2个64位I/O槽。

⑤硬盘:2×146GB(RAID1),硬盘为热插拔SCSI接口,转速不小于10000r/min。

⑥接口:串口2个,并口1个。

⑦软驱:1个3.5in软驱。

⑧光驱:内置16倍速DVD-ROM1个。

⑨网卡:2块10/100Base-T独立以太网卡,PCI接口。

⑩显卡:不小于1MB标准显存。

⑪键盘和鼠标:标准键盘,PS/2两键或三键鼠标。

⑫电源:AC220V;2个热插拔冗余电源。

⑬工作环境温度范围:5~35℃。

⑭工作环境湿度范围:30%~80%。

⑮工作噪声:小于60dB。

⑯系统可靠性:全年安全运行时间比率不低于99.9%。

⑰承包人须提供设备的MTBF、MTTR值。

⑱控制台切换器(4路):利用控制台切换器控制两台或多台服务器共享使用一套显示器、键盘、鼠标。

⑲安装方式:19in机架安装。

(2)磁盘阵列

①支持RAID级别:应支持0、1、3、5、10、30、50,实际配置为RAID1。

②RAID控制器:1个,采用专用64位RISCI/O处理器,高速缓存:不低于128MB。

③硬盘:4块73GB,SCSI接口,10000r/min。

④硬盘插槽:不少于7个。

⑤外接SCSI通道:不少于2个。

⑥SCSI电缆长度:不短于1.5m。

⑦SCSI卡:2块,支持Utral Ⅲ SCSI标准。

⑧接口为32位PCI类型。

⑨传输速率不小于160Mbit/s。

⑩MTBF:(承包人提供此指标值)。

⑪MTTR:(承包人提供此指标值)。

⑫热插拔硬盘盒、电源、冷却风扇,自动报警,硬盘盒风扇,坏扇区重分配,硬盘热备用和温备用。

⑬最大热输出:不高于 4000kJ/h。

⑭工作噪声范围:小于 60dB。

⑮电源:双冗余电源,AC220V±10%,50Hz±3Hz。

⑯工作环境温度范围:5~35℃。

⑰工作环境湿度范围:30%~80%。

⑱安装方式:机架式(安装在标准 19in 机柜内)。

(3)计算机(包括交通控制计算机、通信计算机)

①CPU:酷睿 2 双核处理器,主频≥3.0GHz。

②内存:4GBECC/DDR 内存。

③硬盘:≥320GBSATAII。

④标准键盘、鼠标。

⑤集成 100/1000MB 以太网卡。

⑥16 倍速 DVD-ROM。

⑦不低于 128MBDDR 显存。

⑧2 个以上 USB2.0 接口。

交通控制计算机与通信计算机为相互备份,每一台均可完成交通控制计算机与通信计算机的功能。

(4)视频计算机(不带显示器)

①CPU:酷睿 2 四核处理器,主频≥2.8GHz。

②内存:4GB ECC/DDR 内存。

③硬盘:≥320GB SATAII。

④16 倍速 DVD-ROM。

⑤显卡:图形总线接口为 16XPCIExpress,显存不低于 512MB。

⑥8 路视频采集卡 4 块。

⑦集成 10/100/1000M 以太网卡;集成声卡。

⑧人体工学键盘、光电鼠标。

(5)图形计算机(不带显示器)

①CPU:酷睿 2 四核处理器,主频≥2.8GHz。

②内存:4GB ECC/DDR 内存。

③硬盘:≥320GB SATAII。

④16 倍速 DVD-ROM。

⑤显卡:图形总线接口为 16XPCI Express,显存不低于 512MB,双 DVI 端口,支持两台显示器输出。

⑥集成 10/100/1000M 以太网卡;集成声卡。

(6)计算机显示器

图形计算机将接两台显示器用于图形拼接显示;其余监控中心计算机配置 1 台显示器。

图形计算机接2台显示器，用于图形拼接显示；其他计算机及服务器均接1台显示器。

①24in液晶显示器。

②面板类型：IPS。

③分辨率：1920×1200。

④点距：0.27mm。

⑤对比度：1000∶1。

⑥亮度：≥330cd/m²。

⑦可视角度（水平/垂直）：178/178°。

⑧响应时间：8ms。

（7）以太网交换机

①支持IEEE802.3、802.1d等协议。

②48个1000/100Base-TX端口。

③支持SNMP/Web网管，支持端口镜像及控制台统计功能。

④能提供基于端口虚拟网络（VLAN）的划分功能、支持IEEE/802.1Q标准。

⑤应提供多级访问权限和多种访问认证机制，方便管理和监控，提供安全保证。

（8）多串口服务器

①接口数量：16个RS-232/485接口。

②10/100M自适应以太网接口。

③电源电压：AC220V。

④工作温度：0～55℃。

⑤工作湿度：5%～95%。

⑥标准19in机架式。

⑦提供web、telnet console设置。

（9）激光打印机

①打印A3、A4幅面。

②打印速度：22ppm（A4）/11ppm（A3）黑白。

③分辨率：1200dpi。

④标准内存：64MB，最大400/416MB。

⑤CPU：300MHz。

⑥带有10/100M自适应以太网接口和网络打印模块。

4.11 监控系统防雷接地

4.11.1 防雷

（1）直击雷的防护

对管理中心、办公楼、高杆灯等高耸建筑或物体应进行直击雷防护，可选用响应快、保护范围大、无须维护的专用避雷针（如预放电型避雷针）。

对外场监控设备小范围的物体应进行直击雷防护，可选用常规的富兰克林避雷针。

管理大楼防雷由房建设计单位统一考虑，大桥总体防雷系统在主体工程中统一设计。

(2)电源防雷

变电站低压出线入总配电柜前每路加装65～100kA三相过电压保护器，作为首级防护；

在监控、通信等电源室总进线端每路加装40～65kA的三相过电压保护器；

在电源室出线、UPS出线端(引至室外)每路加装40kA的各种型号的过电压保护器，具体应根据实际情况进行配置；

按现场实际情况可在外场设备电源进线口加装15～40kA的单相过电压保护器。

(3)信号防雷

摄像机的馈线安装信号过电压保护器以及同轴视频信号过电压保护器；

外场监控数据设备的信号线两端安装双绞线信号过电压保护器。

4.11.2 接地

所有外场设备均应做保护接地，摄像机要做防雷接地，防雷接地电阻必须小于10Ω，保护接地小于4Ω，两个接地相距20m。另外，当保护接地与防雷接地共用接地体时，此时接地电阻不大于1Ω。

供电缆线应做屏蔽接地、防雷接地，一般可在外场设备处将铠装层接地；电力电缆及通信电缆从室外进入设备或机房处应采取防雷电过电压的措施，其避雷装置、过电压吸收装置等都应可靠接地。

对于室内的监控等设备宜做联合接地，其接地电阻不应大于1Ω。室内计算机等电子设备布置时应远离防雷装置的接地引下线，其间距宜大于5m。

4.12 设备防腐

本项目地处青岛海湾，盐雾腐蚀情况严重，因此设置于桥梁上的监控设备需要做好防腐措施。钢结构及钢铁设备防腐施工工艺如下：

(1)施工流程：基材热浸镀锌处理4h内，底漆表干，第二道底漆表干，第一道面漆表干，第二道面漆表干，第三道面漆保养。上一道漆和下一道漆之间的涂装间隔，以上道漆用手指压按不粘手时即可进行下一道漆的涂装。按0.2kg/m^2涂料预算，每道涂层的厚度在250～300μm。

(2)基材处理：去除钢铁表面的泥沙、油污、氧化皮、浮锈焊渣等附着物并清理干净，保持表面干燥，并在4h内涂装底漆，以防二次生锈。

(3)底漆：先将涂料彻底搅匀至桶底无沉积物，再将涂料与相应固化剂以10∶1(质量比)配制，充分搅匀熟化5～10min，然后进行涂装。第一道与第二道漆之间以压干为准，且配制涂料时以少量多次为原则，配制好的底漆涂料4h内用完。

(4)面漆：先将涂料彻底搅匀至桶底无沉积物，再将涂料与相应固化剂以10∶1(质量比)配制，充分搅匀熟化5～10min，然后进行涂装。上一道与下一道漆之间以压干为准，且配制涂料时以少量多次为原则,配制好的面漆涂料 2h 内用完。

(5)保养,最后一道面漆涂装完工后,须自然固化 7d 后才能投入使用。如环境温度低于 10℃,通风条件差应适当延长。

(6)涂装方式:为使涂层平整,首先净化表面处理和毛化表面处理,再采用高压无气喷涂,有气喷涂、滚涂或手工进行刷涂。

第 5 章

收费系统

5.1 山东省高速公路联网收费系统

5.1.1 联网收费概况

山东省高速公路联网收费系统的建立,就是在省路网内各路业主不同、经营管理模式多样的状况下,本着“联网收费、统一管理、一票到低、按实结算”的原则,在全省公路网内不设主线收费站,实行联网收费,使车辆在路网内畅通行使。

现已建成了一个以山东省高速公路联网收费总中心为核心的全省高速公路网收费清算、交通监控、通信的统一管理网络系统。按照《山东省高速公路信息管理系统总体设计方案(收费系统)》要求,新设计的高速公路软硬件设备都要符合联网收费的要求,纳入山东省高速公路联网收费系统。至 2008 年年底,山东省建成通车高速公路 4285km,“五纵连四横,一环绕山东”的高速公路网已基本形成,并建设完成了集通信、监控、收费三网于一体的高速公路信息系统,具备成熟的人工半自动收费系统(简称 MTC)。除烟威、枣木高速公路因道路土建连接原因未实现全省联网外,其他所有高速公路均实现了全省联网,联网收费高速公路里程 4197km。

全省共设有 1 个省中心(厅高速公路收费结算中心)、64 个路段分中心、282 个收费站、1969 个收费车道。全路网全部采用按吨公里计重收费。全省高速公路路网日均出、入口双向交通量达到 73 万辆次,日交通量超过 5000 辆次的收费站多个,部分收费站日交通量高达 23600 多辆次。

山东省高速公路联网收费结算中心 2006 年建成投入使用,其中收费总中心负责全省高速公路的“一卡通”收费业务,收费总中心管理系统功能主要包括省收费中心日常业务管理、卡管理、费率管理、通行费清分管理、机构管理与维护、数据收集与分析及其他相关功能部分。

山东省交通厅高速公路收费结算中心是山东省高速公路信息管理系统的运行、管理和维护的中心。整个系统可分为收费系统、监控系统和通信系统。收费系统包括清分和数据接收小型机、磁盘阵列、服务器、数据备份子系统以及附属的 PC 计算机、打印机、UPS 电源、卡发行等相关设备,还包括在小型机上安装的数据库、中间件及清分结算应用软件等。

5.1.2 联网收费管理体制

收费系统的管理模式为:收费结算中心-收费中心-收费分中心-收费站-收费车道。

收费结算中心负责对全省高速公路收费系统的收费工作进行统一规划,统一管理。收费总中心主要包括清算中心、发卡管理中心和收费管理中心。清算中心是"一票通"收费系统的核心部分之一,它负责在各分公司之间对通行费进行清算、拆分。发卡管理中心负责对全网使用的通行券进行统一标准、统一发放和统一管理,它是"一票通"收费系统的另一个核心部分。收费管理中心负责保存处理路网内所有相关数据,同时负责对全网的其他各项工作进行统一管理。

收费中心负责管理辖区内的各个收费收费分中心的收费工作,同时接受收费总中心的管理。它负责接收收费分中心上传的收费数据并向总中心传送有关汇总数据,同时接受总中心下传的系统配置参数并下发给辖区内的各个分中心。

收费分中心接受上级收费中心的管理,同时负责对辖区内的收费站进行管理和监控。它负责接受收费站上传的收费数据并向上级中心传送有关汇总数据,同时接收上级中心下传的系统配置参数并下发给辖区内的各个收费站。

收费站负责管理收费车道的收费工作,并对车道的运行情况进行监视,同时在业务上接受上级收费分中心的管理。它负责接收车道控制机传送的收费数据并将收费原始数据直接上传至收费收费总中心,同时将有关数据汇总后传至分中心,收费站接收收费站总中心下传的系统配置参数并下发给各收费车道。

收费车道直接面对收费业务,负责向驾驶员发放和回收通行券,收取通行费用。它负责将原始收费数据上传到收费站,同时接收收费站下传的系统配置参数并存储在本地硬盘上。

胶州湾大桥收费系统的管理体制分为收费中心、收费站两级。红岛收费中心设在红岛连接线,负责本路段及其他路段收费系统的管理。各个收费站为基层收费管理单位,直接从事收费业务。本路共有红岛1处收费中心和红岛南收费站、胶州湾大桥收费站2处收费站,如图5.1-1所示。

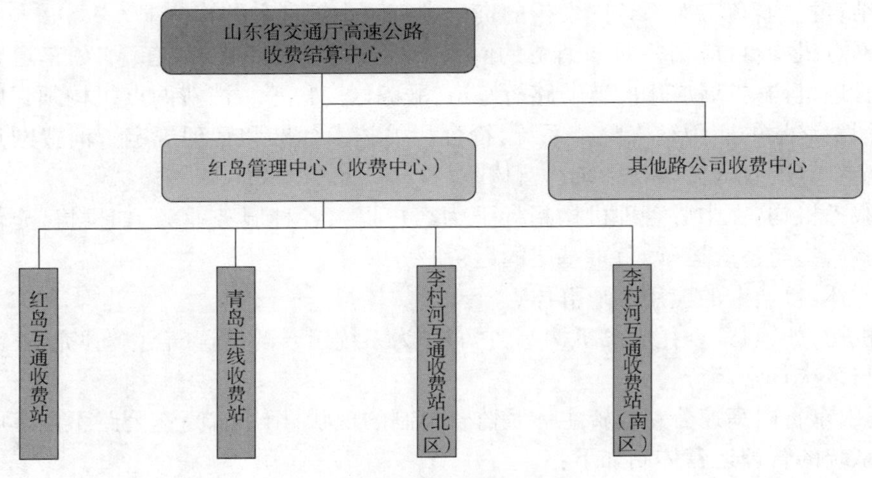

图5.1-1 收费系统管理体制图

根据《关于调整胶州湾大桥监控设计方案的函》(山东高速集团青岛高速公路有限公司〈鲁高速青信(2008)2号〉)“新建的高速公路收费站监控室只作为设备机房,不再配备专职监控人员。胶州湾大桥收费站监控职能由红岛监控中心完成,收费站不再设置监视屏墙;同时相关业务传至值班站长室由值班站长履行监控职责”。

本工程采用“集中监控”的管理模式,即只在红岛监控中心设置完备的收费管理计算机系统、视音频监视系统,收费站设置无人值守视音频监视系统,相应的视频图像在收费站通过视频分配器一分为二,一路输入至硬盘录像机,另一路通过视频光端机传输至红岛监控中心,由红岛监控中心负责监视。

5.1.3 山东省高速公路ETC收费系统

目前,山东省联网收费高速公路已开展ETC收费,山东省联网收费高速公路ETC收费技术较为成熟,本项目设置相应的ETC收费设施。

为保证高速公路非现金通行费结算拆分的公正,保证系统的安全性、完整性和统一性,非现金结算系统和鲁通卡、电子标签的密钥、发行等系统,均由省交通运输厅统一规划、统一建设、统一管理。ETC车道系统,由各路段运营管理单位(业主)按照交通运输厅统一方案,分别投资、建设。客户服务系统,是与客户开发、推广及用户使用密切相关的,为实现全省高速公路ETC电子不停车收费和非现金支付,充分发挥电子收费方式的社会效益和经济效益,必须在全省大面积推广,形成规模。推行电子支付(鲁通卡),必须建立全省鲁通卡客户服务机构,负责向用户发放预付费卡、记账卡,发行、安装电子标签,办理预付卡的充值等业务,其服务网点应能辐射全省。客服系统的建设和运营需要投入大量人力和物力,建议前期建设由省交通运输厅投资,随着客户量的增加,再逐步推向市场化运作。

根据山东省高速公路联网收费管理体制的现状以及不停车收费的业务需求,本项目主要涉及以下机构:

中心管理机构:对整个系统的运行、运营、管理负责,制订应用规则、运营规范、管理制度,并协调各方统一执行。中心管理机构还作为系统内唯一的卡发行机构。

资金结算机构:负责对系统内发生的资金进行统一管理和结算分配。

消费网点机构:可应用鲁通卡消费的网点。如高速公路ETC车道、MTC车道以及相应高速公路管理机构,扩展应用的普通路桥车道,服务区商户等。消费网点机构须保障本机构范围内的消费终端的应用纳入整个系统,符合相关技术标准和管理规定。消费网点机构同时作为资金结算的收入方参与系统运营体系。

客户服务机构:在中心管理机构指导下为客户提供各种服务业务,如发售、充值、挂失、解挂、注销等,参与系统运营,负责基层的运营服务。

客户群体:鲁通卡的应用客户群体。

合作机构:如银行、委托服务机构等,它们作为系统运营的可选、合作、补充,在系统管理框架下参与系统日常运行。

目前,山东省内高速公路投资主体及监管体制的现状,山东省高速公路不停车收费和非现金支付系统的管理运营体制如下:

(1)省交通运输厅高速公路收费结算中心为系统的中心管理机构、资金结算机构及客服总中心,全面负责系统的密钥、卡和电子标签(OBU)发行管理,承担鲁通卡业务的资金结算、管理,交换跨省(市)联网交易数据、清分结果,完成跨省(市)通行费收入的划拨,承担鲁通卡的运营管理职责,建设结算中心客户服务总中心,负责与银行共同发行个人记账卡,负责发行内部记账卡,建设对外统一的服务平台。

(2)各路段业主的下属收费站、车道、服务区等作为鲁通卡的主要消费网点运行,负责高速公路 ETC 车道、MTC 车道的日使用;作为结算方业主纳入全省非现金系统中;在结算中心运营平台管理范围内建设客户服务中心、分中心及下属 POS 网点,进行鲁通卡的运营和推广工作。

(3)为发挥不停车收费的社会效益,在全省范围推广,可与银行、委托服务机构等合作作为自有服务网点的补充,一方面银行作为通行费资金管理的载体,另一方面通过银行发行个人记账卡以及委托银行进行鲁通卡代充值和代办业务。

同时,为快速推行电子支付(鲁通卡)形成规模,可与委托服务机构合作,作为系统运营的补充,在系统管理框架下参与系统日常运行。

5.1.4 密钥管理及卡发行系统

(1)依照交通运输部密钥管理中心确定的统一的体系架构和技术路线在山东省高速公路联网收费结算中心建设二级密钥管理中心,为卡发行和应用服务提供密钥生成、密钥存储、密钥分发、密钥管理等服务。

密钥管理系统的目标是安全地产生各级主密钥和各类子密钥,并将子密钥安全地传送卡发行系统,用来产生各类 SAM 卡,确保以上所有环节中密钥的安全性和一致性.实现集中式的密钥管理。

密钥管理系统主要由省二级密管系统,以及加密机、管理工作站等组成。

(2)发行系统根据密钥管理系统提供的各类母卡对读卡器、车载设备、非现金支付卡及普通通行卡进行初始化发行操作,将初始化信息和各类密钥导入到读卡器、车载设备、非现金支付卡及普通通行卡中,使之成为可以二次发行、应用的读卡器、预付费卡、记账卡、车载设备及普通通行卡。

初始化发行系统由读卡器、普通通行卡、非现金支付卡初始化发行系统和 OBU 初始化发行系统组成。

非现金支付卡发卡系统由 4 套非现金支付卡初始化发行设备组成。每套非现金支付卡初始化发行设备由一台非现金支付卡初始化工作站、发卡设备和 IC 卡读写器组成。非现金支付卡发卡系统还具有发行普通通行卡的功能。

OBU 初始化发行系统由 4 套 OBU 初始化发行设备组成。每套 OBU 初始化发行设备由台 OBU 初始化发行工作站、IC 卡读写器、桌面车载设备编程器组成。

5.1.5 结算系统

1)系统功能

结算系统主要负责完成:汇总、统计、清算鲁通卡收费原始交易数据;交换跨省(市)联网交易数据、清分结果等:对交易数据与清算结果进行验证:通过银行完成跨省(市)通行费收入的划拨:完成针对省内各个路段业主的通行费收入的拆分、结算、划拨等:对省内高速公路不停车收费业务实施统一管理;结算中心系统形成电子收费交易数据的统计数据,并向各个路段业主提供相关报表等功能。

在结算中心机房设置数据服务器、前置服务器、省际联网服务器、外部数据接口服务器等后台处理设备以及数据审核工作站、争议数据处理工作站、结算工作站、报表管理工作站、图像管理工作站、网络管理工作站等前台设备完成结算系统功能。

中心对外服务系统包括建立用户服务网站和设置用户服务呼叫系统,在结算中心设置外部数据接口服务器、语音服务系统等设备完成鲁通卡相关(业务流水查询、网上挂失等)、电话查询、邮件通知等功能。

通过异地容灾系统的建设,保证山东省高速公路联网收费系统的收费数据和核心业务能够全面防御各种软硬件问题,能够避免收费数据和客户数据丢失,防范系统瘫痪、设备损坏、网络故障造成的风险。

2)系统网络结构

按管理体制要求,本项目结算系统计算机网络分为三级:山东省高速公路结算中心计算机局域网-收费分中心计算机局域网-收费站计算机局域网。三级网络间利用以太网交换机经专用通信网构成广域网。从计算机物理分布角度看,每个站点属于局域网,所有的站点均属于广域网的一部分。整个网络采用 TCP/IP 数据传输协议和统一的网管软件,所有站点的 IP 地址统一设置。

本项目在山东省高速公路结算中心设置结算中心计算机局域网,负责山东省高速公路结算,结算中心利用原有通道与全省各收费分中心、收费站和收费车道实现联网,收费车道的 ETC 设备接入收费广场以太网交换机,在收费站与 MTC 收费数据一同利用高速公路通信系统提供数据传输通道传输至收费分中心,进而传输至山东省高速公路结算中心。

(1)局域网

结算中心局域网为千兆以太网,采用开放式星形网络拓扑结构。数据库服务器及其他服务器与交换机之间采用千兆连接,工作站、打印机等采用百兆连接。

(2)广域网

结算中心利用 MTC 通道与全省收费分中心、收费站、收费车道实现联网,由高速公路通信系统提供。

为保证 ETC 收费数据的实时性,利用通信备份链路,实现结算中心与收费站的网络应急通信。

(3)网络协议

网络通信协议采用 TCP/IP。

(4)收费数据传输

全省所有收费站的收费数据由收费车道控制器,经收费站,通过通信系统提供的传输通道,由结算中心通过现有的 MTC 数据接收服务器实时采集、传输。

当通信系统故障导致通信中断时,各收费站的收费数据可通过备份线路传输,在恢复通信后结算中心应能自动恢复利用专网采集各收费站的收费数据。

(5)网络要求

高可靠性:在结算中心网络的关键节点不能因任何单点故障而影响系统的正常使用。

高可用性:网络构成要保证重要业务的高可用性和实时性,不会发生端到端的瓶颈。

高安全性:对收费数据的安全性必须有严格的保障。

良好的扩展性:网络的构成不但能满足近期收费业务的需要,而且能适应高速公路需求增加的扩展。

易维护性:网络应易于日常维护与管理。

3)系统构成

结算中心系统由结算系统、中心对外服务系统、异地容灾系统等组成,结算中心系统在省结算中心设置设备机房。

结算中心系统主要设备包括数据服务器(双机热备份服务器系统、含磁盘阵列)、前置服务器(银行端前置)、省际联网服务器、外部数据接口服务器等后台处理设备(报表服务器等利用已有设备),前台设备包括数据审核工作站、争议数据处理工作站、结算工作站、报表管理工作站、图像管理工作站、网络管理工作站等。

(1)结算系统

结算系统负责汇总、统计、清算不停车收费原始交易数据,交换跨省(市)交易数据、清分结果等,对交易数据与清算结果进行验证,通过银行完成跨省(市)通行费收入的划拨。完成针对省内各个路段业主的通行费收入的拆分、结算、划拨等。结算中心系统形成电子收费交易数据的统计数据,并向各个路段业主提供相关报表,通过银行划拨获得电子收费通行费结算资金。

系统建设应充分利用现有系统资源,考虑京津冀高速公路联网不停车收费运营平台系统的总体架构要求,完成省内各业主间及跨省 ETC 交易原始数据、统计数据等的传输、交换。

结算系统按功能主要划分成以下子系统:

①通过现有数据接收子系统采集 ETC 车道、MTC 车道发生的所有鲁通卡业务数据。

②实现与鲁通卡有关的参数下发功能。

③实现与鲁通卡客服系统的数据交换功能。

④实现校时功能。

⑤数据采集子系统实现采集数据的校核、完整性、一致性检查功能。

⑥支持从备份网络接收数据功能。

⑦支持手工数据导入功能。

数据采集系统负责将路网内所有的收费原始数据采集到结算中心服务器上,本项目不再单独设置数据接收、校时服务器,利用结算中心现有服务器实现,并修改现有高速公路联网收费软件,增加非现金收费管理系统的相关功能。数据采集系统的数据传输利用现有数据传输网络。

数据采集系统主要由服务器、磁盘阵列柜、工作站、以太网交换机、打印机、便携机等硬件设备及应用软件、数据库系统等组成,服务器及磁盘阵列利用结算中心现有设备。

(2)通行费拆分子系统

通行费拆分子系统实现的主要功能有:

①实现鲁通卡高速公路消费产生通行费的拆分。

②在特殊情况下实现通行费拆分结果的调账及管理功能。

③坏账管理功能，主要针对不能追缴的记账划转金额的在系统内的账务处理。

通行费拆分子系统设置服务器、磁盘阵列、以太网交换机等设备，设置结算等工作站完成通行费拆分功能。

(3)通行费划拨子系统

通行费划拨子系统实现的主要功能有；

①进行鲁通卡通行费拆账后的数据汇总，生成资金划拨报表。

②通过设置在银行的鲁通卡资金汇缴户，将资金划拨至鲁通卡通行费清算户。

③资金划拨报表审核后，生成资金划拨指令，将鲁通卡通行费清算户资金划拨至路段业主的收益户。

④具备操作日志记录，与银行数据核对等辅助功能。

⑤可支持现金通行费资金划拨功能。

在结算中心设置通行费划拨工作站完成通行费划拨功能。

(4)数据审核与争议数据处理子系统

数据审核与争议数据处理子系统实现的主要功能包括：

①卡账钱包平衡核查。

②投诉业务数据的查询与审核。

③其他错误交易查询与审核。

④争议数据确认及数据改正功能。

⑤特情退款等功能。

⑥挂失后争议数据处理。

数据审核与争议数据处理子系统利用数据采集系统采集到结算中心服务器的路网原始收费数据进行数据审核，并处理有争议收费数据，对发生的错误交易、重复扣款等特殊情况进行特情退款处理。

数据审核与争议数据处理子系统与通行费拆分子系统共用服务器、磁盘阵列，以太网交换机等设备，设置数据审核、争议数据、特情退款等工作站完成数据审核与争议数据处理功能。

(5)银行接口子系统

银行接口子系统实现的主要功能包括：

①发送银行划账指令：实现结算中心对结算账户之间的资金划拨。

②记账卡通行费批扣功能。

③非现金支付账户的监督、查询功能。

④通行费拆分后业主收益金的划拨。

⑤与银行有关的其他重划统计等功能。

⑥接受银行支付名单。

⑦与银行账户信息对账功能。

银行接口子系统根据结算中心的结算，划拨指令，完成资金的归集、账户的管理、资金的划拨等工作，负责完成京津冀区域各省(市)之间资金的划拨和针对本省各高速公路业主的通行费结算、资金划拨。

结算中心与银行间的通信采用前置机的方式，为防止恶意的入侵和破坏，前置机放置在结算中防火墙的外部,通过专线与银行通信。

结算中心系统与指定结算银行间数据交换的详细内容和通信接口要求,与指定的银行商定后进行。

(6)报表查询与统计子系统

报表查询与统计子系统实现的主要功能包括:

①数据库数据检索功能。

②数据统计功能。

③业务查询功能。

④报表汇总等功能。

报表查询与统计子系统可按照路段、站点等统计查询条件形成日、月、年收费统计报表、跨省(市)交易统计报表、清算统计报表等,并提供查询、检索、显示和打印等功能。将联网收费数据与现有的人工联网收费数据相结合,按照路段、收费站等统计、查询条件形成完整的收费运营数据统计,查询、检索。并将联网收费拆账结果、收费标准、系统参数等信息对参与联网收费的路段业主等进行发布,供其浏览,查询。

在结算中心设置内部报表服务器:全路网收费中心、收费分中心和收费站都可以输入操作人员工号登录系统后查询指定权限范围的数据和报表,内部报表服务器使用现有设备。

(7)参数与日志管理子系统

参数与日志管理子系统实现的主要功能包括:

①运营管理参数的设置、更新、生效。

②运营管理日志数据的存储、查询、统计;鲁通卡黑名单、车辆黑名单的生成、审核、自动下发、下发后校验、生效等功能。

③黑名单业务数据的查询、统计,黑名单数据报警等功能。

④黑名单管理软件支持与银行信用卡止付名单的接口转换。

系统中存在鲁通卡黑名单、车牌黑名单、同步时钟、收费费率表、车型分类表等多种参数。其中鲁通卡黑名单等参数的及时下发直接关系到鲁通卡用户和各路段业主的利益。参数管理是本次项目的一个重点。新系统需要实现黑名单等参数的定时自动下发、各级机构现用参数版本和即将生效参数版本的查看、程序版本的查看、新版本程序提示、参数U盘导入等功能,同时,需存储、查询,统计系统日志数据。

参数与日志管理子系统设置黑名单管理、日志管理等工作站实现上述功能。

(8)业务图像稽核子系统

业务图像稽核子系统的主要功能包括:

①鲁通卡业务图像远程检索功能。

②OBU安装车辆原始图像检索功能。

③特情业务图像查询检索功能。

④图像稽核与日志功能,可结合数据审核软件和黑名单管理软件使用。

⑤在结算中心设置图像管理工作站实现业务图像稽核功能。

(9)ETC车道状态查询软件

ETC车道状态查询子系统主要功能包括:

①可实时显示所有 ETC 车道当前业务状态(包括网络状态、软件状态、参数状态)。

②对异常状态(如网络异常、业务停止、参数版本不符)进行报警,并记录日志。

③可推广至 MTC 车道状态的查询。

④在结算中心设置 ETC 车道状态查询工作站实现 ETC 车道状态查询功能。

(10)外部数据接口处理子系统

外部数据接口处理子系统的主要功能包括:

①与外网网站系统、呼叫系统、发票邮寄服务单位等外部系统进行数据交互。

②传递鲁通卡各种所需的业务数据。

③在结算中心设置外部数据接口服务器实现与外网网站系统、呼叫系统、发票邮寄服务单位等。

④系统的数据传输功能。

5.2 项目概况及特点

胶州湾大桥两次与胶州湾高速公路相交,且终点与南济青高速公路相接,南济青高速公路和胶州湾高速公路未来均与山东省高速公路实现联网收费,因此,本项目建成后也需纳入山东省高速公路联网收费系统。为了确保本项目联网收费的顺利实施,需在红岛和青岛设置两处收费站,同时为了保证项目建成后的精确拆账,需在黄岛预留标识站一处,如图 5.2-1 所示。

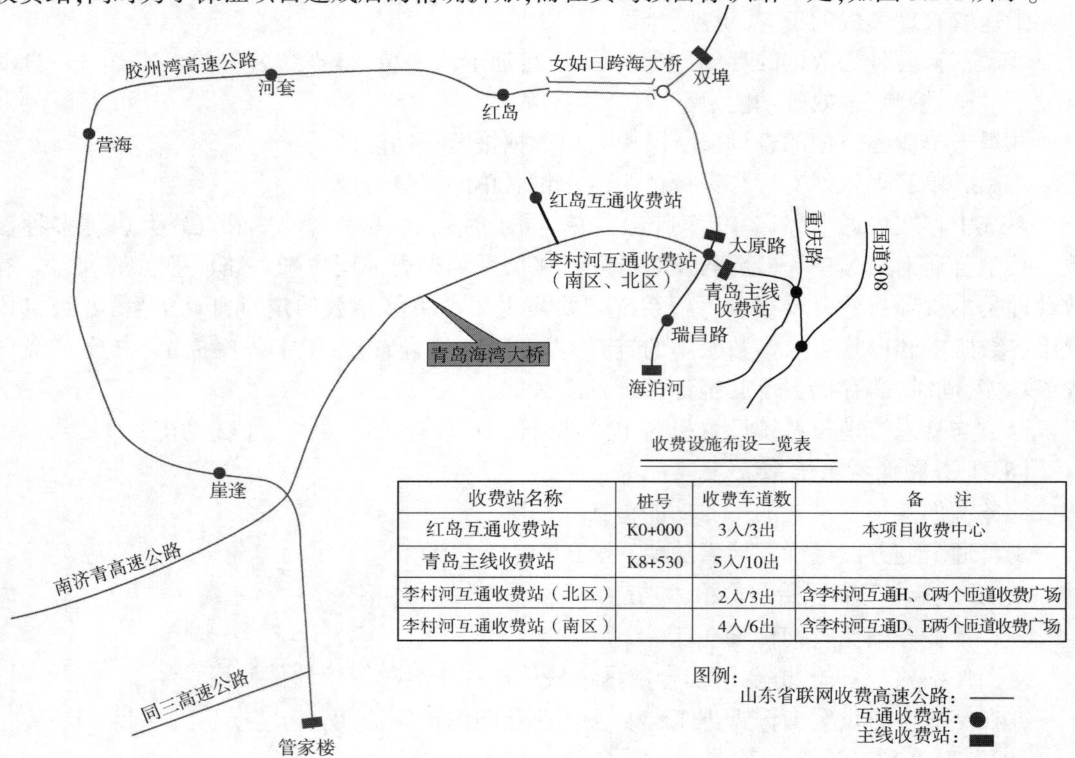

收费站名称	桩号	收费车道数	备　注
红岛互通收费站	K0+000	3入/3出	本项目收费中心
青岛主线收费站	K8+530	5入/10出	
李村河互通收费站(北区)		2入/3出	含李村河互通H、G两个匝道收费广场
李村河互通收费站(南区)		4入/6出	含李村河互通D、E两个匝道收费广场

图 5.2-1　区域联网收费高速公路示意图

5.3 收费制式与收费站设置

5.3.1 收费制式

按收费制式的不同,收费公路通常分为开放式、封闭式、均一式及混合式收费,根据本项目收费系统设计文件,本项目收费系统本次在薛家岛设置主线收费站,采用开放式收费制式。收费标准仅根据车型确定。开放式收费可以采用的收费方式包括人工半自动收费及ETC收费。各种收费方式均有其适用条件及优缺点。

半自动收费方式采用“人工判型、人工收费、车辆检测器校核、计算机管理、闭路电视监视”的收费方式,即人工判别车型、收钱找零并独立完成对各种特殊情况的处理。收费车道系统对系统原始信息打包上传,收费站计算机系统对收费信息等进行处理、统计及汇总等,最终形成对每个收费员、每一班次和每一收费站的统计数据、报表和记录,从而实现对收费业务的全程监督管理。

半自动收费方式便于操作,适合我国的国情;与电子不停车收费方式相比需要人工干预较多,自动化程度不高,运行成本更高且容易发生人员舞弊现象。

目前,山东省已经在逐步实施ETC收费,ETC收费是一个复杂的系统工程,采用现代通信、计算机、自动控制等高新技术,实现高速公路不停车收费的新型收费系统。车辆只需要按照限速要求直接驶过系统的收费道口,收费过程就可以通过无线通信和微机操作自动完成。

不停车收费方式的技术含量高,优越性与先进性十分明显,运行成本更低,可以最大限度地杜绝人员舞弊,对于交通量很大的站点可缓解其通行压力;与人工收费方式相比其建设费用较高,并要求运营管理人员的技术水平较高,要求相关的管理办法与机构较为健全,且要求使用本路段的用户比例较高。

相对于半自动出口收费车道动辄14~18s(开放式、非计重、按成型收费服务时间)甚至更长时间的收费服务时间,ETC收费服务时间仅为2~3s,极大地提高了收费站的通行能力,且可以减少司机停车、携带现金的麻烦。

近年来,随着计算机技术、网络技术的发展,人工半自动收费也在逐步推广非现金支付方式,非现金支付方式可以提高收费站服务水平,减少人人员舞弊及提高收费站通行能力,但是非现金支付方式需要用户办理非现金支付凭据(如非接触式IC卡、纸质介质等),需要市场推广及用户认可;山东省高速公路使用的“鲁通卡”,通过非现金缴费,可以使收费车道服务时间提高到6~8s,有效提高收费站通行能力。对比情况见表5.3-1。

各类型收费系统中一条收费车道的通行能力 表5.3-1

收费系统类型	每条收费车道的通行能力(辆/h)	收费系统类型	每条收费车道的通行能力(辆/h)
人工收费(找零钱)	250	非现金IC卡收费	450
便携式现金收费(找零钱)	360	ETC收费	1200

除上述采用的半自动收费方式和ETC收费方式外,部分收费站还在推广便携式收费。

应用于紧急情况下的收费，便携式收费机可以实现电脑收费、收发卡、打印票据等功能，具有体积小、质量轻、投资小、便于携带和使用灵活等优点。利用该系统可快速替代出故障的车道进行收费或增加临时收费点。

但是，便携式收费机（图 5.3-1）使用却具有一些不可忽视的问题：

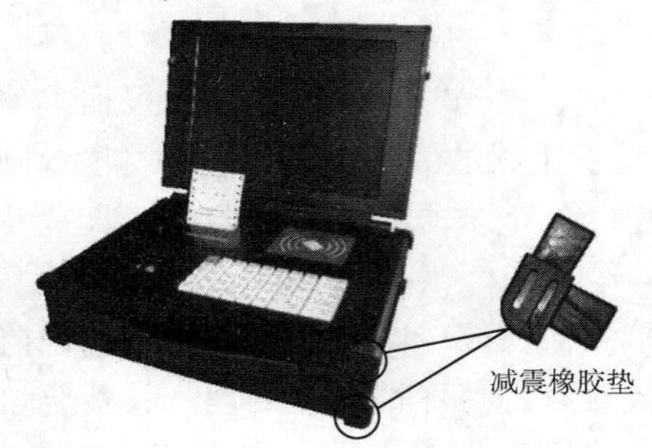

图 5.3-1　便携式收费机

首先，收费车道一次收费只能通过一辆车，当把便携式收费机和车道计算机共用收费车道时，很难保证前后两辆车同步完成收费，实际单位时间内通行车辆并没有多少提高；其次，使用便携式收费机需要相关人员具有很高的安全意识，现阶段很难保证这一点；再次，收费广场环境恶劣，便携式收费机不可能长期使用，便携式收费机的使用加大了收费站管理难度。

便携式收费机更适用于收费站出现车辆拥堵，而收费亭车道控制机出现故障时的应急收费，或者偶发性车辆堵塞，对因收费车道规模偏小的常发性交通堵塞并不适用。

根据工可交通量的预测，本项目如果采用传统的人工半自动收费方式，通车初年高峰小时收费车道使用达到饱和，未来随着交通量的增长，隧道收费站的通行压力会越来越大，非现金交易的人工半自动收费方式及 ETC 收费方式可以极大地提高收费站通行能力。

记账/储值卡及 ETC 收费需要建立一套完善的安全解决方案，除了在商业银行开设专户、建立结算中心及资金划拨各项规则、设置高安全级的网络解决方案外，还需要建立客户服务中心和客户服务网点，并就专用电子支付、月票及 ETC 收费进行推广。

目前，以山东省交通运输厅高速公路联网收费结算中心为主体，联合交通运输厅所辖高速公路及山东省高速公路集团公司，正在逐步完善记账/储值卡即“鲁通卡”以及 ETC 收费中心，包括覆盖全省的服务网点、密钥系统、银行资金清算系统。通过一段时期的推广，“鲁通卡”以及 ETC 收费已经具有一定量的用户。

“鲁通卡”及 ETC 收费目前主要集中在交通运输厅所辖高速公路及山东省高速公路集团公司，主要用于封闭式高速公路联网收费。电子支付卡以及 ETC 收费系统建设是个巨大的投资，且运营管理成本也很高，本项目电子支付卡及 ETC 收费不建议单独设置一套收费系统，如果接入山东省高速公路现有的 ETC 收费系统，需要与山东省交通厅联网收费结算中心协商，购买读卡器及 SIM 卡，实现与电子支付卡中心的数据交换格式、数据库定义。按 ETC 收费的有关技术要求进行编码等。并就现金划拨方式进行、服务费用进行协商。

现阶段，国内开放式公路收费站每车服务时间通常为 14～18s 左右，如果胶州湾大桥的收费站采用传统的现金半自动收费方式，收费车道规模仅能满足通车后 3 年左右的交通量需要，未来交通量的增长仅仅通过扩建收费车道是不能满足需要的，必须提高车道的通行能力。

ETC 收费每辆车的服务时间为 2～3s，非现金支付的人工半自动收费方式每辆车的服务时间为 6～8s，可以有效提高本项目的收费站通行能力，如果胶州湾大桥部分车道采用非现金收费和 ETC 收费，将每辆车的平均服务时间从传统的 14s 逐步降低到 6s，则可以保证大桥收费站整个收费年限高峰小时均不出现拥堵。因此,大桥的主线收费站单向有两个车道采用非现金收费和ETC收费,有效提高了收费站的通行能力。

采用封闭式收费制式,需满足《山东省高速公路信息管理系统总体设计方案(收费系统)》的要求。

依照《山东省高速公路信息管理系统总体设计方案》,山东省联网收费高速公路实行"一卡通",采用封闭式收费制式。收费方式为半自动方式,即"入口发卡,出口验卡、收费"。通行券采用符合Mifare国际标准的非接触式IC卡,通行费根据行驶里程和车型分类及车辆质量按有关标准收取。为加强收费业务的管理,收费过程由计算机系统控制并通过闭路电视系统对收费全过程进行监视稽查。

目前采用人工判别车型、牌照自动识别、称重系统称重、人工收取通行费、车辆检测器校核、计算机管理、闭路电视监视的半自动收费方式。

(1)"鲁通卡"收费

鲁通卡是山东省交通运输厅按照省政府和交通运输部的要求,为方便广大高速公路用户,提高高速公路服务水平,节能减排,面向公众发行的联网高速公路不停车收费和非现金支付专用缴费卡。分为针对信誉度较高的集团、机关和企事业单位用户发行的记账卡(鲁通卡A)和针对普通单位和用户发行的预付费卡。图5.3-2为鲁通卡发行计算机网络构成图。

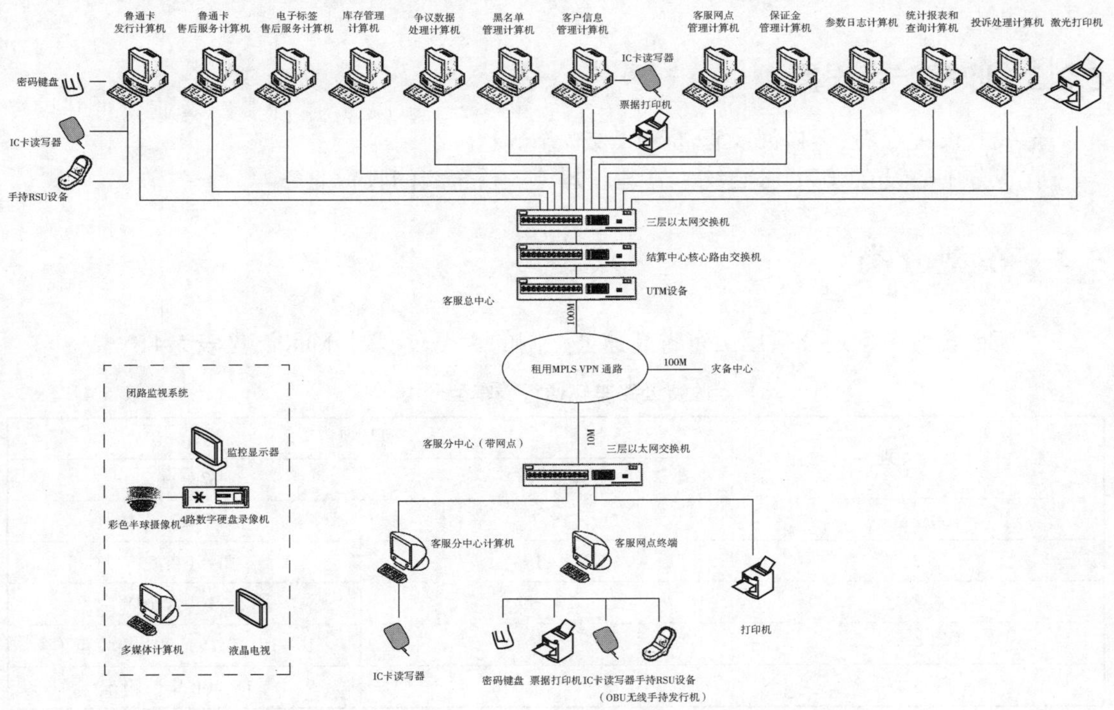

图5.3-2　鲁通卡发行计算机网络构成图

记账卡(A卡):只针对信誉良好单位用户发行,先通行后交费,自动划账。办理时单位用户须携带经办人有效身份证件、申办车辆行驶证及单位有效证件(营业执照、组织机构代码证等),到电子收费客服网点申请办理。

预付费卡(B 卡):需要提前到客服中心充值,分为记名和不记名两种。个人用户办理记名式"鲁通卡"B 卡须携带个人有效身份证件和申办车辆行驶证;单位用户办理记名式"鲁通卡"B 卡须携带经办人有效身份证件、申办车辆行驶证及单位有效证件(营业执照、组织机构代码证等),到电子收费客服网点申请办理。

不记名式预付费卡(B 卡)不需登记用户或车辆信息,初次办理最低预存 500 元,以后可按 100 的倍数充值。"鲁通卡"适用任何车辆。

(2)ETC 收费

不停车收费方式(ETC)即用户将含有车辆信息的电子标签安装在车辆上,当车辆通过电子不停车收费车道时,车载的电子标签与安装在车道上的 ETC 天线进行信息交换,由路侧控制单元汇总信息上传至收费站或分中心进行信息处理,从该用户的账号中扣除应缴的通行费,在收费处理的全过程中无须停车,使收费的完成更加快捷和方便。目前,山东省高速公路已开始实施 ETC 收费。

电子标签:持"鲁通卡"在车辆上安装电子标签后方可自由通行 ETC 车道。个人用户须携个人有效身份证件和申办车辆行驶证,驾驶申办车辆到电子收费客服网点申请办理;单位用户须携带经办人有效身份证件、申办车辆行驶证、申办车辆机动车登记证书及单位有效证件(营业执照、组织机构代码证等),驾驶申办车辆到电子收费客服网点申请办理。货车不能办理安装电子标签。

5.3.2 收费站点设置

全线共设置红岛、李村河及青岛三处收费站。

收费分中心设在红岛互通,统一管理胶州湾大桥全线的收费业务。

5.4 车型分类

本项目收费车型划分采用山东省高速公路网的六类车型划分标准,见表 5.4-1。

收费公路车辆通行费车型分类 表 5.4-1

类别	车型及规格	
	客车(座)	货车(t)
第 1 类	≤7	≤2
第 2 类	8~19	2~5(含 5)
第 3 类	20~39	5~10(含 10)
第 4 类	≥40	10~15(含 15),20ft 集装箱车
第 5 类		>15,40ft 集装箱车

注:按鲁价费发[2006]43 号文《关于明确收费公路车辆通行费征收政策的通知》执行。

5.5 通行券

采用符合山东省联网收费要求的非接触式 IC 卡,保证将来与山东省高速公路实现联网收费。

5.6 收费车道

根据工可报告中预测的交通量和车种比例组成,可计算出各特征年的平均日交通量,据此并参考国内其他收费高速公路的运营情况,选取表5.6-1所示参数,确定收费车道数。

收费车道表

表5.6-1

收费站	设备车道数		土建车道数		ETC车道数	
	入口	出口	入口	出口	入口	出口
红岛互通收费站	3	3	3	3	1	1
青岛主线收费站	5	10	5	10	1	1
李村河互通收费站(北区)	2	3	2	3		
李村河互通收费站(南区)	4	6	4	6	1	1

5.7 系统构成

5.7.1 收费管理系统构成

胶州湾大桥收费系统采用五级计算机管理系统,即收费总中心-收费中心-收费分中心-收费站-收费车道。本路段收费分中心设在红岛互通。收费分中心除负责所管辖的各收费站业务外,并对各收费站上传的数据进行汇总、整理和上报。

5.7.2 收费计算机系统结构

收费系统计算机系统由收费分中心、收费站及收费车道计算机系统组成,见图5.7-1。

各级计算机系统之间通过传输线路进行数据通信,形成收费网络系统。收费数据、交通流量数据及收费运行情况等经整理、汇总后逐级向上汇报。收费标准、费率修改等命令由收费结算中心逐级向下传达。收费分中心可以及时掌握全线每个收费站、每个班次的收费情况。收费站与收费站之间、收费车道与收费车道之间不进行信息交换。

收费站是整个收费系统的基本工作单位,必须保证收费数据的记录完整、准确。当主线通信线路发生故障时,可以长期独立工作。

收费车道计算机采用工业控制机,能够独立工作。收费站设备发生故障时,收费车道计算机能够做到无感知,可以长期独立工作(40d),不会造成数据丢失及收费业务的中断。

5.7.3 收费计算机系统网络

收费车道与收费站之间构成收费系统局域网,通过传输线路实现收费车道与收费站之间的数据通信。收费站路由器为收费数据上传提供一个2M广域网接口。

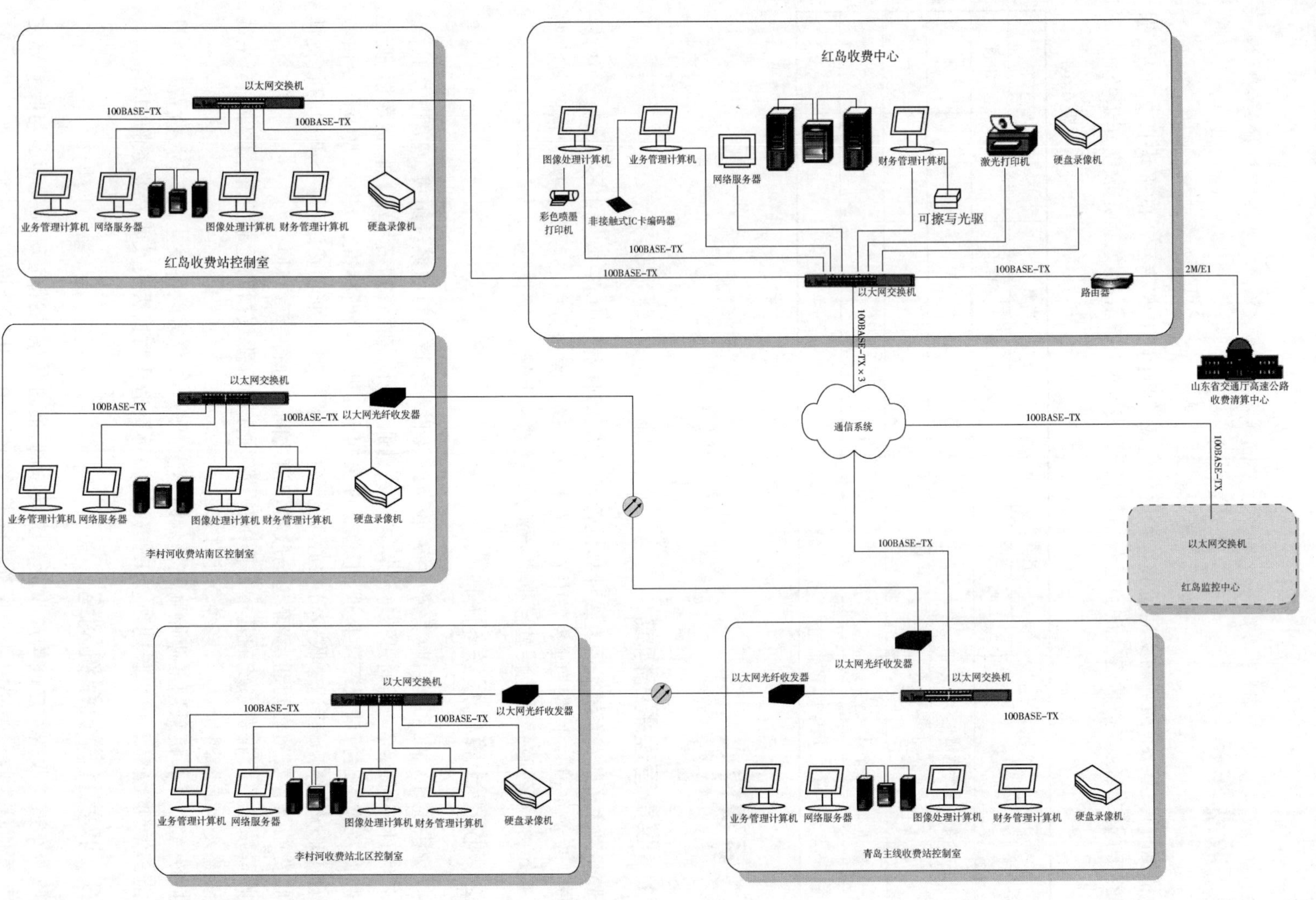

图5.7-1 收费系统计算机网络构成图

收费分中心计算机自成局域网。

收费站、收费分中心和收费结算中心通过路由器接入通信系统传输设备,构成计算机广域网,采用2M数据端口进行数据传输。

网络拓扑形式主要从星形和总线型两种结构形式中进行选择,本设计推荐采用星形拓扑结构。

5.7.4 闭路电视监控系统

收费CCTV系统重点监视收费车道、收费亭内的收费交易情况和收费广场的交通运行情况,同时应用视频技术和先进的多媒体图片处理技术,站级值班员可以直接控制所辖站所有摄像机图像的切换以及录像等,收费分中心可查看收费站图像,必要时可以直接参与控制、提取各站所需要的摄像机图像。

1)闭路电视监控方案比选

(1)监视内容

入口车道监视+入口收费亭监视+出口抓拍+出口监视+收费广场监视,收费闭路电视(CCTV)系统构成见图5.7-2。

(2)监控地点

在监控地点的选择上,现有两个方案:

方案一:实行分布式两级监控,即在收费站和收费分中心分别进行监控。监控的重点在本地各收费站,每个收费站需上传任意2路视频图像至收费分中心。

方案二:实行局部集中的两级监控,考虑到青岛收费站房建面积的限制,不单独设置电视监控系统,而是将所有视频及控制信号直接上传至红岛收费站,由红岛收费站进行监视和控制。

比较以上两个方案,方案二采用局部集中的两级监控,在一定程度上缓解了青岛收费站的建筑面积限制的压力,但是青岛收费站规模大,且位于桥上,若将监控系统设置于红岛收费站,处理突发事件的反应较慢。方案一以分布式监控为主,辅以集中监控的手段,其优点是管理机构健全,管理全面对突发事件的实时处理能力强,且通过合理使用,可以有效减少房建面积的使用。

故本设计推荐方案一:实行分布式两级监控。

(3)特殊车辆图像的抓拍

对于特殊车辆(免费车、违章车)静态图像的抓拍,本设计提出两个方案。

方案一:站级抓拍。当有特殊车辆出现时,报警信号上传收费站服务器的数据库中,多媒体计算机查询到此信息后启动视频控制矩阵将此车道图像切换至多媒体计算机上进行抓拍。

方案二:车道级抓拍。在收费亭前埋设存在线圈,当车辆经过时通过车道控制机内的视频捕捉卡将此帧图像抓拍在图形缓冲区中,当收费员或车道控制机判断此车为特殊车辆时,即将抓拍下来的图像上传多媒体计算机进行处理。

方案一投资小,且减少了车道控制机的工作量。但存在两个缺陷:

(1)收费员对于冲卡车辆的反应往往落后于事件的发生,当收费员按下“冲卡”键或系

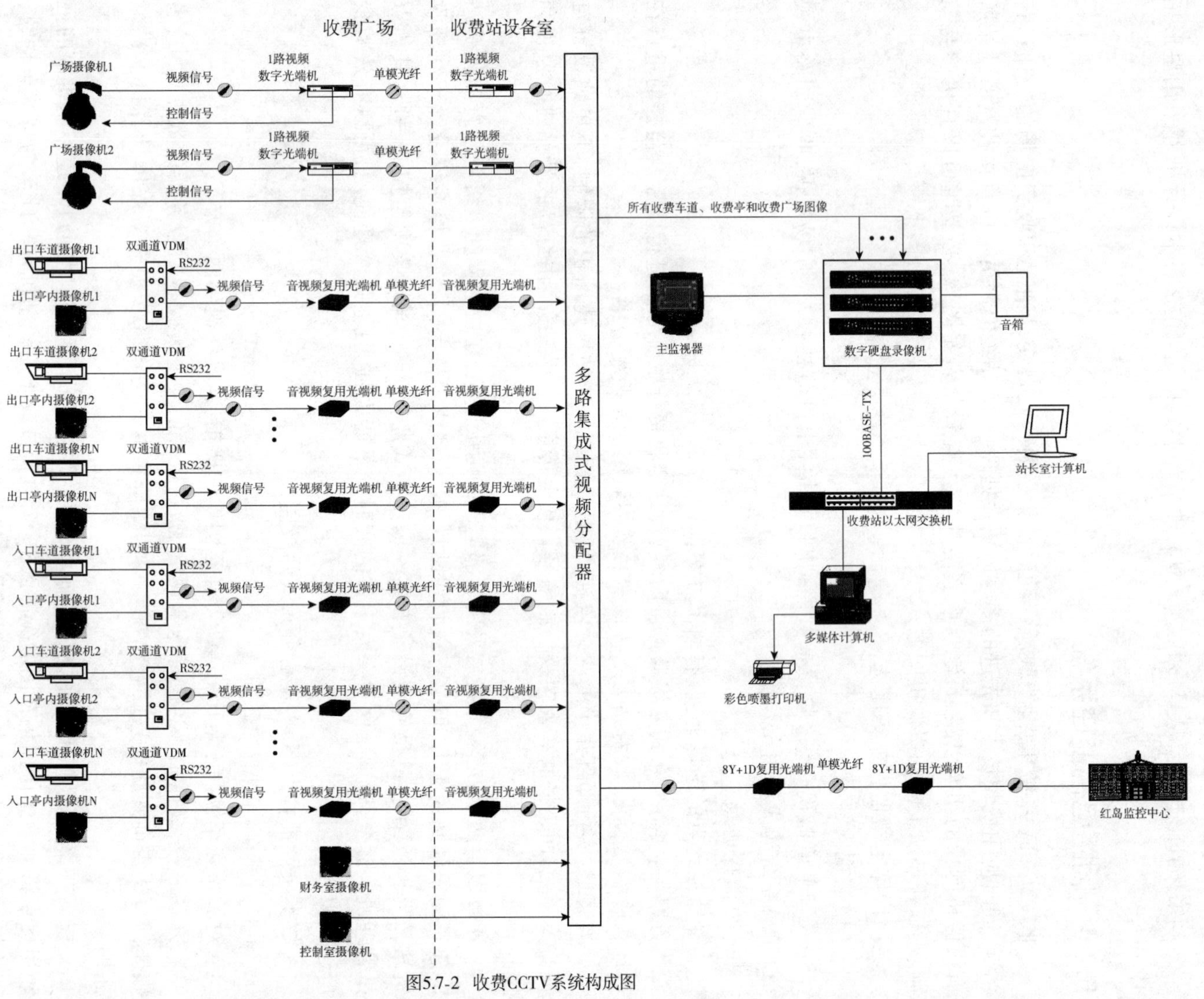

图5.7-2 收费CCTV系统构成图

统自动检测到车辆冲卡信息时,冲卡车辆可能已驶离车道摄像机的摄像范围,则无法抓拍到冲卡车辆的图像。

(2)当两个以上车道同时发生特殊情况时,多媒体计算机只能抓拍到一辆特殊车的图像,其余特殊车的视频图像将被丢失。

方案二避免了上述方案一的两个弊病,且随着计算机配置的提高和技术水平的发展,对车辆图像的抓拍并不影响车道控制机的实时处理能力。

故本设计推荐方案二:由车道控制机对特殊车辆的图像进行抓拍。

2)监控系统描述

(1)本项目收费视音频监视系统包含收费站视音频设备和监控中心视频监控。

本次设计,采用"集中监控"的管理模式,即只在红岛监控中心设置完备的收费管理计算机系统、视音频监视系统,收费站不设置视音频监视系统,相应的视频图像在收费站通过视频分配器一分为二,一路输入至硬盘录像机,另一路通过视频光端机传输至红岛监控中心,由红岛监控中心负责监视。收费站视音频监视系统由外场设备、传输设备、控制室设备三部分组成。外场设备包括广场摄像机、车道摄像机、收费亭摄像机(含拾音器)、财务室摄像机、控制室摄像机、数据图像叠加器;传输设备包括视频光端机和传输介质;收费站控制室设备包括视频分配器、硬盘录像机、光端机和硬盘录像机监视器。

每个收费站监视系统将收费广场、收费车道、收费亭、财务室、控制室的图像通过视频分配器一分为二,一路输入硬盘录像机,另一路通过 8 路视频+1 路数据光端机复用后,通过通信系统提供的光缆传输至监控中心。

(2)广场摄像机安装在收费广场两侧渐变段的土路肩上。广场摄像机为带云台、解码器的球形一体化遥控摄像机,用于监视收费广场范围发生的交通堵塞状况及其他异常状况;车道摄像机为定焦彩色摄像机,安装在收费岛尾部立柱上,安装高度为距路面约 2m,镜头对准本车道和收费亭,视角覆盖车道的主要收费工作区域,能清晰判别车辆类型;收费亭摄像机为定焦彩色摄像机,安装在收费亭的内部,镜头对准收费员操作台,可清晰观察收费员的收费操作,摄像机带有拾音器,可以将收费亭内语音上传至硬盘录像机;财务室、监控室摄像机为定焦彩色摄像机,分别安装在财务室和控制室内。

广场摄像机图像和控制信号通过视频+反向控制光端机和单模光纤传输至收费站视频分配器,收费车道、收费亭摄像机图像通过多路视频复用光端机和单模光纤传输至视频分配器。

(3)对于通过车道的每一辆车都进行图像抓拍,存储在车道控制机,并和收费数据同时上传收费站服务器、收费中心服务器,图形处理工作站可以实时检索调出抓拍图像。

(4)监控中心视频控制器可产生对广场摄像机的控制信号。时间/字符发生器用以把日期、时间等信息叠加到视频输入信号上,这些信息可以在监视器上显示。插入的信息最多可达到两行,字符、数字可利用遥控键盘产生,叠加数据的亮度、大小和位置是可调的,叠加数据不会对图像的其他部分产生干扰。

(5)视频分配器的配置:将收费车道、收费亭、收费广场、财务室、控制室摄像机的图像一分二,一路输入硬盘录像机,另一路通过 8 路视频+1 路数据光端机复用后,通过通信系统提供的光缆传输至监控中心。视频分配器采用机架式,8 路输入 16 路输出。

（6）硬盘录像机的配置：录像机作为图像、语音记录装置位于收费站控制室内，收费站采用 8 路数字硬盘录像机，要求存储不小于 7d。硬盘录像机通过其以太网接口与以太网交换机连接，配一台图形处理工作站进行图像查询。

（7）视频数据叠加器（VDM）位于车道控制器的设备机箱内，用于将通过 IC 卡输入及收费员人工输入的收费信息叠加在收费车道图像上。叠加的信息包括：车道××、收费员身份号×××××、车型×、处理类型××、时间××日××时××分××秒（具体的内容和格式在联合设计阶段确定）。通过它可对收费员的整个键入过程进行跟踪显示，以判断收费员的操作是否正确。当车辆通过车辆检测器后显示的字符消失，以便将前后两辆车分开。每个 VDM 具有 1 路视频输入和 2 路视频输出。

5.7.5 内部对讲系统

内部对讲系统是收费系统中的一个子系统，其作用是在收费过程中对异常事件进行及时汇报和处理，为收费管理提供相应的辅助手段，保证收费系统的正常运营与管理。在各收费站控制室设置一套对讲主机，在各收费亭设一台对讲分机，如果收费站与收费车道之间的距离不长（小于 500m），在收费站和收费车道之间各个铺设两芯电缆，即可实现两地间的通话。内部对讲系统、紧急报警系统构成见图 5.7-3。

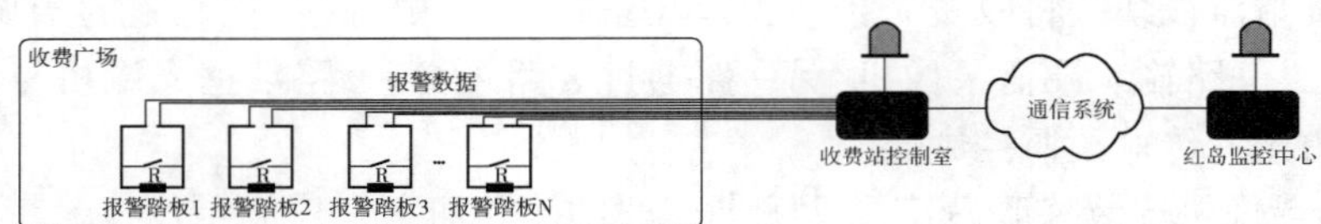

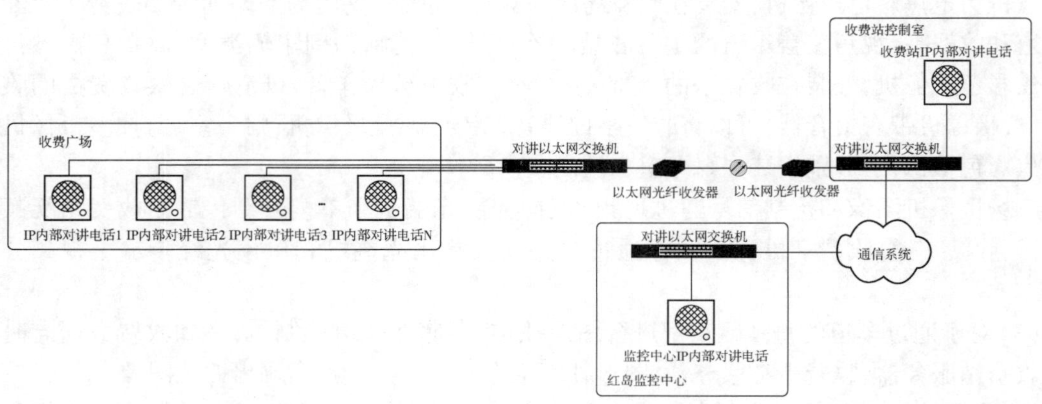

图 5.7-3 内部对讲系统、紧急报警系统构成图

（1）收费站内部有线对讲系统采用 IP 对讲电话，在每个收费亭、收费站站长室及红岛监控中心各设置一台对讲主机，同时在每个收费站及红岛监控中心各设置一台对讲电话交换机，通过收费系统以太网交换机实现收费站与红岛监控中心之间的通信。

（2）内部有线对讲系统是在有交通噪声的环境下工作的，其最小频带宽为 300Hz～3.4kHz，系统的配置应留有将来增加若干个分机的扩充余量。

(3)系统包括三种语音通信要求：

①收费站站长室或红岛监控中心主机均可群呼收费亭主机，任一收费亭主机可分别直呼主机。

②收费站站长室或红岛监控中心主机均可与某一收费亭主机单独通话。

③收费亭各主机之间不能通话。

(4)当收费亭主机想与收费站站长室或红岛监控中心主机通话时，应按下与收费站站长室或红岛监控中心主机相应的通话按钮，即可与其通话。

(5)收费亭主机由一个扬声器/麦克风和一个“通话”按钮组成。内部有线对讲系统独立于收费亭设备而工作。

(6)当收费员按下“通话”按钮时，表明收费亭主机想与收费站站长室或红岛监控中心主机通话，这时主机响起“蜂鸣”声，并在主机上显示是哪个收费亭主机要求通话。值班员按下“通话”按钮，“蜂鸣”声消失，值班员即可与收费员进行通话。如果有第二个收费亭主机也同时要求通话，则代表该分机的通话按钮亮红色显示，直到第一个分机通话结束后才响起“蜂鸣”声。

(7)当按下收费站站长室或红岛监控中心主机“群呼”按钮时，监控中心值班员即可向所有车道收费员通播。若主机要求某车道收费员回答问题，该收费员按下“通话”按钮即可通话。当主机释放群呼按钮后，群呼停止。

(8)包括所需的放大设备、开关单元和供电装置在内的交换设备安装在红岛监控中心值班员操作台上。与每一分机的通话显示按钮编排方式应提交业主批准。

(9)收费亭、收费站站长室或红岛监控中心主机至少包括下列设备：

①扬声器/麦克风。

②扬声器的音量控制设备。

③通话按钮，其中包括“群呼”按钮、“通话”按钮。

④供电状态显示装置。

⑤按钮状态指示灯。

⑥呼叫车道指示灯。

5.7.6 紧急报警系统

当收费车道发生紧急情况时，收费员可以触发报警开关，亭外的黄色闪光器、报警器和监控室内的报警铃同时产生响应，闭路电视监控子系统可以立即切换到发生事件的车道，收费管理子系统记录发生的事件，监控员与值班长可以及时地处理此类事件，不会对正常的收费管理造成太大的影响。紧急报警系统的设备主要由收费亭内的报警开关，收费亭外的黄色闪光器、报警器和监控室内的报警铃组成。

(1)安全报警系统是由安装在收费站及红岛监控中心控制室墙上的全天候报警警笛、报警显示控制器和收费亭、财务室内的报警按钮组成的。

(2)整个报警系统是由收费亭、财务室内的报警按钮触发的，报警踏板的位置不易被别人发现，收费员在进行正常操作时也不易触动它，但在危险时候，能在别人不注意时，被收费员触动而产生报警。

(3)报警信号通过报警显示器传至视频控制矩阵(红岛监控中心)的报警输入端,用于将报警收费亭、财务室的图像切换到主监视器上,并启动硬盘录像机进行录像。

(4)警笛产生的报警声应容易和其他报警器发生的报警信号区分开,并且在嘈杂的交通条件下,整个收费站机房的各个角落均可听见,报警显示控制器同时显示报警车道。

(5)报警按钮的报警电路打开时,则产生报警信号。电缆或电路断开时也会启动报警装置。

5.8 系统设备

收费系统设备按人工判车型、人工收费、检测器核对、闭路电视监控、计算机管理的模式配备。

5.8.1 收费站车道设备

(1)车道控制机(含键盘、显示器、接口板、网卡等)。

(2)非接触式 IC 卡读写器:管理非接触式 IC 卡。

(3)车道摄像机:用于抓拍过往车辆的图像并监视过往车辆。

(4)亭内摄像机:监视收费亭内收费员的操作。

(5)字符叠加器(VDM):将收费信息叠加在图像上。

(6)费额显示器:向驾驶员显示费额。

(7)票据打印机:打印收据。

(8)车辆检测器:配置两个环形线圈,一个统计过往车辆数,一个启动抓拍。

(9)自动栏杆:阻挡逃费车辆。

(10)手动栏杆:表示车道开启或关闭。

(11)红黄色声光报警器:有闯卡或紧急情况发生时报警。

(12)对讲分机:与站房控制室通话。

(13)天棚信号标志:表示车道的关闭和开放。

(14)车道通行信号灯。

(15)雾灯。

(16)称重设备:对通过收费站的货车计量吨位。

(17)以太网交换机:用于收费站和收费车道之间的通信。

5.8.2 标识站车道设备

(1)车道控制机(含键盘、显示器、接口板、网卡等)。

(2)非接触式 IC 卡读写器:管理非接触式 IC 卡。

(3)车道摄像机:用于抓拍过往车辆的图像并监视过往车辆。

(4)亭内摄像机:监视收费亭内收费员的操作。

(5)车辆检测器:配置两个环形线圈,一个统计过往车辆数,一个启动抓拍。

(6)自动栏杆:阻挡逃费车辆。

(7)手动栏杆:表示车道开启或关闭。

(8)红黄色声光报警器:有闯卡或紧急情况发生时报警。

(9)对讲分机:与站房控制室通话。

(10)天棚信号标志:表示车道的关闭和开放。

(11)车道通行信号灯。

(12)雾灯。

(13)以太网交换机:用于收费站和收费车道之间的通信。

5.8.3 收费站系统设备

收费站设备的功能要求:

(1)收费站计算机与车道控制机以网络方式相连。可实时收集各收费车道的交通流量、车辆车牌号、车辆类型、通过时间、收费员工号、车道状况等。

(2)监视各车道的运行状况。

(3)按班次统计、汇总、存储、打印收费及交通量数据。

(4)定时上传各车道交通量统计情况。

(5)接收收费分中心下达的命令、校对时钟及收费价格表,并传至各车道。

(6)收费站计算机可长期独立工作,并可以软盘、数据传输或打印报表的形式上传数据。

(7)停电时 UPS 可维持收费系统的必要设备供电 60min,上电后可以自动恢复。

(8)可与各车道收费员通话或广播。

(9)通过闭路电视观察收费车道的工作情况,并采用多媒体计算机对未交费车辆进行取证、存储图像、打印输出、检索统计。

(10)对收费员的工作进行统计分析与评价。

收费站设备:

(1)服务器:用于收费管理以及实现文件和数据库管理的功能。

(2)可擦写光盘驱动器:用于大量历史数据的备份。

(3)收费管理计算机:用于收费数据上传、报表打印以及上级管理部门管理信息下发。

(4)监视计算机:用于监视车道控制机及车道设备的运行状态。

(5)多媒体计算机:用于图像管理、控制并实时监控收费过程。

(6)财务室计算机:负责财务管理。

(7)IC 卡管理计算机:对通行卡进行分类管理。

(8)以太网交换机:用于收费站和收费车道之间的通信。

(9)路由器:用于收费数据上传收费分中心和收费总中心。

(10)彩色喷墨打印机:用于打印图像。

(11)设备避雷器:保护站房内网络设备及通信计算机防止雷击损坏。

(12)对讲主机:用于与各收费车道对讲分机通话。

(13)不间断电源(UPS):采用集中式 UPS 电源系统。

(14)闭路电视控制器、录像机、监视器等。

(15)网络共享激光打印机:用于特殊情况的实时打印。

(16)非接触式IC卡读写器:对非接触式IC卡校验和检测。

5.8.4 收费分中心系统设备

(1)服务器(双机容错):镜像硬盘高性能计算机用于通信管理、系统控制和安全检测以及实现文件服务及数据库服务的功能。

(2)磁盘阵列柜:用于存储大量的收费数据文件。

(3)收费管理计算机:用于收费数据上传和上级管理部门管理信息下发。

(4)财务计算机:用于管理收费数据和报表打印。

(5)以太网交换机:用于收费分中心和收费站之间的通信。

(6)激光打印机:用于特殊情况的实时打印。

(7)不间断电源UPS:采用集中式UPS电源系统。

(8)对讲主机:用于与各收费站通话。

(9)非接触式IC卡编码器:用于编排各级管理人员的身份代码和工号。

(10)路由器:用于收费分中心和收费站以及结算中心之间的通信。

5.8.5 收费系统闭路电视监控设备

1)广场摄像机

(1)采用一体化、高性能球体(彩色黑白日夜型)摄像机系统,包括镜头、云台、防护罩、解码器、立柱等。广场摄像机的技术指标如下:

①影像感应器:1/4inCCD或1/3inCCD。

②输出视频接口:1Vp-p75Ω。

③信噪比≥48dB。

④具有背景光自动补偿功能。

⑤摄像同步系统应符合625行,50帧/s,2∶1隔行扫描标准。

⑥解像度不低于470线。

⑦灵敏度为彩色1.01ux,黑白0.11ux。

⑧镜头:F1.4 f=4.1~73.8mm,18变倍,自动对焦。

⑨手动云台速度:0~80°/s可选择,预置速度400°/s。

⑩水平扫描范围:360°。

⑪垂直扫描范围:≥90°。

⑫可编程不少于32个预置点。

⑬球形防护罩应密封、防尘、防雨、带加热器与空气循环系统,可以保持透镜表面在任何天气中不受水雾影响。

(2)摄像机安装要求如下:

①摄像机安装高度为离开路面10m,能清楚地观察收费广场内的交通状况。

②摄像机立柱由混凝土或钢管制成,且在强风下不会晃动。

③摄像机及其防护罩应牢固安装在立柱上,在140km/h的风速下,从监视器上看不出摄像机有抖动情况。

④电缆安装时要保证有足够的富裕度,并且在摇摄和俯仰摄时机构正常工作,移动摄像机防护罩时,电缆和电缆端子不应受拉张影响,除摄像机和安装摄像机控制缆的灵活电缆段外,电缆的剩余部分封存在管槽内。

摄像机机箱内包括电源防雷器、视频信号防雷器及控制信号防雷器、光缆终端盒、光端机、电源、接线端子等。

2)收费车道摄像机

(1)摄像头技术指标

①彩色摄像头,1/2in三倍手动变焦,10~20mm可调,自动聚焦,自动光圈,标准“C”或“CS”镜头支座。

②解像度≥470线。

③最低照度:≤3Lux/F1.4。

④视频输出:1.0Vp_pPAL复合,75Ω/BNC接头。

⑤适应昼夜亮度变化,自动亮度调节,具有曝光制止及补偿功能。

⑥信号制式:PAL制式。

⑦信噪比:≥50dB。

⑧白平衡:自动白平衡。

⑨电源:AC220V±10%,50Hz±3Hz。

⑩工作环境温度范围:-10~+50℃。

⑪工作环境湿度范围:30%~80%。

(2)室外防护罩要求

①对雨、雪、雾和灰尘等提供整套防护。

②加热器功率:标准输出50~70W。

③额定风负荷:不小于36m/s。

④电源:AC220V或AC24V,50Hz±3Hz。

⑤工作环境温度范围:-40~+50℃。

⑥工作环境湿度范围:10%~90%(设备无雾化)。

(3)车道摄像机立柱要求

①立柱分为上下两截,下半截高度为1.5m。

②整体高度为1.8~2.5m可调。

③杆体通过热浸锌处理防锈。

3)收费亭摄像机

(1)摄像头技术指标

①彩色半球型高线数摄像机。

②1/3inCCD彩色摄像头。

③解像度不低于470线,灵敏度为≤1Lux。

④适应昼夜亮度变化,自动亮度调节,在高亮度及低亮度下均能得到清晰图像。

⑤视频前置放大器具有能够激化的自动增益控制,其最小信噪比为46dB。

⑥图像中心可视分辨率优于600行水平向,水平与垂直的比是4:3。

⑦图像几何畸变在一个直径等于图像高度的中心圆直径之内,应保持在图像高度的1%之内,总畸变应优于2%。

⑧摄像头同步系统应符合CCIR扫描标准(625行,50帧/s,2∶1隔行),使用公用同步发生器,电源能锁定,在低亮度条件下有良好图像。

⑨视频输出接口:1Vp-p75Ω。

(2)镜头要求

①4.5~8mm,手动调焦,自动光圈。

②标准的“C”镜头支座。

③工作环境温度范围:-10~+50℃。

④工作环境湿度范围:30%~80%。

(3)室内防护罩

①摄像头装在防护罩内,用以防护外界各种不利环境条件。

②防护罩应密封、防尘。

(4)安装步骤

①摄像机安装在收费亭内收费工作台的右上方,便于观察收费员的操作;

②摄像机支架牢固,在收费车道车辆频繁通过的震动性环境下,摄像机角度不发生变化,并且一经安装固定,收费员不能任意改动摄像机角度。

4)监控室、控制室摄像机

(1)摄像头技术指标

①彩色半球型高线数摄像机。

②1/3inCCD彩色摄像头。

③解像度不低于470线,灵敏度为≤1Lux。

④适应昼夜亮度变化,自动亮度调节,在高亮度及低亮度下均能得到清晰图像。

⑤视频前置放大器具有能够激化的自动增益控制,其最小信噪比为46dB。

⑥图像中心可视分辨率优于600行水平向,水平与垂直的比是4∶3。

⑦图像几何畸变在一个直径等于图像高度的中心圆直径之内,应保持在图像高度的1%之内,总畸变应优于2%。

⑧摄像头同步系统应符合CCIR扫描标准(625行,50帧/s,2:1隔行),使用公用同步发生器,电源能锁定,在低亮度条件下有良好图像。

⑨视频输出接口:1Vp-p 75Ω。

(2)镜头要求

①4.5~16mm,手动调焦,自动光圈。

②标准的“C”镜头支座。

③工作环境温度范围：-10～+50℃。

④工作环境湿度范围：30%～80%。

(3)安装步骤

①摄像机安装在财务室、控制室的顶部，方便观察财务室、控制室人员的操作。

②5in 彩色监视器。

③24in 液晶显示器。

④面板类型：IPS。

⑤分辨率：1920×1200。

⑥点距：0.27mm。

⑦对比度：1000∶1。

⑧亮度：≥330cd/m^2。

⑨可视角度(水平/垂直)：178°/178°。

⑩响应时间：8ms。

5)数字硬盘数字录像机

(1)硬盘数字录像机规格详见工程量部分。

(2)录像设备采用嵌入式硬盘录像机。

(3)显示模式：单画面、四画面、九画面及 16 画面模式。

(4)视频显示清晰度：不小于 350 线。

(5)录像以单画面形式进行回放，图像回放连续。

(6)回放画面质量按五级标准执行，主观评价不低于四级水平，回放清晰度：不小于 270 线。

(7)硬盘容量配置至少满足 7d 连续录像要求，存储分辨率不小于 352×288。

(8)全实时图像、声音同步记录。

(9)录制、回放时，视频、音频完全同步。

(10)清晰度：最大 720×576 像素，≥25 帧/s。

(11)显示通道：PAL/NTSC。

(12)可编程的全自动录像方式，至少包括定时录像。

(13)自动/手动重复录像。

(14)可按日期、时间、地点方式检索搜索：具备多种录像搜索方式，可通过时间定位，可随意正向逐帧搜索录像，也可变换多种速度快速回放搜索，操作灵活，定位准确。

(15)支持多硬盘循环录像，支持网络或映射硬盘录像。

(16)录制的数字图像、声音可以转录到光盘上。

(17)应具有远程察看功能。

(18)支持录像随时转储备份。

(19)通过网络(tcp/ip 协议)计算机可对录像机的各项功能进行控制，可以控制录像机在监视器上切换、回放，可在计算机上实时观看监视、回放图像，可随时将录像内容通过网络备份到计算机上。

(20)切换延迟时间不超过 300ms。

(21)工作环境温度范围:5~50℃。

(22)工作环境湿度范围:30%~80%。

(23)支持通过网络自动与计算机对时功能。

(24)输入电源:AC220V±10%,50Hz±3Hz。

(25)MTBF:≥50000h。

(26)MTTR:≤0.5h。

(27)压缩方式:MPEG-4。

(28)安装位置:19in 机柜。

(29)机柜:19in 标准机柜,深度须满足录像机安装尺寸,颜色与机房环境和电视屏墙颜色统一协调。

6)视频数据叠加器

(1)1 路视频输入,2 路视频输出。

(2)视频输入输出:1Vp-p/75Ω(BNC)。

(3)PC 接口方式:RS232。

(4)无延迟汉字动态叠加。

(5)信号制式:PAL。

(6)叠加图像:512×512 点阵。

(7)信噪比:≥50dB。

(8)显示项目、叠加字符的位置和亮度均随时可选,叠加字符清晰,叠加数据不会对图像的其他部分产生干扰。

(9)叠加点阵存储器≥32kB。

(10)叠加字体:任意。

(11)叠加位置:任意。

(12)电源:AC220V±10%,50Hz±3Hz。

(13)工作环境温度范围:-5~40℃。

(14)工作环境湿度范围:30%~80%。

5.9 系统软件及功能要求

软件系统按功能分可划为:操作系统软件、应用软件、网络及通信软件三大部分。

5.9.1 操作系统软件

选用经过认证、标准、功能完善的平台操作系统。

5.9.2 应用软件

所有应用软件界面均需汉化,人机界面均为图形界面(GUI)方式,要求美观、易管理和操作。

收费车道应用软件包括:系统管理模块、键盘管理模块、数据传输模块、基本输入输出模块。

收费站系统应用软件包括：

(1)数据存储处理模块(数据库)。

(2)统计、检索、制表模块。

①财务报表：入口收费员班次记录、出口收费员班次记录、通行费收入日报、通行费收入月报等。

②交通量报表：交通量日报(按不同车型，以小时为单位统计)、交通量月报(按不同车型，以天为单位统计)。

③运营管理报表：收费人员考勤表、非接触式IC卡管理表、车道使用统计表等。

(3)车道监视模块。

在站计算机的显示器屏幕上实时显示一条或多条车道收费员的操作信息，如出口车道可显示：车道编号、收费员编号、检测车辆数、各类收费处理数(正常和特殊处理)、最后一辆车判定的车型等。

(4)系统自检模块。

站计算机自动运行测试程序，对各车道控制器等联机设备的状态及通信进行监测。

(5)编程及工具模块。

完成系统管理人员和维护人员对系统功能延伸及维护的软件。

(6)IC卡管理模块。

红岛主线收费站除外。

(7)防病毒软件。

提供抗病毒保安功能，把因病毒可能造成的影响降至最低。

(8)网络信息系统安全监视扫描软件。

不断或定时对网络系统、服务器及数据库进行扫描测试，并具有敏感的报警模块和痕迹跟踪模块，防止非法侵入系统的事件发生，以降低来自系统外部和内部双重方面对信息安全的威胁，保护网络系统、服务器及数据库的安全。

5.9.3 网络及通信软件

从收费分中心到收费站、收费站到收费车道每一级之间均采用网络进行通信，推荐采用具有国际统一标准协议TCP/IP协议。

通信软件包括：整体网络管理软件、横向网络通信软件、纵向网络通信软件。

5.10 系统流程及主要功能

5.10.1 系统流程

(1)入口车道操作流程

车道摄像机自动提取车牌号并抓拍车辆图像，收费员人工判别车型，将车型数据输入收费员终端，车道控制器控制读写器将入口数据写入非接触IC卡中并由收费员交给驾驶员，车辆驶离。设在岛尾的车辆检测器检测车辆，再次记录入车道控制器。收费车道控制器实时将入口车道数据和车辆图像上传至收费站服务器。

(2)出口车道运作流程

车道摄像机抓拍车辆图像,收费员人工判别车型,通过 IC 卡读写器从 IC 卡中读出车型及入口地址,自动输入车道控制器,如出口时车型与从卡中读出的入口时车型不一致,则按换卡车处理,客车按车型、行驶里程计费,货车和集装箱车按质量、行驶里程收费,称重显示屏显示收费金额,收费员收取通行费,打印收据,自动栏杆开启,车辆驶离。设在岛尾的车辆检测器检测车辆,再次记录入车道控制器。岛尾的车道摄像机抓拍车辆的图像,并在图像上叠加处理的相关信息,以动态和静态的方式上传至收费站 CCTV 控制器和数据库。对免费车辆、不交费闯卡车辆等特殊情况,出口车道系统捕获一幅静态图像,进行压缩、存本地硬盘并上传至收费站系统。收费车道控制器实时将出口车道数据上传至收费站服务器。

5.10.2 系统功能

(1)实时收集各收费车道上传的车道开启/关闭信息,每辆车的收费处理信息及故障,报警信息等,并进行分类统计和存储。

(2)随时抽查、监视收费车道的运行状况和收费操作情况。

(3)打印财务报表、交通量报表和运营管理报表等。

(4)定时将收费交通量上传给收费分中心,每班次结束后上传各车道收费处理的班次记录。

(5)接收、存储来自收费分中心的时钟和收费价格、黑名单、白名单等信息,并下传至各收费车道控制机。

(6)IC 卡管理和清账功能。

(7)后备功能:硬盘至少保存 1 年的原始数据;站与分中心通信中断时,站计算机可以长时间独立工作,并可以软盘和报表形式上传数据,站计算机可以及时检测出车道与站之间的通信故障或数据丢失现象,并自动请求车道重发;停电时不中断电源应至少保持 60min 以上以等待备用发电机发电。

(8)通过对讲系统与各车道收费员通话。

5.11 收费系统电源及供电要求

5.11.1 收费站控制室和收费车道

图 5.11-1 为李村河互通收费站 I 收费配电系统构成图。具备以下特点:

(1)在收费站控制室设置 1 台 UPS。每一车道平均用电 1.5kW,收费站用电 6kW。

(2)各收费站控制室要保证双路供电,其电源由变电站低压配电箱通过专门回路引入,禁止与其他设施(如照明、空调)用电回路共用。

(3)各收费站控制室供电回路必须能由变电所的快速自动启动柴油发电机组供电。在地方电源断电的情况下能迅速由柴油发电机组备用电源进行供电。

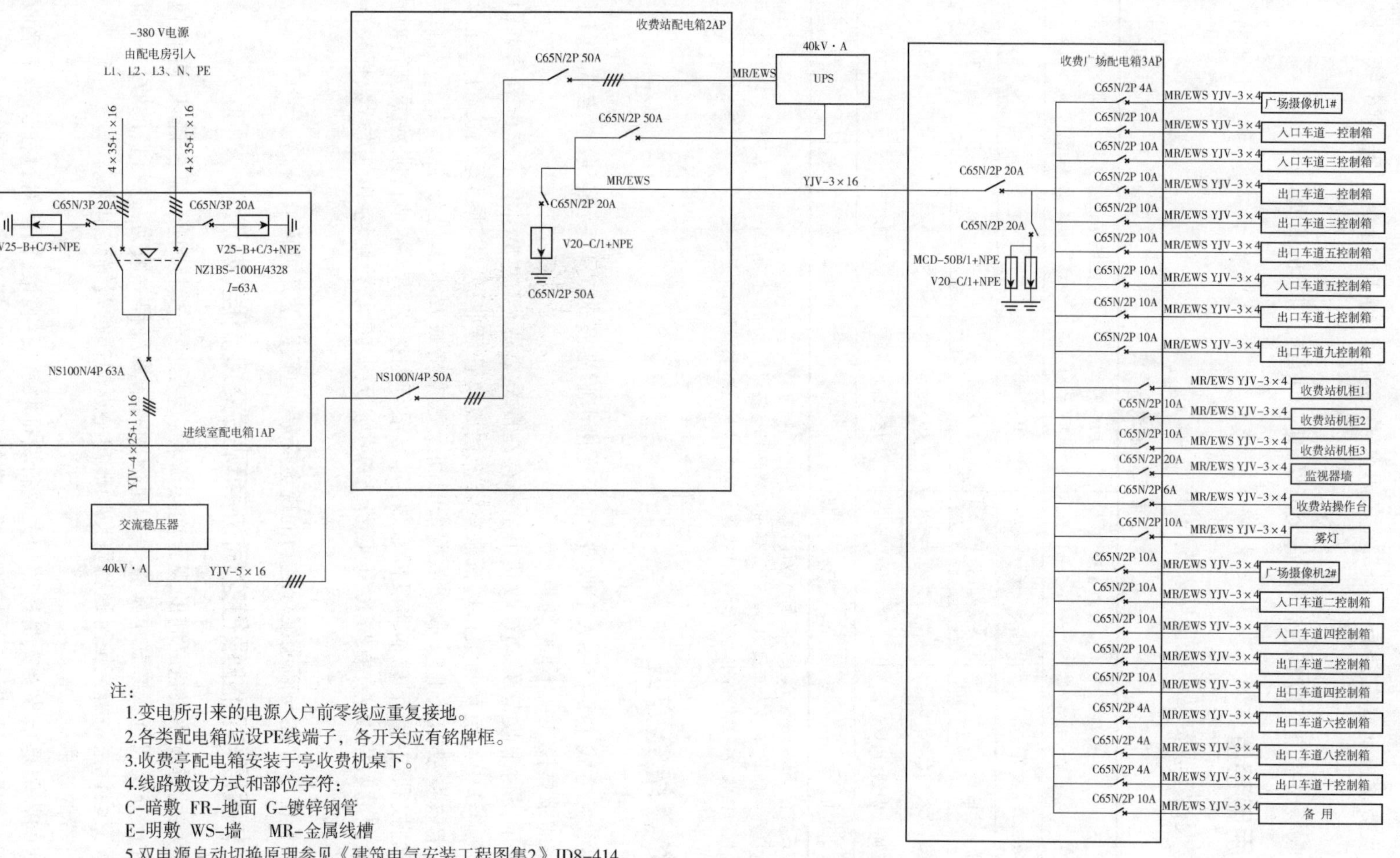

注:
1.变电所引来的电源入户前零线应重复接地。
2.各类配电箱应设PE线端子，各开关应有铭牌框。
3.收费亭配电箱安装于亭收费机桌下。
4.线路敷设方式和部位字符:
C-暗敷 FR-地面 G-镀锌钢管
E-明敷 WS-墙 MR-金属线槽
5.双电源自动切换原理参见《建筑电气安装工程图集2》JD8-414。
6.本图适用于李村河互通收费站I。

图5.11-1 李村河互通收费站Ⅰ收费配电系统构成图

(4)各收费站控制室安装有一个带空气开关及过流保护的配电箱,配电箱出线回路≥10路。

(5)各收费站控制室应有应急灯,在交流停电时,保证控制室的照明。

5.11.2 用电容量

胶州湾大桥备收费站用电量见表5.11-1。

用电容量表 表5.11-1

用电量 用电点	设备车道数(条)	UPS容量(kV·A)	土建车道数(条)	车道用电量(kW)
红岛互通收费站(收费中心)	6	10×2+10	6	12
青岛主线收费站	15	20×2+10	15	30
李村河互通收费站(北区)	5	10×2+10	5	10
李村河互通收费站(南区)	10	15×2+10	10	20
小计	35		35	70

注:1.UPS设备容量及总用电量按实际车道数计算。
2.用电量计算标准为:收费车道2kW/车道(通过收费站UPS提供),收费站控制室设备按6kW。
3.本表仅包括收费系统设备用电量,不包括收费亭取暖、通风、空调、照明等生活用电。

5.12 资金结算方式

本项目收费方式主要存在人工收费、电子支付卡收费及ETC收费等,收费方式的不同,与银行之间的结算模式也不同。

其中电子支付卡收费及ETC收费由于不存在现金交易,且主要由电子支付卡结算中心及ETC收费结算中心负责与银行进行账户资金划拨及管理业务,本项目运营方的责任及义务包括:IC卡收费数据及ETC收费数据按时间及数据格式要求上传分别上传至各自结算中心;获得的权利包括:下载本路段拆账数据,与银行划拨指令及本地拆账数据进行对比,遇到三者之间的数据误差,有与IC卡收费结算中心及ETC收费结算中心进行数据校准的权利。

人工收费由于存在与商业银行之间的现金交易,包括以下几方面:

5.12.1 本项目与商业银行之间协商现金交接流程、办法

制订本项目与商业银行之间的现金交接流程,包括现金交接时间、身份确认、现金包裹密封完整性检查及通行费缴款单检查等。通行费的结算流程一般为:通行费的收取→通行费清点→解交会计室→解交银行通行费专项账户→返回通行费解交单据。

1)通行费的收取

通行费的收取是指收费人员按照相关通行费征收法规、政策,依法对过往交费车辆收取通费的过程。收费人员必须严格按照收费标准执行,做到“应征不漏,应免不收”。

2)通行费的清点

通行费的清点是指收费人员对收取的通行费进行清点整理的过程,通行费金额必须与《收费站通行费收入班统计表》进行核对无误。

3)通行费的解交

通行费的解交是指收费人员收取通行费后,按照上级通行费征管部门的要求,全额上交收费站会计部门。

4)银行解交

银行解交是指收费站会计人员将本站所收通行费,按照规定的程序,全额解交银行通行费专项账户。

5)返回通行费解交单据

返回解交单据是指银行将通行费解交单据返回收费站会计部门。

6)收费站通行费结算流程

(1)通行费核销单的填制

①收费员下班后,在本班工作室清点当班所收取的通行费。

②填写通行费核对单,交于班长,由班长与监控室值班员进行核对。

③核对一致后,按要求准确填写通行费票据核销单。

④核对不一致的,查明原因。并作再次核对,核对一致后,再准确填写通行费票据核销单。

⑤监控室值班员在确认核对正确后打印报表,若有特殊情况,在报表中作明确说明。

(2)现金交款单的填制

①准确填写现金交款单所列各项(站名、收费员、工号、大小写金额)。

②填写金额应与所收金额相一致。

③大写金额应与小写金额相一致。

④整个填写过程要态度端正、字迹清楚、规范。

(3)通行费的投放

①收费员将通行费封存在包中,并在包上注明日期、金额、班次、工号等,并加盖私章。

②收费班长仔细核对收费员所填写的现金交款单,确保各项填写正确。

③收费班长将填写正确的交款单和现金专用包一起投放进电子钱柜中。

(4)通行费票据的核销

①收费员准确填写票据核销单各项,确保账、票、款相符。

②票据员根据监控室值班员提供的报表,核对票据核销单。确认核销无误后,由票据员在票据核销单上签字确认。

(5)与银行的解交

①票据员将上日通行费收入解交银行,确保解交款与报表金额相符。

②票据员清点上交包数,与银行收款人员各自签字确认。

收费站票据、通行卡的保管必须严格落实“三专”要求。专人,是指收费站必须对票据、通行卡管理实施专人负责,建立票证管理岗位责任制。专房,是指收费站必须设立票据专用库房,为票据、通行卡保管工作提供硬件保障。专柜,是指票据保管必须按照票据、通行卡的种类、各类票据、通行卡设立专门的票据保管柜,实行分类保管。

5.12.2 商业银行需要承担的责任和义务

(1)商业银行根据本项目要求,开设本项目现金管理账户,开发满足本项目现金管理的账户权限管理功能,开发满足本项目管理要求的报表;

(2)根据本项目与商业银行之间的协议,商业银行每天按指定时间对本项目进行现金解交,办理现金交接手续。

(3)商业银行对解交现金进行清点,发现长短款及假钞应通过规定流程及时向本项目收费管理部门进行协商确认。

(4)商业银行完成现金解交后规定的时间内,应及时将现金解交金额足额划拨本项目现金管理账户。

5.12.3 本项目收费管理部门需要承担的义务和责任

(1)收费员将通行费封存在包中,并在包上注明日期、金额、班次、工号等,并加盖私章。

(2)收费班长仔细核对收费员所填写的现金交款单,确保各项填写正确。

(3)收费班长将填写正确的交款单和现金专用包一起投放进电子钱柜中。

(4)票据员将上日通行费收入解交银行,确保解交款与报表金额相符。

(5)票据员清点上交包数,与银行收款人员各自签字确认。

5.12.4 通行费入账

通行费解交银行根据每日解交结果,划拨指令,完成资金的归集、账户的管理、资金的划拨等工作,同时生成通行费入账日报表,本项目用户可以登录银行站点查询通行费日报表。

5.13 防雷接地

5.13.1 防雷

对于收费系统而言,根据设备所在的地理位置分为以下三部分:

(1)监控室、监控大厅设备:安装在收费站的收费机房内,受办公大楼的保护。

(2)车道设备:安装在雨棚下,在一定程度上受雨棚的保护。

(3)外场设备:安装在收费广场或其他空旷处,得不到建筑物的保护。

对于以上几类设备,要发挥有效完整的避雷功能,使电子设备免受雷击的损坏,除要求有一良好的接地系统外,还必须在各类传输线上,包括电源的进出线,数据和信号线上安装适当的防雷器。

对于车道设备,广场以太网交换机侧的网络口安装信号防雷器,亭内设备之间的传输线不需加防雷器,亭内外设备之间以及亭外设备之间的传输线需加防雷器。

防雷器根据实际需要不同,应用不同型号的三相或单向电源防雷器、视频信号防雷器和其他信号防雷器如串行口防雷器等,应在信号传输线的两端安装相同的信号防雷器。

5.13.2 接地

收费系统设备的直接工作地、保护地、交流地和防雷地采用联合接地方式。接地时，严格按照以下要求进行接地：

(1)在收费站收费机房，联合接地的电阻≤1Ω。

(2)在收费广场，联合接地的电阻≤4Ω。

(3)收费车道、室内所有金属机架(壳)、金属线槽、保护接地和防雷器的接地端子均应做等电位连接并可靠接地。

第 6 章

供配电照明及综合电力监控

6.1 供配电

6.1.1 概况

胶州湾大桥各个收费站的用电设备与一般高速公路类似，主要包括通信、监控、收费和收费广场照明，以及收费站区房建负荷用电。海上桥梁段的用电设备除包括道路照明、外场监控和通信等用电外，主要包括：主塔航空障碍灯照明、航标灯照明、塔内和箱梁内检照明；主塔和箱梁内检修用电；钢箱梁除湿用电；综合电力监控、通航孔桥结构安全监测和混防腐等监控设施用电；通航孔桥夜景照明。

收费站、管理中心和养护工区等房建区用电为大负荷、集中供电，海上桥梁段的用电设施的特点是容量小、距离长、分散性布设。

在上述用电设施中，除道路照明、通航孔桥夜景照明、房建区办公用电为三级负荷外，其他用电设施均为一、二级负荷。一、二级负荷是大桥供配电工程的保证电力供应的重点。

6.1.2 变电所的设置

1）外部电源引入情况

胶州湾大桥跨越胶州湾，连接青岛、红岛和黄岛，各个用电点均属于青岛供电公司。本工程地处青岛市外围，周边外线供电条件良好。胶州湾大桥的供电电源引入情况如下：

（1）青岛主线收费站：就近引 1 路 10kV 电源至收费站区 10kV 变电所。

（2）红岛管理中心：海上桥梁段的中心变电所设置在红岛管理中心房建区。就近引 2 路 10kV 电源至管理中心房建区 10kV 中心变电所。

2）变电所负荷统计（表 6.1-1）

变电所负荷统计表 表 6.1-1

用电点	桩号	变压器容量（kV · A）	安装容量（kV · A）	重要负荷（kW）
主线收费站	K8+530	200	328.2	54
E 匝道收费站	JS1K0+285	250	373.9	72.7

续上表

用电点	桩号	变压器容量(kV·A)	安装容量(kV·A)	重要负荷(kW)
JSK1 匝道收费站	JSK1+615	160	201	68.2
红岛管理中心	K0+100	1000	1449.33	371.65
大桥用电	—	4334	1606.181	777.176

6.1.3 系统构成

1)全线供电系统构成

根据本项目的地理位置和桥梁结构的特点,以及工程周边的外线供电条件,胶州湾大桥供电系统分为两部分:一是李村河互通供电区域;二是海上桥梁供电区域(主桥供电),如图6.1-1所示。

(1)李村河互通供电区域

该供电区域主要包括青岛主线收费站、李村河E匝道收费站和李村河JSK1匝道收费站。三个收费站呈品字形,三者之间的距离不超过2km。在青岛主线收费站变电所引1路10kV市电,10kV系统采用"一进三出"方式,引2路10kV电缆分别送至李村河E匝道收费站和李村河JSK1匝道收费站,为该区域的三个站区统一提供10kV市电。同时,在三个站区分别配置1台柴油发电机,作为三个站区的备用电源,主要为三个收费站区的用电设施提供可靠电源。

(2)海上桥梁供电区域(主桥供电)

该供电区域主要包括红岛管理中心和海上桥梁段。除为管理中心房建区供电外,还为主桥段K8+770~K34+120、红岛连接线和红岛互通A、B、C、D匝道的道路照明、检修照明、检修插座、外场监控、航空照明、除湿系统、混凝土防腐和夜景照明等提供400V电源。

2)青岛主线与李村河匝道收费站供电

青岛主线收费站变电所不仅为李村河互通两个匝道收费站箱式变电所提供10kV电源,而且为主线收费站房建区提供通信、监控、收费和办公用电;同时,为主线收费广场(设置在桥上,通过连廊与站区连接)大棚照明和收费广场照明提供400V电源。

青岛主线收费站变电所采用1路10kV电源进线,经10kV系统配电后,馈出3路10kV出线,1路引至该变电所的200kV·A干式变压器,为主线收费站提供0.4kV电源;1路引至李村河E匝道收费站的10/0.4kV箱式变电站,为匝道收费站的房建区和收费广场提供0.4kV电源;1路引至李村河JSK1匝道收费站的10/0.4kV箱式变电站,为匝道收费站的房建区和收费广场提供0.4kV电源。同时,采用自启动柴油发电机提供必要的备用电源,如图6.1-2所示。

青岛主线收费站变电所10kV系统的进、出线回路均采用真空断路器保护。进线柜实现速断、过流保护、失压保护,馈线柜实现速断、过流和零序保护,变压器实现速断、过流和温度保护。低压侧为单母线接线方式,低压受电柜设电流延时和速断保护,低压馈电柜设电流延时保护、速断保护,所有断路器均选用现场可调整整定电流型。低压总开关后设置1台双电源自动转换开关ATS,ATS前端分别与低压母线、柴油发电机连接,组成一用一备。10kV市

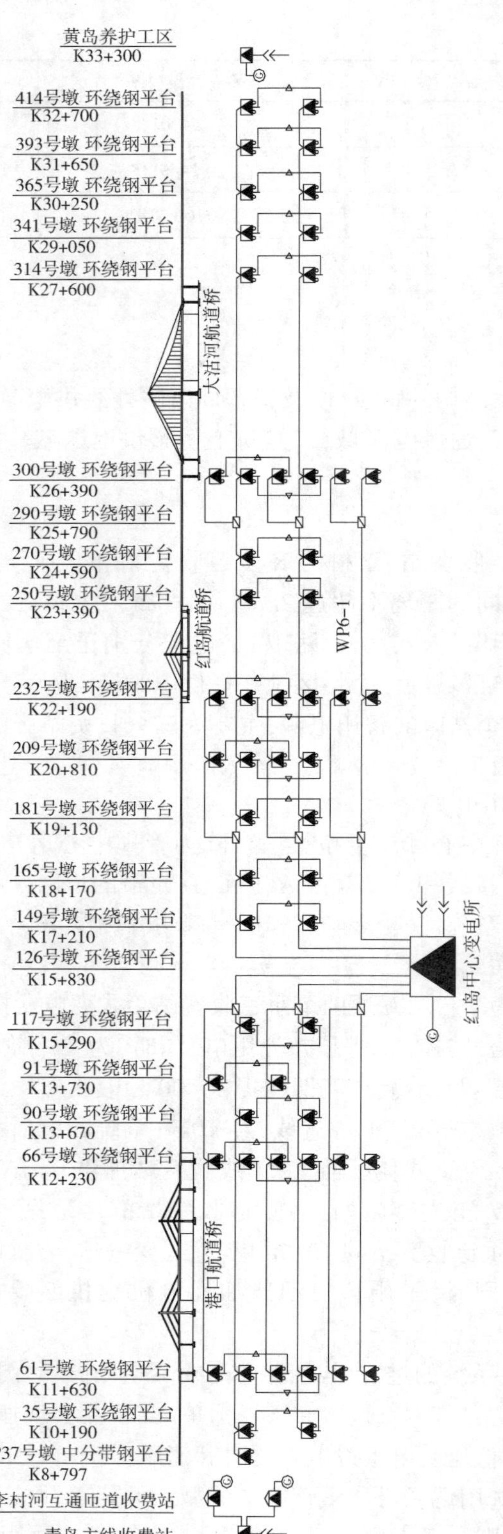

图6.1-1 全线供电系统构成图

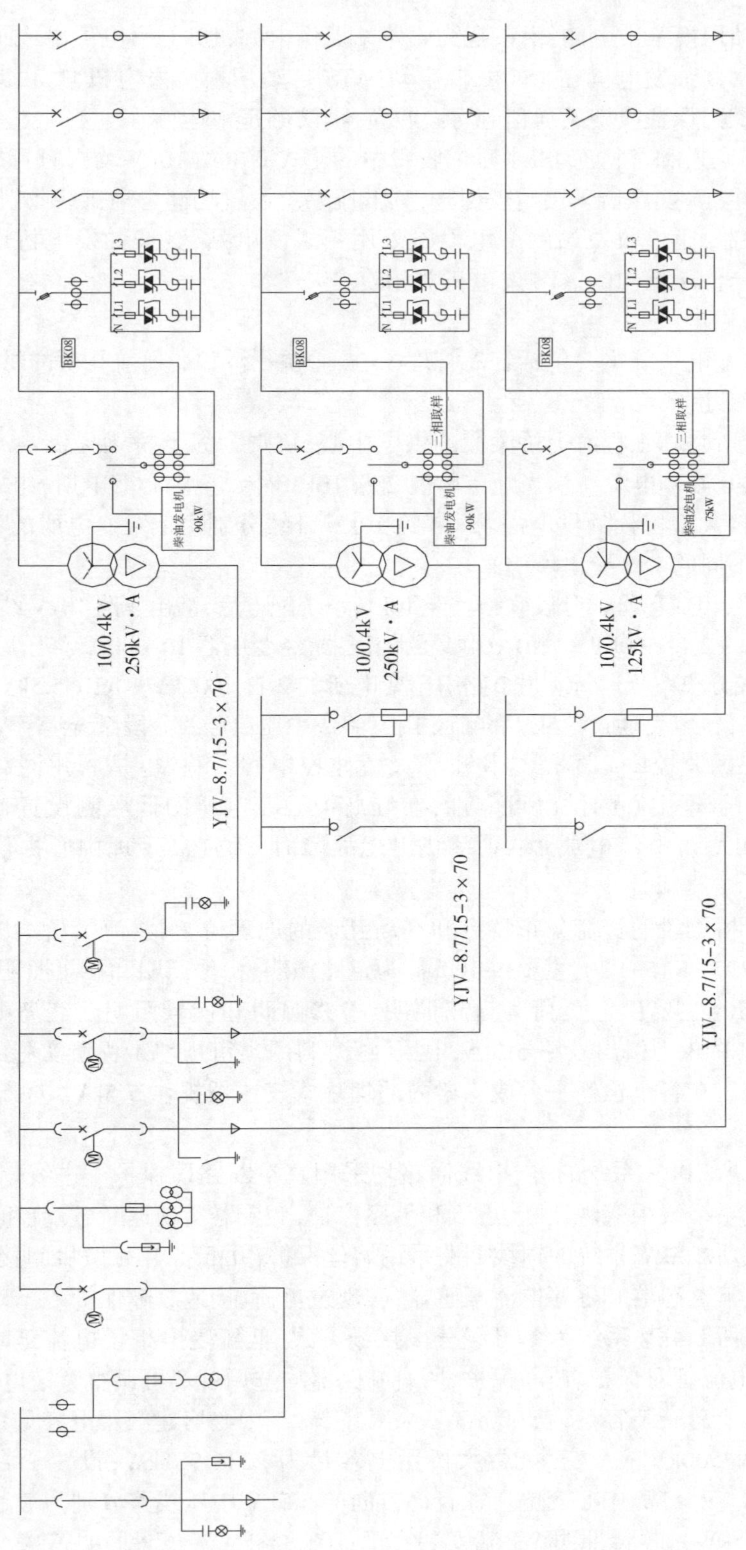

图6.1-2　李村河互通供电系统图

电正常时,ATS 自动切换至市电侧,由市电为收费站提供电源;10kV 市电停电或 10kV 系统、变压器故障检修时,柴油发电机在 15s 内自启动,ATS 自动切换至发电机侧,由柴油发电机为重要负荷提供电源,保证收费站通信、监控、收费、消防的正常运行。

李村河互通 E 匝道和李村河 JSK1 匝道收费站的箱式变电站 10kV 均引自青岛主线收费站变电所 10kV 馈电柜,变压器采用熔丝保护,其低压系统设置均同青岛主线收费站变电所。由于房建区场地限制,匝道收费站的变电设施采用箱式变电站,其柴油发电机设置办公楼内,采用低压电缆与低压柜内的 ATS 发电机侧相连。

3)海上桥梁段供电

海上桥梁段供配电系统主要包括红岛管理中心、通航孔桥和非通航孔桥的供配电系统。

(1)红岛中心变电所

红岛中心变电所是本工程海上桥梁段的供电中心,负责为海上桥梁提供 6kV 电源和为红岛管理中心提供 0.4kV 电源。从当地市网引 2 路 10kV 外线至中心变电所,组成一用一备双电源供电,满足特大型桥梁的供电需求。2 路 10kV 外线分别由上级变电所的不同母线引来,或分别由两个不同的上级变电所引来。

2 路 10kV 线路,组成单母线分段联络。经 10kV 系统配电后,馈出 4 路 10kV 线路。其中 2 路引至中心变电所的 2 台 500kV · A10/0.4kV 的变压器,经变压器 10/0.4kV 降压后,通过低压柜,组成低压单母线分段系统运行。另 2 路引至变电所的 2 台 1000kV · A10/5.5kV 的变压器,经变压器 10/5.5kV 降压后,通过 5.5kV 的 EP13 柜,组成中压单母线分段系统运行。

红岛管理中心的监控中心不仅是胶州湾大桥监控中心,而且也是胶州湾高速公路的监控中心。为增加管理中心的供电可靠性,在红岛中心变电所的低压侧设置自启动柴油发电机,在 2 路 10kV 市电停电或 10kV 系统出现故障时,为红岛管理中心提供必要的应急电源。

根据整个海上桥梁段的负荷分布特点和红岛互通的地理位置,将海上桥梁段分成两段供电,一段为 K8+797 ~ K15+830,主要供电负荷为道路照明、检修照明和夜景照明;另一段为 K15+830 ~ K34+120,主要供电负荷为道路照明、检修照明和夜景照明。红岛中心变电所 5.5kV中压系统经 EP13 柜引出 6 路 5.5kV 中压线路,利用预留预埋工程所实施的管道或桥架,进入大桥,为设置在各个检修平台或箱梁内的埋地式变压器提供 5.5kV 电源,如图 6.1-3 所示。

红岛中心变电所 10kV 系统的进、出线回路均采用真空断路器保护。进线柜实现速断、过流保护、失压保护,馈线柜实现速断、过流和零序保护,变压器实现速断、过流和温度保护。

红岛中心变电所 5.5kV 系统的馈线回路采用熔丝保护,并配备 RPI 微机间接保护器,通过设置单相保护电流互感器和零序电流互感器,实现过负荷、接地故障保护。

红岛中心变电所 0.4kV 系统为单母线分段接线方式,低压受电柜设电流延时和速断保护,低压馈电柜设电流延时保护、速断保护,所有断路器均选用现场可调整整定电流型。

红岛中心变电所总安装容量为 3000kV · A,其中,管理中心房建区用电容量1499.33kW,设置 2 台 10/0.4kV 500kV · A 变压器;大桥用电容量为 2236.981kW,设置 2 台 10/5.5kV 1000kV · A 变压器。从红岛中心变电所往青岛方向的 5.5kV 中压线路分别为道路照明 WP1(安装容量:205.205kW)、检修照明 WP5(安装容量:703.848kW)、夜景照明 WP3(安装容量:

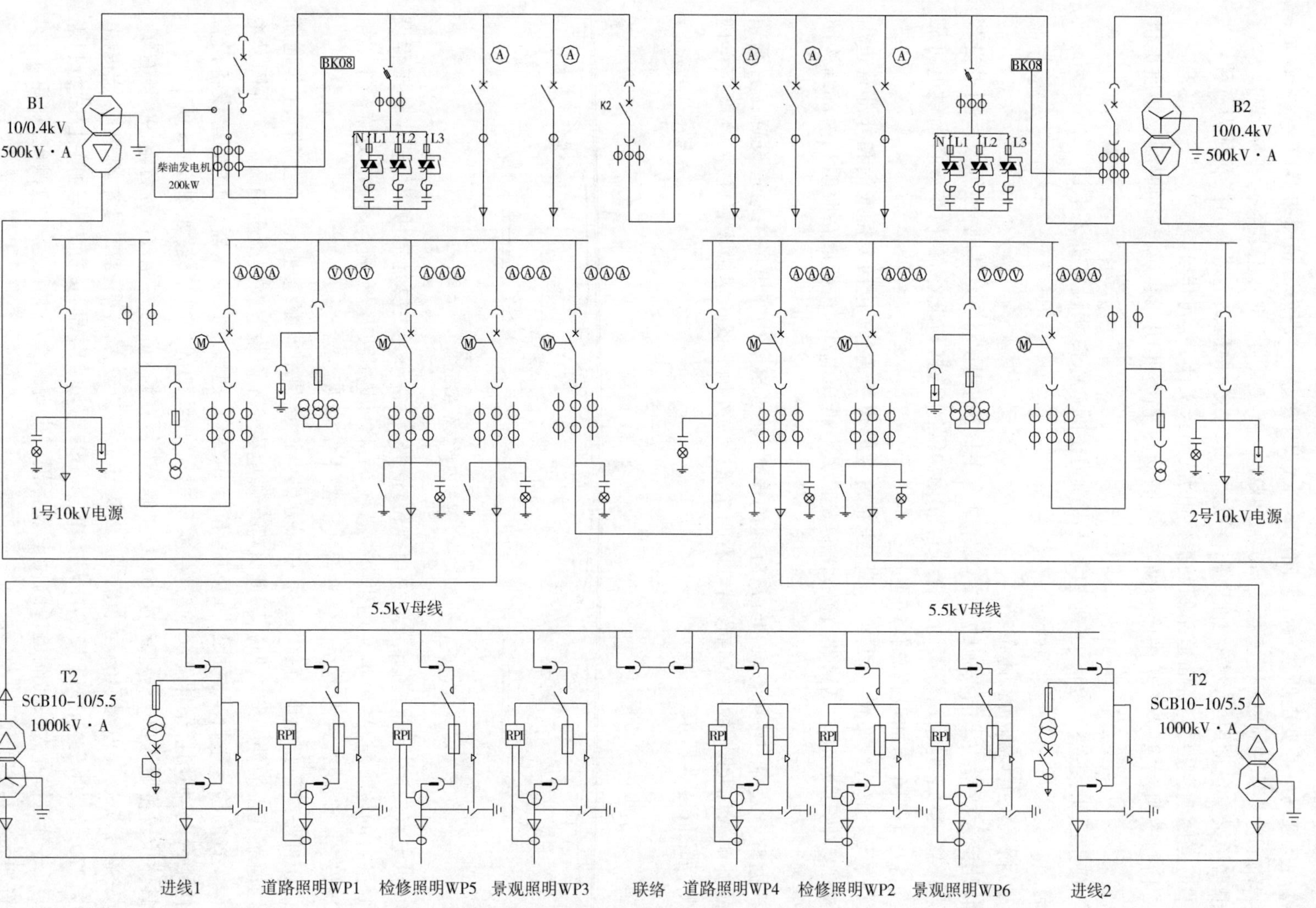

图6.1-3 红岛中心变电所供电系统图

308kW)；从红岛中心变电所往黄岛方向的5.5kV中压线路分别为道路照明WP4(安装容量：361.8kW)、检修照明WP2(安装容量：404.128kW)、夜景照明WP6(安装容量：254kW)。

根据桥梁上各种用电设备的性质和特点，将中5.5kV中压供电线路的控制分为三种：

①道路照明，主要为桥面道路照明提供电源，白天关闭，夜间开启。

②检修照明，主要为箱梁内照明插座、外场设备、航空照明、除湿系统和混凝土防腐提供电源，全天候开启。

③夜景照明，主要为沧口、红岛和大沽河航道桥的夜景照明设施提供电源，白天关闭，夜间开启。

(2)桥梁供电设施的总体布置

胶州湾大桥桥梁供电设施的设置，以“结合主体、利用主体”为基础，根据大桥用电设备的特点，结合桥梁养护，从桥梁内部管线布置、供电点位选择与设备布置、二级负荷供电可靠性和设备接地四个方面进行总体布置。

①桥梁内部管线布置。桥梁内部管线布置主要包括通信(包括大桥通信和外部管道出租)、5.5kV中压线缆(包括道路、检修和夜景照明)、低压电缆(包括道路照明和内部结构照明)。

根据整个大桥的桥梁特点和红岛互通的形式，将5.5kV中压电缆主通道设置在右幅箱梁内的外侧，通信线缆的主通道设置在右幅箱梁内的外侧。低压电缆设置在左、右幅箱梁内的内侧，如图6.1-4所示。

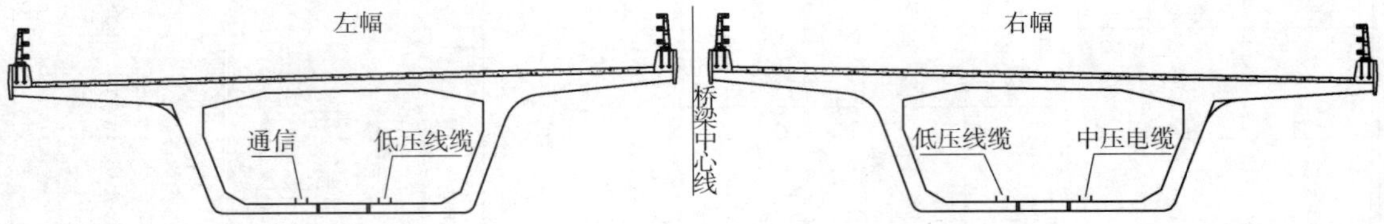

图6.1-4 箱梁内管线布置图

②供电点位选择与设备布置。供电点位选择与设备布置主要是指协调桥梁主体工程设置检修平台的位置与5.5/0.4kV的供电位置统一，将埋地式变压器、配电箱、电力监控控制箱和外场设备控制箱合理布置在检修平台或混凝土箱梁内。

由于伸缩缝下部宽度为60cm，限制部分供电设备利用伸缩缝进出混凝土箱梁(非通航孔桥与通航孔桥的伸缩缝除外)，因此大部分供电设备不能设置在混凝土箱梁内。将桥梁主体工程设置的检修平台，与桥梁供电点的位置相结合，把埋地式变压器、配电箱等设备设置在检修平台上，利用桥梁伸缩缝的宽度，实现中、低压线缆的进出箱梁，如图6.1-5所示。

具体位置桥墩为P37号、35号、61号左幅、61号右幅、66号左幅、66号右幅、90号右幅、91号左幅、117号、149号、165号、181号、209号左幅、209号右幅、232号左幅、232号右幅、250号、270号、290号墩、314号、341号、365号、393号和414号，负责为非通航孔桥、沧口航道桥、红岛航道桥和大沽河航道桥的用电设备提供电源。全桥共设置类似供电点25个，具体设置如表6.1-2所示。

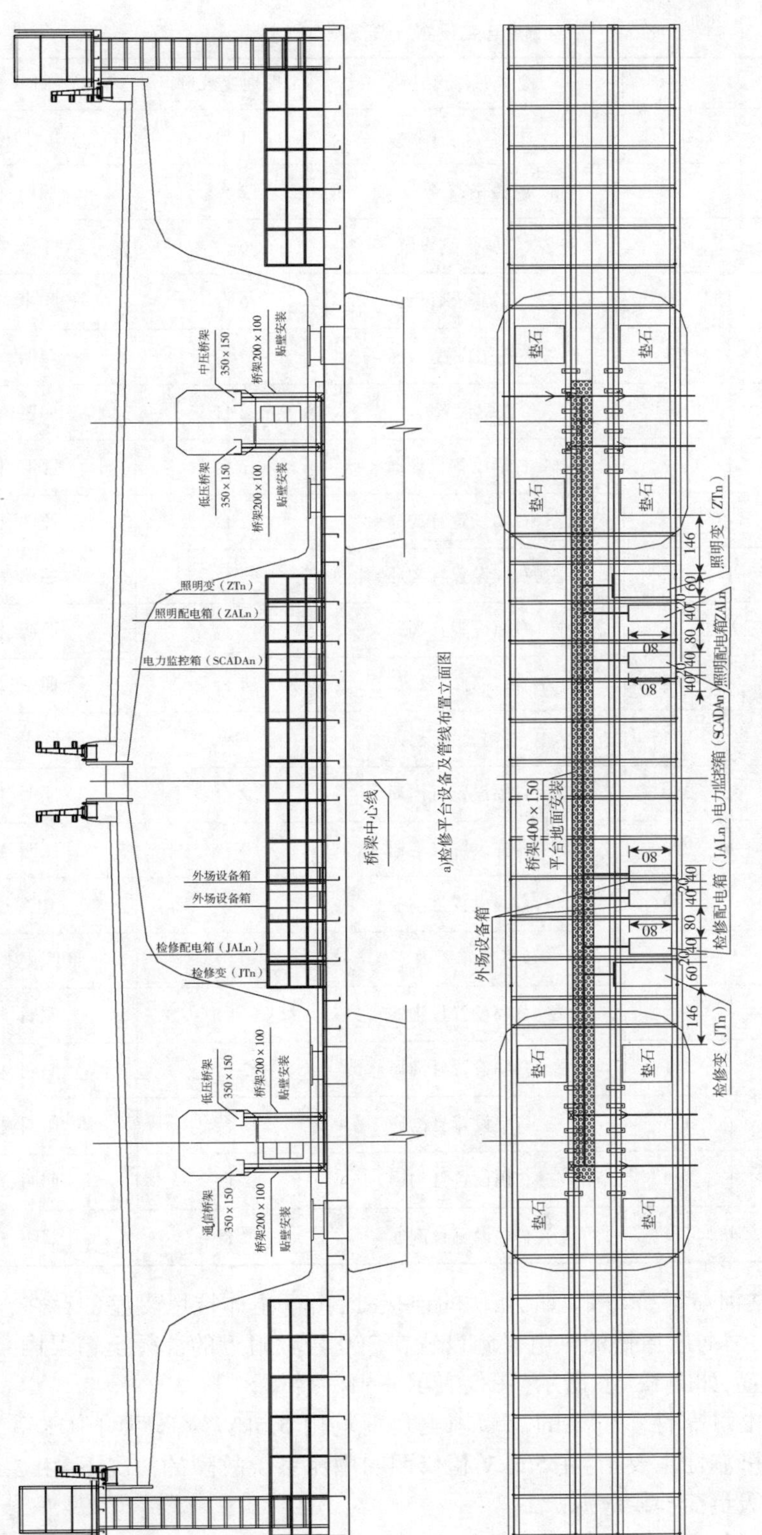

a)检修平台设备及管线布置立面图

b)检修平台设备及管线布置立面图

图6.1-5 供电设备在检修平台上布置图

供电点设置一览表　　表 6.1-2

编号	桩号	墩号	检修平台状况	埋地变数量	用　途
1	K8+797	P37	沟通左、右幅	1 台	照明
2	K10+190	35	沟通左、右幅	2 台	照明、检修
3	K11+630	61	左、右幅分别设置	6 台	照明、检修、夜景
4	K12+230	66	左、右幅分别设置	6 台	照明、检修、夜景
5	K13+670	90	右幅设置	2 台	照明、检修
6	K13+730	91	左幅设置	2 台	照明、检修
7	K15+290	117	左、右幅设置且沟通	2 台	照明、检修
8	K17+210	149	左、右幅设置且沟通	2 台	照明、检修
9	K18+170	165	左、右幅设置且沟通	2 台	照明、检修
10	K19+130	181	左、右幅设置且沟通	2 台	照明、检修
11	K20+810	209	左、右幅分别设置	4 台	照明、检修
12	K22+190	232	左、右幅分别设置	6 台	照明、检修、夜景
13	K23+390	250	左、右幅设置且沟通	2 台	照明、检修
14	K24+590	270	左、右幅设置且沟通	2 台	照明、检修
15	K25+790	290	左、右幅设置且沟通		电缆过渡
16	K26+390	300	放置在箱梁内	6 台	照明、检修、夜景
17	K27+600	314	左、右幅设置且沟通	2 台	照明、检修
18	K29+050	341	左、右幅设置且沟通	2 台	照明、检修
19	K30+250	365	左、右幅设置且沟通	2 台	照明、检修
20	K31+650	393	左、右幅设置且沟通	2 台	照明、检修
21	K32+700	414	左、右幅设置且沟通	2 台	照明、检修

300 号墩是大沽河航道桥与非通航孔桥的连接处，由于主体抗风支座的存在，不能设置检修平台，因此将大沽河航道桥的供电设施设置在 300 号墩附近的混凝土箱梁内。同时，该处供电点为分幅设置，如图 6.1-6 所示（图仅表示一幅桥梁）。

③二级负荷用电可靠性。桥梁的二级用电负荷均由 5.5kV 检修照明中压系统提供电源。二级负荷供电可靠性主要指：在 5.5kV 检修照明中压系统故障的情况下，由 5.5kV 道路照明中压系统为二级负荷提供电源。

本工程桥梁二级负荷主要包括钢箱梁除湿、航道桥主塔航空障碍灯、综合电力监控、通

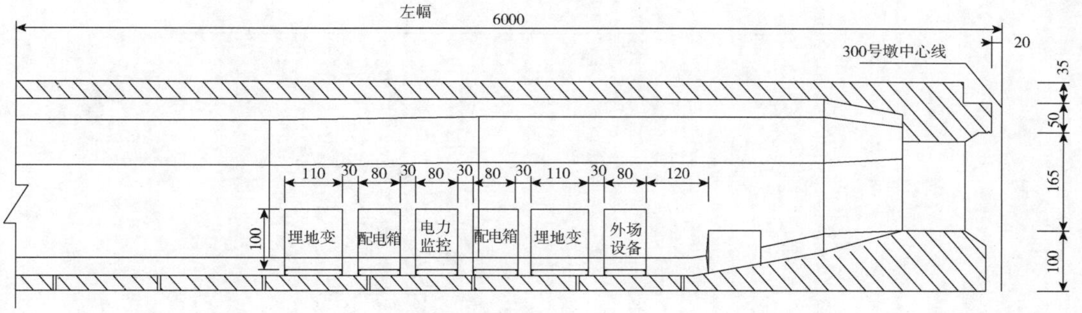

a)设备及管线布置立面图

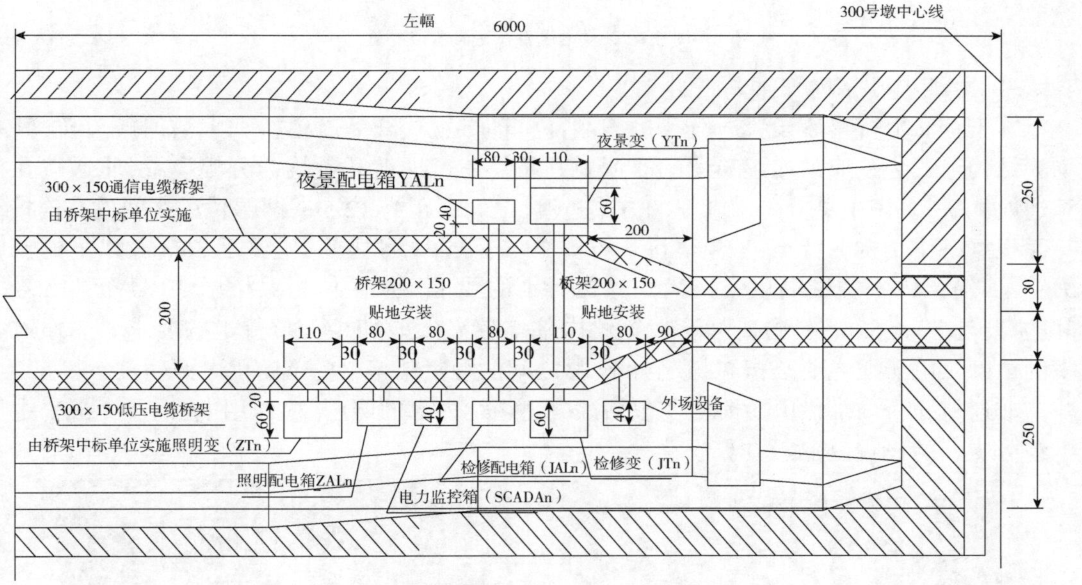

b)设备及管线布置平面图

图 6.1-6 供电设备在箱梁内布置图

航孔桥结构安全监测和混防腐,以及箱梁内部结构检修照明等。在每个供电点均设置道路照明和检修照明 2 套变配电设备(P37 号墩供电点除外),包括埋地式变压器和配电箱。道路照明 0.4kV 侧采用单母线运行,并为检修照明提供备用电源。当给检修照明提供备用电源时,不切除道路照明。对于检修照明 0.4kV 侧采用双电源通过 ATS 切换供电,平时由检修照明变压器低压侧供电,检修照明线路及变压器故障时由道路照明变压器低压侧供电,如图 6.1-7 所示。

④设备接地。设备接地主要是指依据防雷接地系统设置的接地点,将电气设备的外壳或变压器的中心点采用电缆连接的方式,进行设备接地,接地电阻不大于 1Ω。

设备的接地均利用设备平台墩顶或混凝土箱梁内的预埋接地板进行接地连接,预埋接地板间以及变压器与预埋接地板间采用线径 300mm 的接地铜导线连接,其他设备、桥架、基础平台与预埋接地板间采用线径 $25mm^2$ 的接地铜导线连接。

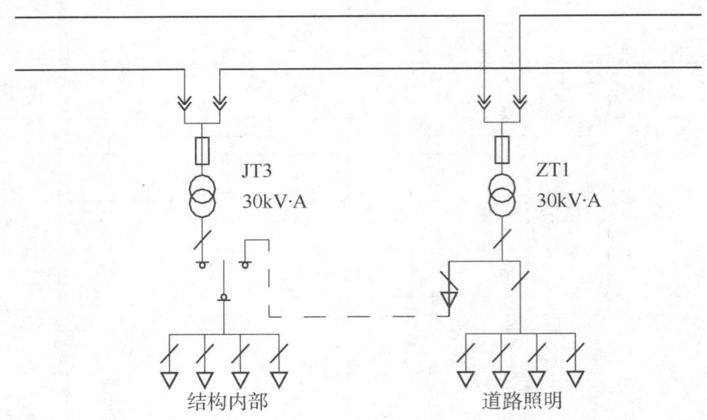

图 6.1-7 供电设备在箱梁内布置图

(3)非通航孔桥内部供电照明

本工程海上桥梁段设置通航孔桥三座:沧口航道桥、红岛航道桥和大沽河航道桥,其余均为结构形式为预应力连续箱梁的非通航孔桥。三座通航孔桥均为分幅设置,非通航孔桥至通航孔桥,采用中央分隔带渐宽的方式过渡,最大间距为12.5m,两幅桥梁之间没有连接。

根据桥梁结构的特点,从主体桥梁桥墩P37号至39号之间,主要是30m及以下的预应力箱梁,箱梁内部空腔高度不能满足人员行走的要求。从主体桥梁桥墩39号至442号之间,主要是50m、60m的预应力箱梁,箱梁内部空腔高度能满足人员行走的要求。非通航孔桥的内部供电照明主要是指39号至442号之间的混凝土箱梁内部的供电照明。

非通航孔桥内部供电照明主要包括混凝土箱梁内部的照明、检修用电,以及5.5kV中压电缆分支箱的设置(图6.1-8)。

图 6.1-8 箱内照明和检查用电设置

①5.5kV中压电缆的分支。为解决分幅非通航孔桥的供电,采用不同于其他桥梁的方法(设置一处供电点,同时为左、右幅桥梁供电),在左、右幅桥梁均设置10/5.5kV供电点,对两幅桥梁分别供电。5.5kV电缆分支箱设置在检修平台附近的右幅混凝土箱梁内,利用连同左、右幅箱梁的检修平台,将5.5kV电缆分支箱分支出来的5.5kV电缆(包含:道路照明、检修照明和夜景照明中压电缆),从右幅过渡至左幅,并敷设至相应的埋地式变压器,达到两幅同时中压供电的目的。全桥共设置3处5.5kV中压电缆分支点。

②混凝土箱梁内部照明。50m箱梁内设置5盏荧光灯,60m箱梁内设置7盏荧光灯,功率为36W,为箱梁内的检修和管线敷设提供工作照明。在每节箱梁的两端均设置照明开关,

并实现双联，便于进出箱梁时，开启或关闭照明。荧光灯的防护等级为 IP66，防止大桥运营时，桥梁震动损坏灯具，减小运营成本。

③混凝土箱梁内部检修。在每节箱梁的一端设置组合插座装置，配备单相和三相工业插座，为箱梁预应力索的检修和电气设备的更换提供必要的电力。组合插座装置的防护等级为 IP44。

(4)通航孔桥内部供电照明

①沧口航道桥内部供电照明。沧口航道桥是青岛至黄岛方向的第一座航道桥，跨径为 600m，为双塔斜拉桥，塔高 110m。沧口航道桥是两幅分离的桥梁，其供电系统按左、右幅分开设置，在 61 号和 66 号桥墩处的检修平台上均设置供电点，如图 6.1-9 所示。

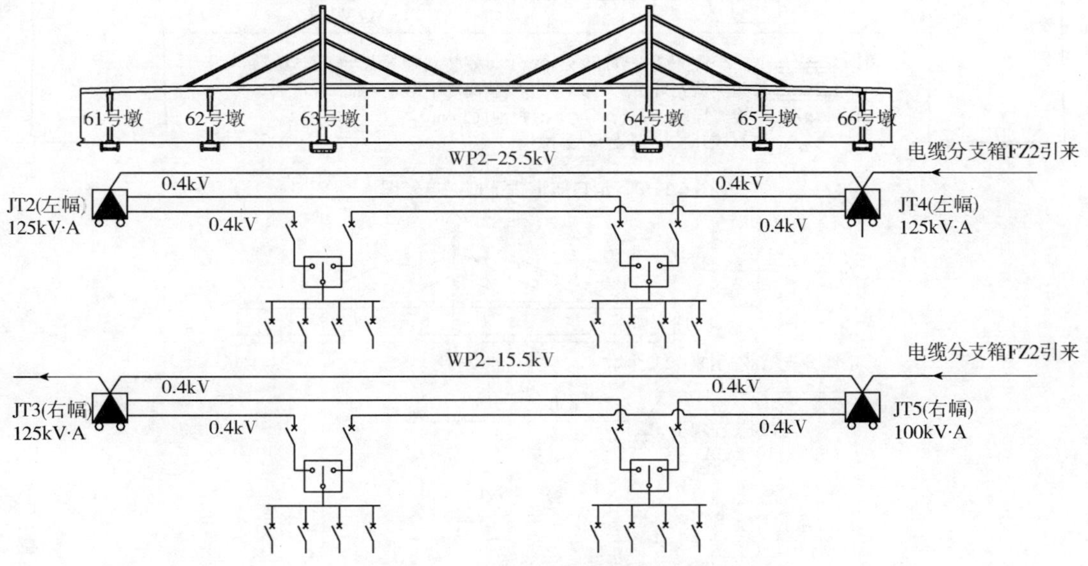

图 6.1-9　沧口航道桥内部结构供电系统结构图

钢箱梁除湿机的供电以合龙梁段中段为界分为两段，由埋地式变压器 JT2、JT3 和 JI4、JT5 分别供电。钢箱梁内的检修照明和检修插座电源由埋地式变压器 JT2、JT3 提供。

根据沧口航道桥主塔高度和《民用机场飞行区技术标准(MH 5100—2000)》《国际标准和建设措施机场》《航空障碍灯(MH/T 6012—1999)》的相关规定，塔身的中部和顶部均设置航空障碍灯，其中在塔身中部为红色闪光中光强障碍灯，顶部为白色闪光中光强障碍灯，沧口航道桥共设置 16 套。航空障碍灯的 UPS 和控制箱设置在下横梁内。为营运过程中的维护方便性，在主塔下横梁内设置了功能性照明灯具和检修插座，如图 6.1-10 所示。

②红岛航道桥内部供电照明。红岛航道桥是青岛至黄岛方向的第二座航道桥，跨径为 240m，为单塔斜拉桥，塔高 75m。沧口航道桥是两幅分离的桥梁，其供电系统按左、右幅分开设置，在 232 号桥墩处的检修平台上均设置供电点，如图 6.1-11 所示。

钢箱梁除湿机、钢箱梁检修照明和检修插座电源均由埋地式变压器 JT14 和 JT15 提供 0.4kV电源。

根据红航道桥主塔高度和《民用机场飞行区技术标准(MH 5100—2000)》《国际标准和建设措施机场》《航空障碍灯(MH/T 6012—1999)》的相关规定，塔身的中部和顶部均设置航空障碍灯,其中在塔身中部为红色闪光中光强障碍灯,顶部为白色闪光中光强障碍灯,共设置8套。

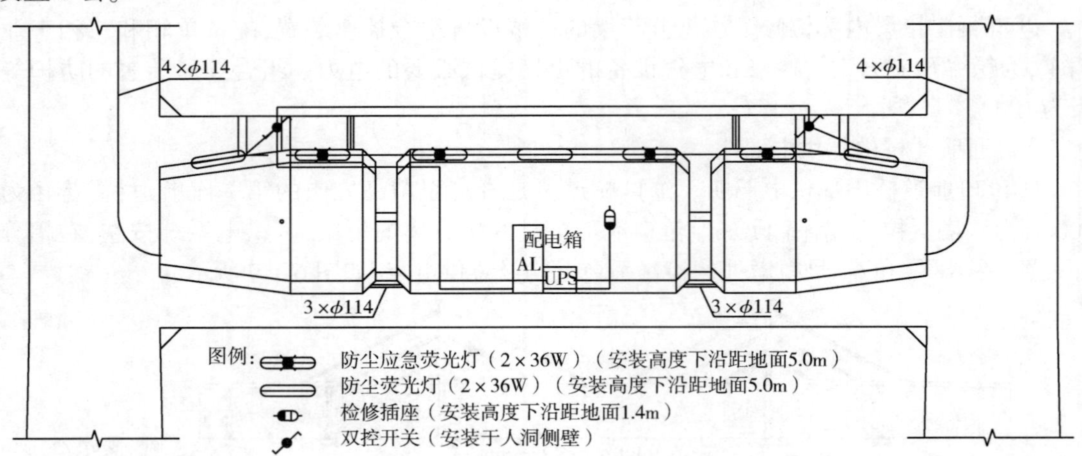

图 6.1-10 沧口航道桥下横梁电气图

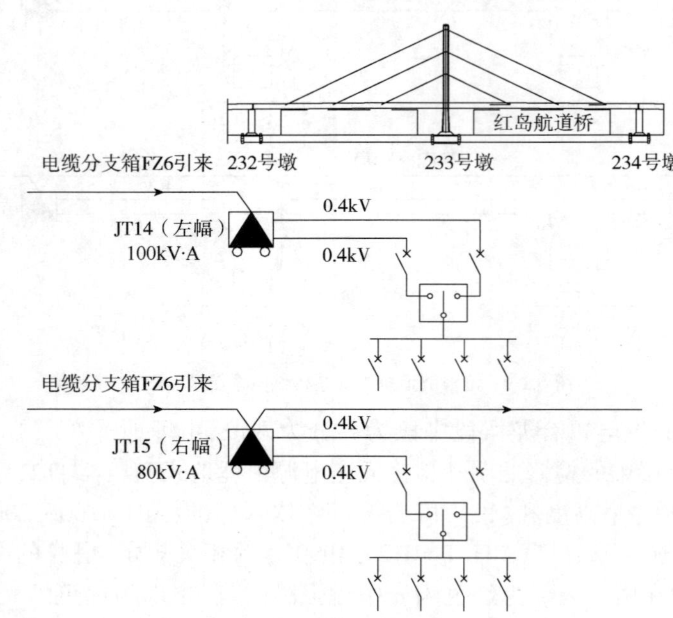

图 6.1-11 红岛航道桥内部结构供电系统结构图

为营运过程中的维护方便性,在主塔下横梁内设置了功能性照明灯具和检修插座。其形式与沧口航道桥类似。

③大沽河航道桥内部供电照明。大沽河航道桥是青岛至黄岛方向的第三座航道桥,跨径为610m,为独塔悬索桥,塔高158m。大沽河是两幅分离的桥梁,其供电系统按左、右幅分开设置,在300号桥墩处的混凝土箱梁内均设置供电点,如图6.1-12所示。

钢箱梁除湿机、钢箱梁检修照明和检修插座电源均由埋地式变压器JT18和JT19提供0.4kV电源。

根据红航道桥主塔高度和《民用机场飞行区技术标准(MH 51002000)》《国际标准和建

设措施机场》《航空障碍灯(MH/T 6012—1999)》的相关规定,在大沽河航道桥塔身的中部和顶部均设置航空障碍灯,均为白色闪光中光强障碍灯,共设置2套。其电源由设置在右幅钢箱梁内的电源箱提供。

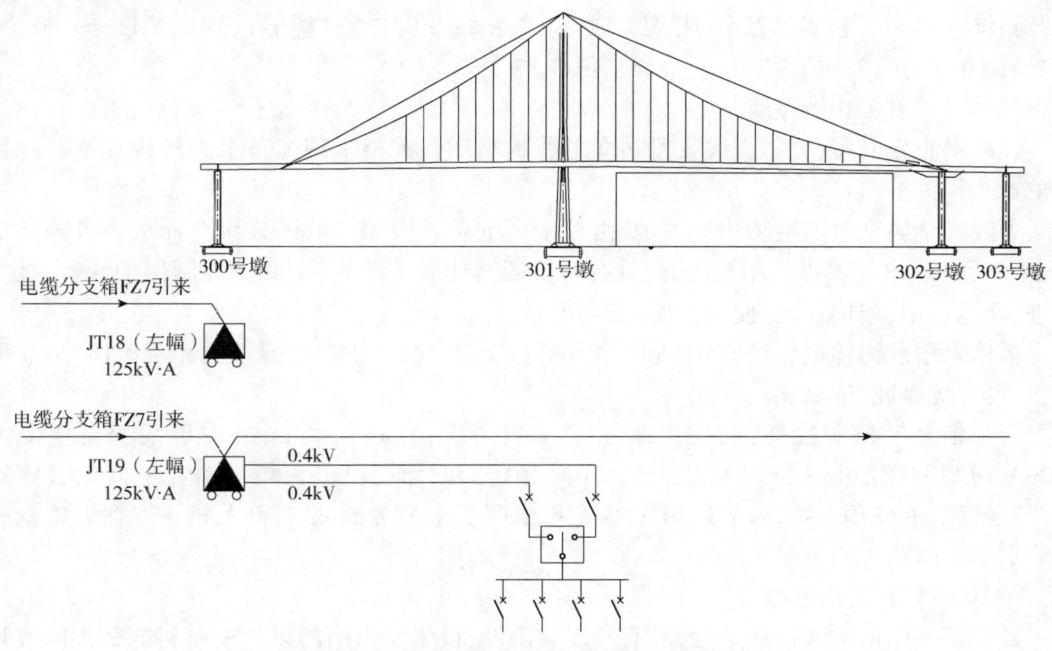

图 6.1-12 大沽河航道桥内部结构供电系统结构图

(5)防雷与接地

胶州湾大桥处在胶州湾开阔海面,通航孔桥的最高主塔高达158m,桥梁约长25km,三个通航孔桥的主塔、拉索或主缆引雷受雷概率极高,本工程对大桥有专门防雷接地措施。

①接地方式:所有变压器的中心点直接接地,外壳保护接地、防雷接地,通信接地等均需设专线,可靠地连接到桥墩墩顶、下横梁和混凝土箱梁内的接地母排上,组成共同接地方式。

②共接地板:在桥墩墩顶、下横梁和混凝土箱梁内预留镀锌钢板,镀锌钢板与桥梁内的主筋可靠焊接,作为防雷、变压器、供配电、桥架、通信、弱电等的共用接地板。接地电阻$<1\Omega$。

③TN-S接地系统与漏电保护:检修平台和护栏为钢结构导电体,一旦发生触电伤害事故无人知晓,又难以呼叫与抢救,安全用电特别重要。本设计采用TN-S保护接地方式,变压器零线与保护接地分开,除电梯、除湿机、航空障碍灯等专用重要设备外,在每个用电回路均设置故障接地保护,缩小因接地而引起的停电范围或事故,又可在近距离合上开关恢复送电。

6.1.4 设备选型

在供配电设备采购过程中,按照技术先进、安全可靠、经济实用的原则,对不同区域、范围内的设备进行合理选型,达到保障安全、供电可靠、经济合理、技术先进的要求。

(1)增加直流电源

对于红岛中心变电所、青岛主线收费站变电所两座主变电站,为提高开关柜操作电源的可靠性，由原 UPS 提供电源改为增加双回路备份 20A·h 直流屏提供（DC110V），保证了变电站内电气设备操作的可靠安全。

直流屏采用进口防雷模块，微机自动控制，提供 RS485 监控通信接口，直流输出配置绝缘检测仪 JYM-1。技术参数分别达到纹波系数：≤±0.03%（典型值）；稳压精度：≤±0.5%（典型值 0.1%）；稳流精度：≤±1%（典型值 0.5%）。

（2）10kV 开关柜选型

红岛中心变电所、青岛主线收费站变电所的高压开关柜采用配备永磁机构真空断路器的中置式开关柜。

中置式金属全封闭铠装式开关柜，由若干标准单元以模块的形式组合而成。各隔离室（若干单元）通过金属隔板相互隔离，具有防止误操作联锁装置，配套的控制保护元件，技术先进、性能稳定、结构合理、使用方便、安全可靠。

柜体采用敷铝锌钢板经 CNC 机床多重折边工艺加工而成，经折弯拉伸铆栓连接，表面喷塑，具有抗腐蚀、抗氧化的性能。

开关柜电气技术性能，额定绝缘水平工频耐压（1min）达 42kV；主母线额定电流为 1600A；分母线额定电流分别为 1250A、630A；额定短时耐受电流为 4s 25kA 31.5kA；额定短路开断电流（有效值）为 25kA 31.5kA；额定峰值耐受电流为 50kA。开关机械寿命和电气寿命分别为 30000 次和 10000 次。

（3）0.4kV 开关柜选型

开关柜采用框架式抽屉结构，具有高度灵活性，设备所采用的设计和材料能最大限度地防止故障电弧的发生，磁场均匀，不产生尖端放电。一旦发生故障电弧，能在短时间内熄灭。

根据结构分为装置小室、母线小室和电缆小室。配电主母线布置在开关柜背部。电缆小室可分为上、下进出线，设于柜体左侧，柜体采用敷铝锌板，外壳电漆壳灰色是有抗腐蚀、抗氧化的性能。

开关柜电气参数符合国家标准要求，额定工作电压为 400V/690V；额定脉冲耐受电压为 8kV；主母线额定电流为 3200A；配电母线额定电流为 2000A；额定峰值耐受电流为 100kA；额定短时耐受电流为 65kA；外壳防护等级为 IP4X。

框架式空气断路器及系统为标准型抽出式结构，设有固定安装带分离触头的框架。框架断路器配有微处理器电子脱扣器、电操机构、辅助触点与报警触点、锁及钥匙等。电动操作开关具有就地与远方遥控切换装置。

塑壳空气断路器配电子脱扣器。

（4）变压器选型

为提高设备的绝缘能力，适应交通工程及沿线设施需要，全桥变压器的型号进行了统一，采用 H 级绝缘等级干式变压器。采用自然风冷，不锈钢防护外壳。室内变压器和户外箱变外壳底座均为整体式，配备开门自动报警、负荷断电装置和温控设备。温控设备附通信接口、超温跳闸和警报信号装置，可直接与电力监控系统连接。

（5）5.5kV 开关柜

5.5kV 开关柜选用进口 EP13 中压开关柜，充分考虑了长距离大范围气体放电灯照明供配电线路的特点。EP13 开关柜具有控制和保护一体化，能适应高频率操作（每年可以超过

2000次),操作寿命达到30万次。可手动控制,也可自动控制,数字式保护整定值可现场调整,并具有故障记忆与显示功能。

开关柜由三个独立单元组成,每个单元相当于一组完整的开关柜,体积小、结构紧凑,每个供电单元均配有过流保护、接地故障保护以及短路保护,是全绝缘、全封闭结构。

(6)埋地式变压器

道路照明、检修照明和夜景照明配电用小容量埋地式变压器,采用环氧树脂外壳全密封式变压器,具有以下特点:中压保护采用一体化熔断器、低压侧保护采用热电式微型断路器,变压器由埋置在其内部的热敏元件作过载保护;中压电缆插入式终端能防渗水,且安装与维护简便;使用防渗水耐腐蚀耐高温(可达750℃)的环氧树脂外壳极其坚固耐用,防护等级达IP68;特殊设计的中压配电网络密封连接插头方式使得系统安全、灵活,扩展容易;变压绕组联接组别采用Y、Zn11连接,从而具有更高耐雷水平。

6.1.5 管道敷设工程

青岛主线收费站、红岛管理中心和养护工区的变电所10kV外线采用就近供电,李村河互通的两个匝道收费站箱式变电站的10kV外线由青岛主线收费站变电所提供,海上桥梁段的5.5kV埋地式变压器的电源由红岛中心变电所提供。

(1)李村河互通供电区域电力管道的敷设

青岛主线收费站的房建区与收费广场(收费广场设置在桥上)存在不同高程,收费广场离地面约12m,桥下为水面。李村河两个匝道收费站的2根10kV电缆和收费广场的0.4kV电缆通过房建区预埋的管道进入连廊后,沿交通工程预留预埋工程设置在连廊顶部金属桥架敷设至桥梁中央分隔带底部,0.4kV电缆进入桥梁底部设置的金属桥架,利用在箱梁和护栏内的预埋管道进入收费亭和桥梁护栏,为收费站的收费用电和收费大棚照明提供0.4kV电源;10kV电缆利用在中央分隔带设置的玻璃钢管箱,敷设至4号桥墩,并沿4号桥墩下桥后,1根10kV电缆沿路基段的预埋管道进入E匝道收费站区,另1根10kV电缆沿路基段的预埋管道进入JSK1匝道收费站区。10kV电缆与0.4kV电缆合并设置在金属桥梁内,本工程涉及的弱电电缆桥架另外设置。连廊顶部的强电桥架规格为600×100(单位:mm),弱电桥架规格为300×100(单位:mm),材质为铝合金。

该区域内室外电力管线敷设主要分为两种形式:穿管和桥架、管箱敷设。电力管线穿管敷设主要表现在房建区和互通路基段;电力管线在桥架、管箱内敷设主要表现在连廊、桥梁护栏外侧、中央分隔带。

(2)红岛管理中心供电区域电力管道的敷设

红岛管理中心变电所为海上桥梁段的供电中心,6根5.5kV中压电缆通过房建区预埋的管道进入红岛连接线的路基段,沿交通工程预留预埋工程设置在路肩的管道,斜穿道路进入红岛连接线右幅箱梁的强电金属桥架,桥架规格为350×150(单位:mm),桥架为热浸锌钢板制成。

(3)桥梁结构内部桥架的敷设

①总体布置:每幅混凝土箱梁内设置的2条桥架采用为热浸锌钢制桥架,不加盖板,分别设置在箱梁的两侧。每幅钢箱梁内设置2条纵向热浸锌钢制桥架,不加盖板,纵向桥梁设

置在桥梁主体工程预留的空间内;在每到横隔板的人洞上方设置带盖板的热浸锌钢制桥架,用于内部线缆敷设。

②桥架产品质量要求:所有电缆桥架、弯通、附件的制作均严格遵照(CECS31:91)《钢制电缆桥架工程设计规范》的标准与规定,主要技术指标按规范要求试验鉴定、确保质量。

③特殊要求:所有钢制桥架衔接、紧固必须牢固。固定用螺栓、螺帽需配齐垫片及弹簧圈,不得松脱。每段桥架及分支之间均需采用300×150mm编织铜线可靠连接,构成可靠的电气通道。桥架直线段每隔50m,应预留伸缩缝30mm。

(4)电缆敷设

电缆敷设严格执行《电气装置安装工程电缆线路施工及验收规范》(GB 50168—1992)条款,对钢箱梁的电缆敷设注意下列事项:

①孔洞密封:电缆进入主塔与横梁的孔洞,需用密封装置密封,切实做好密封防水措施。

②防火阻燃:电缆一律采用防火阻燃、防毒气型,分支接头采用分线盒,接头可靠。

③用接头:电缆进入配电箱、接线盒、分线盒均需采用专用接头,紧密牢固、防震、防水、防松脱。

④缆终端头与电缆接头:电缆终端和接头均需严格按《电气装置安装工程电缆线路施工及验收规范》(GB 50168—1992)施工,特别注意防止振动、松脱、打火现象。

⑤电缆编号:所有干线、支线电缆、控制电缆均需在起始端、进入设备处挂上电缆编号牌,长距离敷设的电缆间隔20m,并在转弯,交叉处挂电缆编号牌。号牌名称按设计图线路代号标注。

⑥电缆捆扎:电缆必须按固定距离,采用尼龙扎带按规定整齐地捆扎在电缆桥架上,无缠绕、绞辫现象,并留有松弛部分,防止温度变化胀缩使电缆受到损伤。

6.2 道路照明

6.2.1 概况

胶州湾大桥防撞护栏为钢护栏,采用的三道防撞护栏横梁距路面高度分别为1.4m、10.6m、0.72m,横梁高度为0.1m。

根据本工程功能定位的要求和防撞护栏的形式、高度,以及在红岛连接线实施的LED护栏灯试验结果,胶州湾大桥全线采用LED护栏灯替代传统的低杆灯对桥面进行功能性照明,包括道路主线和匝道,以及红岛连接线等。

胶州湾大桥的道路照明主要由照明和供电系统两部分组成,包含光源、灯具、低压电缆、照明控制器等设备。道路照明与供配电、综合电力监控等工程相互联系、密不可分。供配电系统负责为道路照明提供0.4kV电源(以道路照明配电箱出线断路器为界),道路照明负责0.4kV道路照明电缆和控制电缆的敷设和LED护栏灯的安装,并通过道路照明控制器,将全线LED护栏灯的开启或关闭,以及LED灯的调光控制交予综合电力监控系统进行远程、集中控制。

6.2.2 照明系统

照明系统主要由照明参数、照明设置、灯具要求等组成。

1)照明参数

根据胶州湾大桥的功能定位,其道路照明的标准参考《城市道路照明设计标准》(CJJ 45)中城市主干道;同时,本工程采用LED护栏灯,能实现一定的节能效果,其功率密度低于高压钠灯,具体参数如表6.2-1所示。

照明参数表　　表6.2-1

平均照度	≥20lx	眩光限制阈值增量	≤10
平均亮度	≥1.5cd/m^2	环境比	≥0.5
亮度总均匀度	≥0.4	主线照明功率密度	≤0.6W/m^2
亮度纵向均匀度	≥0.7	匝道照明功率密度	≤0.75W/m^2
照度总均匀度	≥0.4		

2)照明设置

为确保LED护栏灯不影响防撞护栏的结构安全,同时考虑桥梁整体的美观性,LED护栏灯安装在防撞护栏上横梁的下方,护栏灯不突出横梁,如图6.2-1所示。

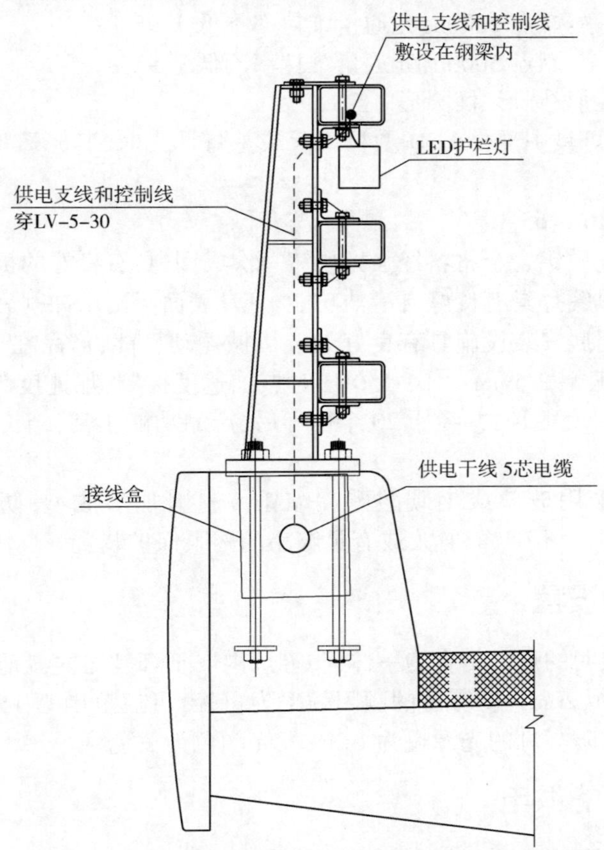

图6.2-1　非通航孔桥外侧护栏LED护栏灯安装示意图

每幅桥梁的内侧和外侧均设置防撞护栏,LED 护栏灯也随防撞护栏而设置。防撞护栏的立柱间距为 2m,LED 护栏灯均设置在立柱对应的上横梁下方。本工程的道路照明设置如下:

(1)主线:双侧对称布置 LED 护栏灯,灯具安装在护栏立柱上、顶部横梁下方,理论杆距 2m;采用不超过 10W 的 LED 护栏灯。

(2)匝道:双侧对称布置 LED 护栏灯,灯具安装在护栏立柱上、顶部横梁下方,理论杆距 2m;采用不超过 8W 的 LED 护栏灯。

(3)雾灯:双侧对称布置,光源为黄色 LED 灯,理论间距为 20m;雾灯与 LED 护栏灯合为一体,嵌于护栏灯内,功率为 1W。

3)LED 护栏灯整体要求

(1)Ⅰ类灯具或Ⅱ类灯具。

(2)防护等级:不低于 IP65。

(3)输入电压:AC220V 50Hz。

(4)维护系数:0.75。

(5)功率因数:≥0.9。

(6)寿命:≥30000h(光通量低于初装时的 70%视为使用寿命结束)。

(7)色温:4500K~5000K。

(8)光通量维持率:燃点 2000h,光通量维持率不低于 98%;
燃点 5000h,光通量维持率不低于 97%。

(9)光斑形状:矩形/圆形/椭圆形。

(10)配光特性:灯具中部分 LED 颗粒熄灭或整灯调光时,其光斑形状和路面照度均匀度不应发生明显变化。

(11)显色指数:Ra≥65。

(12)灯具采用优质铝合金材料经强力压铸一次成型,具有良好的抗氧化、抗腐蚀能力。

(13)灯具的散热鳍片具有良好自清洁功能,灯具表面经雨水冲刷后不藏灰尘。

(14)灯具及其附属安装设施具有良好的抗机械振动性能,产品在通电情况下,在 2Hz-9Hz 时按振幅控制,振幅 3.5mm;9Hz-150Hz 时按加速度控制,加速度为 $10m/s^2$,2Hz-9Hz-150Hz-9Hz-2Hz 为一个循环,共经历 20 个循环后,产品功能正常,结构不受影响,零部件无松动。

(15)透光灯罩采用玻璃或聚碳酸酯(PMMA)材料加工成型,防尘,防静电,透光率≥90%,灯罩破碎后小片不带锋利边,或有足够小的网眼保护装置。

6.2.3 防雾灯的设置

防雾灯和功能照明的灯具结合为一体,防雾灯内嵌于灯具之内,带防雾灯和不带防雾灯的产品外观一致,间距 20m。防雾灯的频闪频率为可控,可控范围为 15~60 次/min,照射方向与行车方向相反。防雾灯的光源也为 LED,发光颜色为黄色。

6.2.4 照明设施的供电

胶州湾大桥道路照明设施的供电分为两部分:一是红岛连接线的 LED 护栏灯由红岛中

心变电所的低压系统提供0.4kV电源,配电箱设置在红岛连接线的路肩,桩号为K0+160;二是除红岛连接线外,其余的LED灯均由海上桥梁供电点上的道路照明变配电设备提供0.4kV电源,具体情况见海上桥梁段供电系统。

在每个照明配电箱内,除设置相应的设备保护设施外,还设置交流接触器,用于道路照明的开启或关闭。道路照明低压电缆从各个供电点的道路照明配电箱开始敷设,沿交通工程预留预埋工程实施的管道进入护栏底座,敷设至LED护栏灯。

6.2.5 照明设施的控制

本工程采用LED护栏灯照明,不同于高压钠灯(低杆灯),利用综合电力监控系统,道路照明的控制紧密结合LED灯的特点和优势。根据大桥上车流量的大小,分级调节LED护栏灯的亮度,在不降低均匀度的前提下,达到节能目的,节约运营成本。

道路照明控制纳入综合电力监控系统,通过设置在各个供电点的照明控制器,实现三点功能:

(1)LED护栏灯的开或关。

(2)根据车流量的大小,分级调节LED护栏灯的亮度。

(3)在恶劣天气情况下,开启防雾灯,并实现防雾灯闪烁频率的调节。

6.3 收费广场照明

6.3.1 收费广场照明设置

胶州湾大桥收费广场照明主要包括青岛主线收费站、李村河互通E匝道收费站、李村河互通JSK1匝道收费站和红岛南收费站的收费广场照明。收费广场照明采用15m中杆灯和11m低杆杆,具体设置情况如下:

(1)青岛主线收费站:4×400W中杆灯与250W低杆灯混合使用,中杆灯间距为70m,低杆灯间距为32m,两侧对称布置。

(2)李村河匝道收费站:4×400W中杆灯,理论间距为70m,单侧对称布置。

(3)红岛互通收费站:4×400W中杆灯,理论间距为70m,两侧对称布置。

6.3.2 光源

光源采用高效、节能、长寿命的高压钠灯,色温2100K,在额定电压和频率下,点燃100h后(包括电路损失)应有不低于110lm/W的光效,光衰至73%时工作寿命为24000h。光源应在开启后5min之内达到最大光通量的85%,当电压下降1%时,光通量减弱应小于3%。其他技术要求和工程设计文件一致。

光源光通量如下:

250W高压钠灯为33000lm,400W高压钠灯为55000lm。

6.3.3 光源

采用高效优质成套泛光照明灯具,发光功率110lm/W,寿命>24000h。灯具照射角可有多种选择,方便调光,密封等级 IP65,灯具配件更换简便电气保用期五年。

灯具选用 IEC598 标准及国家相应标准的截光或半截光型投光灯灯具。

灯体采用重型高压合金铸铝或新型环保材料外壳,表面经静电喷塑处理;反光器采用高纯铝板,表面经氧化处理后镀膜;透明罩对于泛光灯、投光灯采用高强度钢化玻璃,厚度≤5mm;路灯采用高强度碳酸脂复合材料,或高强度钢化玻璃(当意外破碎时,分裂成小碎片);采用硅橡胶密封圈,防护等级 IP65(1000W≥IP56);灯体设有空气净化过滤器,以阻止外部污染物进入灯具;泛光灯及投光支架为可调式,最佳配光角度通过水平和垂直方向调整;灯具为快开结构,紧固件防腐等级符合户外 0 类要求;灯具效率≥70%,配光曲线符合工程设计文件要求,眩光限制符合 JT/T 367—1997 标准;灯具应是自重轻,易安装维修维护的产品,灯具打开后应有固定支撑架使灯具上盖无须人力固定;灯具的功率因数不低于 0.85;每个灯具的光源室和控制室是分开的,光源室部分的灯罩必须是具有热稳定性的安全玻璃。

6.3.4 灯杆

灯杆底部设有防雨维护门,并配挂专用防盗耐蚀锁。操作门内设有与接地相连的扁铁装置,以确保接地电阻<10Ω。托架与杆体通过以杆体为导体介质,形成安全的电器连接。

灯杆均采用热浸镀锌工艺进行防腐处理,锌层应均匀,厚度≥85μm 或 610g/m^2。另外收费广场照明灯杆采用热浸镀锌后防腐喷塑处理,喷塑厚度≥2.0mil(1mil=0.001in)。

中杆灯设置升降系统,具有电动和手动两种功能。

6.4 综合电力监控

6.4.1 概述

为提高胶州湾大桥的生产与管理效益,通过设置胶州湾大桥电力监控系统,利用先进成熟的计算机技术、自动化技术、多媒体技术及网络通信技术,实现大桥沿线各类供配电设施、照明设施(路灯照明、桥梁结构照明)的配电自动化、无人值班、自动控制、自动监测等,推动胶州湾大桥机电设施管理向自动化、综合化、集中化、智能化方向发展。其意义及重要性有以下几个方面:

(1)供电系统可靠性:系统能及早发现变电所现场故障隐患;发生故障后能迅速发现故障点;最大限度地提高供配电系统的可靠性,预防和避免事故发生。

(2)供电质量:系统能监测到供电局端的电能质量情况,同时也能监测到用户端是否有影响供电系统电能质量的情况。

(3)运营成本:系统能达到大桥沿线各变电所的少人或无人值班,极大地减少了人力资源成本,同时变定期检修为状态检修和定期检修相结合,从而最大限度地降低运营/管理成本。

(4)供配电系统的管理与控制:系统能对大桥各供配电设施实现远程网络化监控和管理,实现数据及资源共享,从而实现各供配电设施现地信息的全局化/远方化管理。

(5)电费支出的合理性:电力监控系统能监测关键环节和辅助环节的负荷变化,根据负荷情况自动调节负荷用电,从而合理地节约电费支出。

6.4.2 系统监控对象及监控策略

(1)监控对象:本项目沿线收费站变电所(红岛、青岛、李村河南\\北)的变配电一次设备及道路照明回路及变电所环境等;桥梁段的变配电一次设备、大桥路灯照明回路、大桥除湿设施供电回路等。具体包括:高压进/出线开关、低压进线开关、双电源自动切换开关、低压母联、电容补偿器、低压出线断路器、交流接触器(照明回路)、变压器(温控仪)、发电机控制柜、变电所环境。

(2)监控策略:根据沿线变电所、大桥沿线变配电及附属机电设施的设置情况及各类负荷的供电要求,集测控、保护、远动、通信功能为一体,以胶州湾大桥段供配电设施、照明设施为监控重点,自动化硬件部分以高压测控保护单元、低压测控单元、多开关量监控单元等设备为基础,实现胶州湾大桥及沿线机电设施远程集中远程控制和自动化管理。同时实时监控沿线各变电所工作环境(防火、防盗及远程监视),保证胶州湾大桥及沿线机电设施的安全可靠运行。

6.4.3 系统主要技术指标

(1)系统实时性指标

系统应对系统事件提供快速和恒定的响应性,以高效,快速,可靠和准确的方式反映系统事件,系统实时响应性应满足下列指标:

①模拟量变化传送 ≤5s。

②控制命令传送 ≤3s。

③画面调用时间 ≤1~5s。

④画面自动刷新周期 5s(1~10s 可调)。

⑤模拟量和数字量的扫描周期 2s(1~10s 可调)。

⑥脉冲计数量采集周期 15min。

⑦开关变位到报警信息推出时间 ≤2s。

⑧双机切换时间 ≤60s。

(2)系统的可靠性指标

系统和系统设备必须能保证长期稳定运行。有足够的可靠性,满足以下可靠性指标:

①系统平均无故障运行时间(MTBF):≥25000h。

②数据采集及控制装置平均无故障时间(MTBF):≥40000h。

③系统所有设备均能保证长期稳定可靠运行。

(3)系统的可用性指标

系统在完成系统重要功能(SCADA、历史数据存储、通信、网络分析)的前提下,满足以下性能指标:

①系统可用率≥99.9%。

②遥控执行可靠率≥99.99%。

(4)信息处理指标

各类信息处理满足以下指标:

①系统遥测综合误差不大于1.5%。

②主站对遥信量处理的正确率为100%。

③遥测信息响应时间不大于5s。

④遥信变化响应时间不大于3s。

⑤遥控命令传送时间不大于3s。

⑥画面实时数据更新周期模拟量不大于2s。

⑦画面实时数据更新周期开关量不大于1s。

⑧电网频率测量误差不大于0.01Hz。

⑨遥信正确率(年)≥99.9%。

⑩遥控正确率≥99.99%。

(5)历史数据库的存储容量

①历史曲线采样间隔:5~30min,可调。

②历史趋势曲线,日报、月报、年报储存时间≥2年。

③实时数据库在满足现有容量的基础上,再留有30%裕度。

6.4.4 系统组成结构

1)系统组成结构及管理模式

胶州湾大桥沿线共设有2处变电所[红岛管理中心(大桥主变电所)、青岛主线收费站]、2处箱式变电站(李村河南收费站、李村河北收费站),桥梁段设置中压供电系统及若干埋地变、路灯照明配电箱、检修配电箱、交通信号灯(航道障碍灯、航道标志灯)、除湿设施等。根据该路运营管理体制方案、沿线供配电设施的分布情况及从系统可靠性出发,本项目沿线共设置28处电力监控子站,其中,桥上无人监控子站26处,收费站变电所监控子站2处(红岛变电所监控子站、青岛主线变电所监控子站)。考虑到供电系统结构以及管理的便捷性,李村河南、北两处收费站箱式变电站的电力监控信号就近纳入青岛主线变电所监控子站。

在胶州湾大桥监控中心(位于红岛管理中心)内设电力监控中心,由该电力监控中心对大桥各供配电照明设施进行统一监控、管理及设备维护,大桥监控中心的电力监控主机实现对沿线各供配电照明设施的电力监控,可以调出任意供配电的设备运行情况、数据报表情况、负荷分布状况及视频图像等数据,既可监视又可控制。

胶州湾大桥电力监控系统组成结构图详见图6.4-1。

2)系统结构层次

系统可以分为三个层次:监控子站层(现地设备层)、通信网络层、监控管理层(远方集控层)。

监控子站层的各电力参数监控设备(高、低压测控单元、低压智能无功补偿控制器、ATS控制器、变压器温控仪、发电机控制屏、UPS、交流接触器等)分别通过RS485总线与通信管理机相连,通信管理机进行协议转换成Ethernet数据,然后通过通信网络层(冗余光纤工业以太环网)与监控管理层进行数据通信;监控子站层的视频监测设备(球型遥控摄像机、环境传感器等)经过网络视频编码器后将模拟视频数据和串口数据转换成Ethernet数据后,同样通过通信网络层(冗余光纤工业以太环网)与监控管理层进行数据通信。

通信网络层是电力监控系统的关键之一，详细的功能与技术要求描述见“系统通信网络结构”部分。

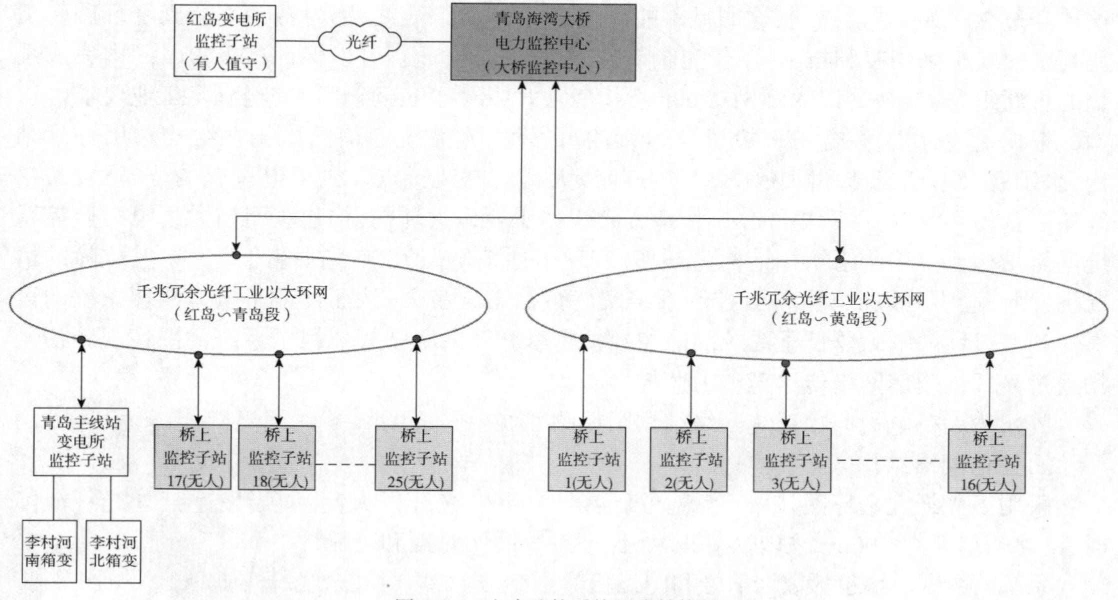

图 6.4-1　电力监控系统组成结构图

监控管理层（远方集控层）由电力监控主机（互为备用）、数据库服务器、视频主机、打印机等设备由交换机连接，通过通信网络层与现地各监控子站进行数据通信，实现电力参数监控子系统的 SCADA 功能和变电所视频监视子系统的监视、控制、录像等功能。同时监控管理层将电力监控信息通过通信系统上传给胶州湾大桥监控中心。

6.4.5　系统网络通信结构

本系统网络通信根据胶州湾大桥三大系统的设计情况采用光纤传送，系统所用主干光纤由三大系统（通信系统）施工单位提供。

1）系统通信网络结构方案

系统的通信网络拓扑结构采用环形结构，如图 6.4-2 所示。

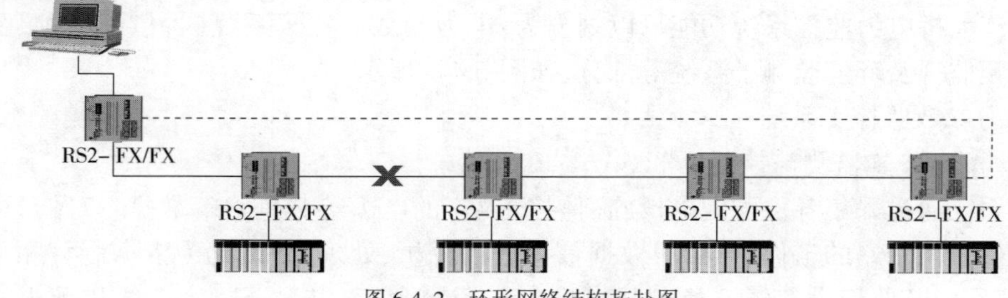

图 6.4-2　环形网络结构拓扑图

环形拓扑结构常见于工业网络，由图 6.4-2 可以看出，当线路上有一个断点时，整个网络仍可正常通信，也就是说这种结构带有线路冗余。但由于以太网标准（802.3）实际上是一个总线标准，一般 OA 用的交换机（或 HUB）不支持环形结构，比较高级的 OA 用交换机可以采用 Spanning Tree(生成树)算法在两个交换机之间建立两个通道(正常运行时只有一个通道工作),类似于环形结构,但由于生成树算法的限制,当其中一个通道发生故障时,另一个通道须经过 30~90s 才能接通,这明显不能满足工业要求,不可以称为容错冗余光纤环网。工业冗余交换机采用专利技术,不仅完全支持以太网标准,而且可以保证在极短时间内完成系统的重新组态(交换式以太环网<500ms,共享以太环网<20ms),可以完全满足工业要求。

根据上述分析,综合工程投资及运行的可靠性,本系统通信网络拓扑结构选用环形结构,采用冗余单模光纤环网技术,根据胶州湾大桥的路线特点及供配电设施的分布情况,在红岛—青岛间、红岛—黄岛间分别构建冗余千兆工业以太环网,构建胶州湾大桥电力监控系统网络结构。由于网络拓扑结构为环形,实现了通信链路冗余。在链路发生单点故障的情况下,网络会在 500ms 内重构,控制系统实时数据不会丢失,从而保证了电力监控系统的可靠性和实时性。电力监控子系统的监控数据信号和变电所视频监视子系统的图像视频信号均通过光纤该通信网络传送至电力监控中心。

胶州湾大桥电力监控系统网络结构图见图 6.4-3、图 6.4-4。

2)通信网络结构方案特点

采用了光纤冗余环网技术,实现冗余 1000Mbit/s 光纤以太网环,当发生某处光纤故障时,网络通信会在 500ms 之内恢复正常,保证系统的实时性和可靠性。

系统的数据传输包括数据信号和图像信号两个方面,均由冗余光纤工业以太环网进行传输。这种视频、数据一体化网络,简化了网络结构,降低了工程量,为施工和维护带来了方便。

模块化设计,根据用户实际需求,增减配置,具有良好的可扩展性。

使用单模光纤直接连接远距离站点,抗干扰性能好,可以防雷电。同时采用光纤所连接的设备之间实际上做到了电隔离,可以提高所连接的电设备的性能。

支持 SNMP(简单网络管理协议),网络设备诊断和故障定位,并可接入组态画面。

支持 VLAN(虚拟局域网)子网划分功能,可实现应用分类和访问控制。

交换机采用双电源冗余输入,可靠性高。

工业以太网交换机具有无噪声干扰、安全可靠、故障报警、故障定位、故障自诊断、带电热插拔等特点,无风扇设计,工作温度范围为 0~60℃,工业保护等级 IP20。

6.4.6 系统主要功能

胶州湾大桥电力监控系统功能可以划分为:电力参数监控子系统(含供配电、照明等)、变电所视频监视及环境监测子系统等部分,如图 6.4-5 所示。

1)电力参数监控子系统

(1)供配电设施监测与控制(图 6.4-6)

该子系统通过采集各供配配电设施(监控子站)的电力参数信息等数据,以图形的方式实时显示各监控子站的工作状态,对数据信息进行分析、处理,并以此为依据制订相应的控制方案,然后向各监控设备发送各种数据信息或控制命令,以保证整个沿线供配电系统安全、可靠地运行,实现对各监控子站的遥测、遥信、遥控等功能,并把监测到的数据和远程操作指令等以数据库形式存放在数据库服务器中,以备日后查询时调用,同时形成日报表、月报表及年报表等。

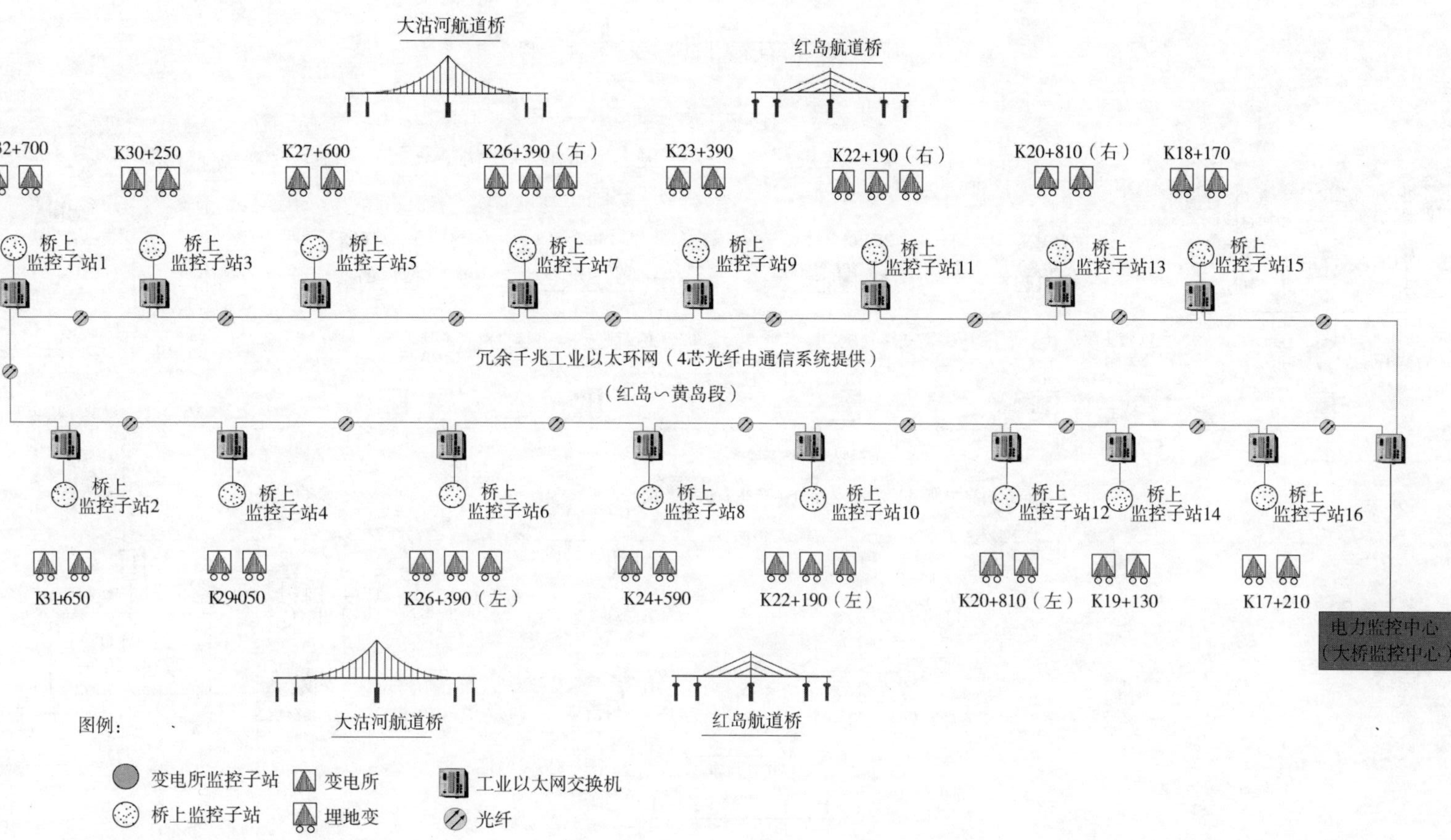

图6.4-3　红岛至黄岛段电力监控系统网络结构图

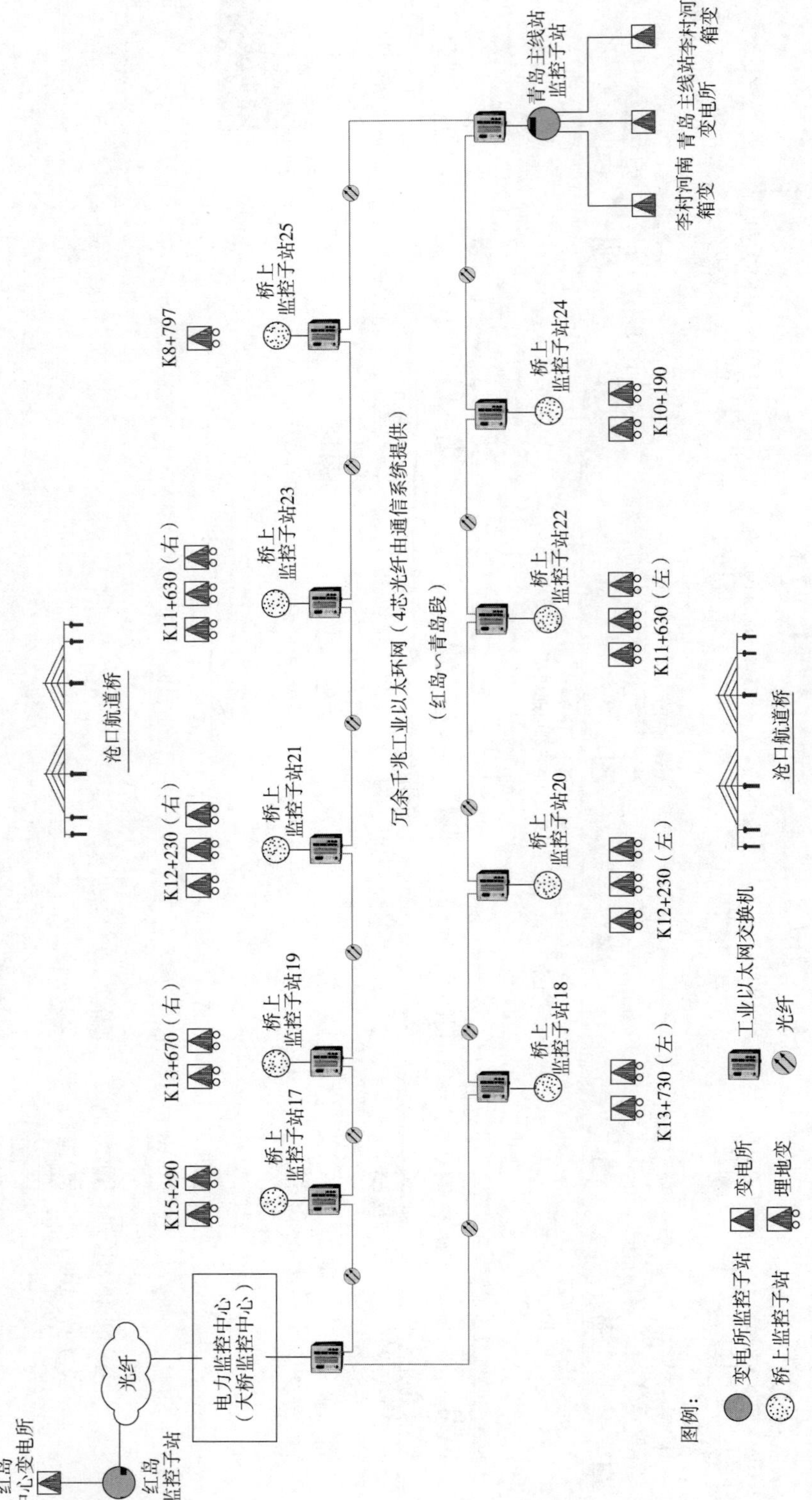

图6.4-4 红岛至青岛段电力监控系统网络结构图

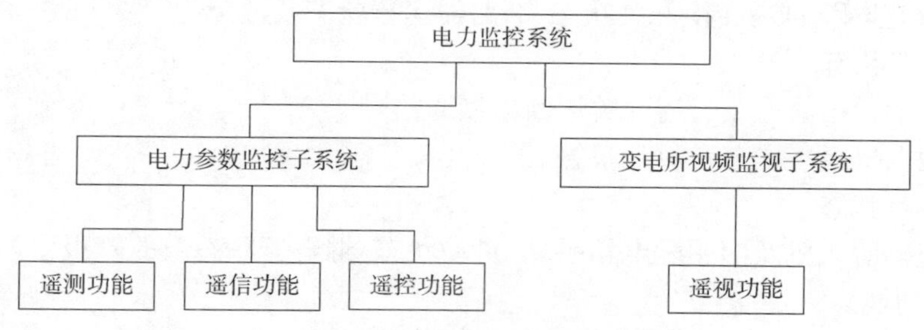

图 6.4-5 电力监控系统功能结构组成图

(2)照明设施监测与控制

①大桥路段路灯照明。该系统通过电力监控模块监测沿线变电所低压照明回路、桥梁段照明主出线回路的电压、电流、功率等电力参数,根据测出的电力参数估算出亮灯率,监视照明交流接触器分合闸状态,遥控路灯照明交流接触器分合闸以及对胶州湾大桥道路照明变功率控制等功能。实现对沿线设有室外照明的互通路灯和大桥路灯进行远程控制和管理。

②大桥结构内部照明。系统通过监测检修配电箱中主出线回路断路器的开合状态,实现对大桥结构内部照明的远程监测及管理。

图 6.4-6 供配电设施监测与控制设施

(3)交通信号设施(航空障碍灯和航道标志灯)的供电状态监测

系统通过监控大桥检修配电箱中的交通信号设施(航空障碍灯和航道标志灯)出线回路,实现对大桥交通信号设施供电集中控制及远程检测,保证其供电的可靠性。

(4)监控外场设备的供电状态监测

系统通过监控大桥检修配电箱中的监控外场设备的出线回路,实现对大桥监控外场设备供电集中控制及远程检测,保证其供电的可靠性。

2)电力参数监控子系统基本功能

(1)遥测功能

①10kV 进线三相电压、电流、有功功率,无功功率、功率因素、频率、电能。

②低压总开关回路三相电压、电流、有功功率,无功功率、功率因素、频率、电能。

③0.4kV 馈线三相电压、三相/单相电流、功率因素、有功功率,无功功率、频率。

④发电机输出三相电压、电流、有功功率,无功功率、功率因素、频率。

⑤外场照明回路三相电压、电流、有功功率,无功功率、功率因素。

⑥UPS 输入/输出电压、频率、电池工作参数、负载。

(2)遥信功能

①10kV 进线开关状态与故障报警。

②变压器超温状态、变压器风机开停状态、故障报警等。

③0.4kV 总进线开关状态与故障报警。

④0.4kV 出线手/自动转换开关状态、断路器运行状态及故障报警。

⑤ATS 位置状态。

⑥无功补偿状态信号及刀熔开关熔断器接通信号。

⑦柴油发电机运行状态及故障报警、出线开关状态。

⑧UPS 运行状态。

⑨监测变电所风机及照明配电箱手动/自动状态、继电器状态及故障报警。

(3)遥控功能

①10kV 开关。

②0.4kV 低压进线总开关。

③0.4kV 低压馈线断路器或照明回路交流接触器。

④ATS 开关。

⑤柴油发电机组。

3)机电设施视频监视及环境检测子系统

变电所视频监视主要用于变电所环境状况(防火、防盗)的监视,同时对电力参数监控子系统的控制操作进行确认(通过监视变电所现地电力仪表读数),紧急时用于事件、事故等上传信息的确认,为选择电力控制方案提供依据,是电力参数监控子系统的辅助工具,并可以对必要的视频图像进行录像,以便分析及取证。系统正常工作时,值班人员在电力监控中心通过视频主机对各变电所现场情况进行监视,并可对各遥控摄像机进行控制,当有紧急情况和报警时可通过闭路电视清楚地观察到各配电设备的工作状态、仪表、指示灯、故障、室内的环境等,并具有自动录像的功能,以便及时准确地采取相应的措施(图 6.4-7)。

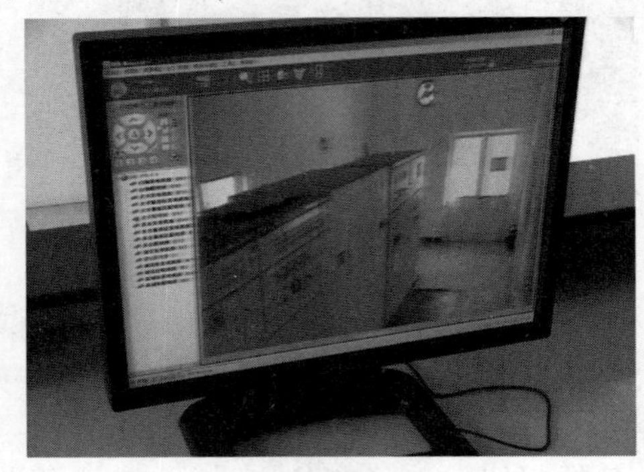

图 6.4-7 机电设施视频监视

各变电所的视频图像均为数字网络视频信号,可根据需要上传至胶州湾大桥监控中心。

4)电力参数监控子系统 SCADA 功能

电力参数监控子系统 SCADA 要实现的功能主要包括以下几个方面:

(1)数据采集

数据来源:各个变电站的电力设备监控单元,人工置入,通信运行参数等。

采集方式:具有轮询和主动上报两种方式,正常情况下监控主机采用轮询方式,当有重要事件发生(如故障信息或开关变位)时,配电监控终端采用主动上报方式,保证重要事件的实时性。

模拟量:有功功率(P)、无功功率(Q)、视在功率(S)、电流(I)、电压(U)、功率因数($\cos\phi$)等;

数字量:电网频率(f)、脉冲电度等;

状态量:开关和刀闸位置、双位置开关量、事故总信号、装置电源停电信号、通道故障信号、监控单元的自检信号;柴油发电机机组运行状态信号等;

非电量：柴油发电机机组及配变压器温度、油压、气压等；

支持全双工方式通信，传输速率为1200bit/s、2400bit/s、4800bit/s、9600bit/s；支持数字和模拟通道；

有对通道监视诊断和运行统计功能。

(2)数据处理

数据处理主要包括模拟量处理、数字量处理和数据统计计算等。

①模拟量处理：

死区检查，死区阀值整定可根据需要设定；

人工置数和封锁，遥测接收数据可人工置数，解除后恢复自动更新；

积分值和平均值计算，根据功率计算出相应的电量；

最大值及最小值计算，将指定的遥测(包括功率、电压、电流等)在指定时间段内出现的最大值及最小值以及出现的日期和时间存入数据库；

公式计算与统计，定义公式对模拟量和开关量进行各种计算，对每一计算公式应可定义其计算时间、计算周期及启动计算的条件。

②状态量处理：

合理性检查；状态量的属性可定义。

处理后的信息以下述方法进一步处理：告警系统、历史数据库保存、事故打印及表格显示、事故追忆等。

状态量的人工操作："遥控封锁""允许遥控""人工设定"等，以上标志在图形上有明确的图符及颜色标志。

开关动作次数统计：统计变位次数并按事故变位和操作变位分类存入数据库，对应检修的开关能自动提示。

③数据统计计算：

在SCADA系统中除大量的实测点外，还有大量的计算点。数据统计计算是在线方式下需完成的所有计算任务的综合，按照数值变化和规定的时间间隔不断处理计算。

总加计算、电压合格率计算；

开关变位次数的分类统计；

统计计算：最大、最小、平均值、负荷的最大、最小出现时间等；

自定义计算：用户自定义计算公式，包括逻辑和条件、计算对象、周期、触发条件等；

(3)控制与调节

控制对象：高压负荷开关、断路器、交流接触器、配电房风机起停、柴油发电机起停、照明及信号控制、双电源切换开关的控制、自动装置远方投切等。

①单一对象的控制过程：

选择控制点，同时检查此控制点有无遥控功能，控制对象是否允许遥控操作等。

发出预置命令：值班人员选择好控分、控合、急停命令后即可发出预置命令至实时服务器，检查该设备目前是否处于可控状态(如是"否"，退出实时服务等)，若内部校核状态正确，再返送校核信息至实时服务器。

发出控制执行命令：值班员接到校核信息无误信号后发出控制执行命令。

执行返回:在控制执行命令发出后指定时间内若控制对象变位则为成功,否则为拒控。

操作登录:无论遥控成功与否均要求进行操作登录。

控制撤销命令:若遇紧急情况,可在上述第一步之后,发出控制执行命令之前发出。

②成组对象的控制过程及方式:

由电力值班人员预先定义和生成一组控制命令,一次提交后,按照定义的程序一次执行,也可选择其中部分对象后,再提交执行。控制序列执行过程中,每个步骤都有提示信息,可中途暂停或继续执行,每一步骤的执行都要定义一定的先决条件,比如确认前一步骤已执行完毕,相关遥测、遥信数据达到预定值等,最后将执行结果汇入数据库中。

③其他有关事项:

所有遥控操作均记录身份、时间、内容、结果等信息并保存 2 年以上。

控制可根据逻辑关系,具有防误操作闭锁功能,包括检查各种条件:如"允许遥控",控制状态与当前实际状态相符,可为每个控制对象设置其"控分""控合"互联闭锁约束条件,系统根据条件检查控制过程。

所有遥控命令都在显示画面上操作,有返校倒计时、执行倒计时和成败倒计时等,时限按点可调,每个步骤完成后,自动记录操作过程(遥控对象名称、值班人员姓名或工号、遥控性质、命令发出时间、执行结果和时间等信息)。

对每个控制对象具有单独屏蔽的保护功能,解除屏蔽时,有口令保护。

(4)事故追忆(PDR)

通过事故变位,也可通过模拟量、开关量及其逻辑关系启动或依据值班人员命令产生事故追忆;

多个触发点可以对应同一组追忆数据、被追忆的点可以重复定义在不同的追忆数据中;

满足同时处理 10 个事故的要求;

事故追忆被触发时,自动打印事故追忆报表,也可以将报表的内容保存在数据库中。事故追忆过程能在画面上重演:

选择事故画面;

选择事故触发条件;

设定重演的速度;

设定重演的起始时间;

随时暂停正在进行的事故重演,并可继续进行或重新开始其他事故重演;

选择事故分析对象按时间段打印。

(5)事件与事故报警处理

系统中某一特定事件出现时,SCADA 系统应能立即给出相应的指示并对其进行记录(存入数据库或打印输出)。

①特定事件:

电力监控系统状态变化:如开关变位、保护动作信号等;

越限:遥测量超出指定的限值(如电流、电压、温度等);

设备不正常工作;

通道不正常;

系统进程、硬件故障(如数据采集进程故障、通信出错等)。

②用户定义事件:

根据遥信变位、事故总信号、保护动作信号等区别事故变位和正常变位。

③报警方式:

图形报警:推出监控子站图(多子站发生时可推出多幅);

文字报警:出现在报警窗口,显示时间、告警点、类型;

音响报警:对不同性质的报警产生不同频率的鸣叫和语音;

打印报警:打印机及时打印出告警点、时间、类型。

④报警类型:

越限告警;

变位告警;

事故告警;

遥控操作错误及操作失败告警;

自动化系统故障告警;

用户自定义告警。

⑤报警记录:

自动记录所有告警信息及发生时间;

告警信息分类归档,可按时间及类型等条件分别检索、处理、打印。

⑥事故响应:

当供电系统发生事故时(跳闸、保护动作等),系统能自动捕捉事故信号并进行告警,自动记录事故变电所名称、开关编号、事故总信号、保护动作信号、事故发生时间(年、月、日、时、分、秒),当同时发生多个故障时,系统能记录下所有的事故并分别打印;

系统能自动区分遥信"误动"、控制变位和事故变位;

提供方便的报警确认和抑制报警的方法。值班员确认了报警后,相应的告警标志(闪烁、音响等)均自动或由值班员清除。

(6)数据库系统功能(包含实时数据库和历史数据库)

①实时数据库功能:

保存各监控子站采集上来的实时数据,刷新周期与实时数据扫描周期一致。并可保存计算量、控制量、设定点控制量等多种类型的数据。

数据查询:通过人机界面及图表系统可对实时数据库进行查询、显示;人工屏蔽/设置功能,设置的类型应在图表界面上有明显的标志;

每个实时数据表建有索引表,以加快定位速度;

每个实时数据表均建在内存区内,以加快访问速度;

为画面提供所需的所有控制和显示信息;

可在线动态扩充,并保证全网数据的一致;

支持分布式系统;

支持 SQL 语句、API 接口。

系统将采集的各种遥测、遥信值送入实时数据库,实现实时数据的计算和显示,并将实时数据转存入历史数据库,为历史数据的统计、分析、存储以及设备管理功能所使用。

实时数据库中的数据可用多种方式显示出来,例如数值、棒图、趋势图、表格、饼图,并具有越限报警功能,越限报警数值可由系统维护人员输入设定。

②历史数据库功能:

需长期存放的重要数据,通过定义可存入历史数据库,数据归档的定义和修改可以通过相应程序在线进行,不影响系统的运行。对每一个实时数据库中的点,选定采样周期实现历史数据记录,并可随时查询和使用,以实现报表、曲线功能,并用于统计分析。

数据库内容包括:正常记录(动态曲线,日曲线,时、日、月、年报表),异常记录(各类报警信息、事故追忆信息,安全自动装置信息),值班人员操作信息等。

历史数据库中的数据可用多种方式显示出来,例如数值、棒图、趋势图、表格、饼图。

提供数据统计功能,对历史数据进行自动统计加工处理,以便系统管理人员能随时对所关心的历史数据进行查询、计算和记录。

历史数据库自动保存在硬盘上,也可以卸到光盘或其他存储介质上长期存档。也可以把已存档的历史数据装回系统,做分析处理。

(7)人机界面,打印图形、曲线、报表功能

多幅图形画面可同时显示。

实时态和编辑态两者合一,切换方便。

开放式的图元符号库:具有标准的图元库,并可对其修改和增加,提供使用方便的图元编辑工具。根据需要,用户可定义各种图元,在图形显示时,各图元的显示根据实际的数值动态变化。

电力系统接线图的编辑和生成:提供十分丰富的图素、功能,编辑图形要方便(导航、漫游、缩放、旋转、拷贝、组合、点、线、圆等)。

对编辑的图形可立即进行测试,查询连接有问题的动态点;图元与数据关联,根据数据、状态值决定显示图元的颜色、状态、内容。

具有图层功能,可将不同的数据对象定义在不同的层面(P、Q、I、V,接线层等),图层可选择显示,用户可自定义图层。

在线运行监控界面和实时信息的显示。

画面支持线路动态着色功能,颜色代表了电力系统设备的运行状态。通过颜色设置,系统可对各种对象设置需要的颜色,如:开关不同状态的颜色、刀闸不同状态的颜色、各种标志的颜色、线路带电和不带电的颜色等;实现实时数据显示,配电线路实时刷新,设备参数显示等。

值班人员可直接在电力监控主机的监控画面上实现对远方配电终端的遥控操作,实现在线状态下的"三遥"功能。

值班人员可以通过监控画面在线状态下进行各种允许的封锁、解锁、遥控、人工置数等操作,以及在线状态下对各种事故告警的响应。

画面调用方式:热点调用、单键调用、画面名列表调用、下拉菜单调用、目录画面调用,事故告警调用。

遥测量显示位数可人工设定。显示提供的各种曲线和数据,可在输出设备上显示和打

印出任意时间段的内容。在显示器上可看到多幅曲线,或在同一幅图上显示多条曲线,并且可打印输出。

报表系统的开发应使用方便,数据定义灵活,具有统计计算功能,可定义计算公式,能生成适合高速公路管理部门需要的报表;支持图表合一功能。

通常的监控图形有:变电所一次接线系统图、负荷曲线图、历史趋势曲线、动态实时曲线、系统配置图、系统工况图、用户定义的其他各种图形、日报、月报、年报数据表等。

(8)通道监视与统计

系统实现对通信通道的监视与控制。

实时查看变电站的运行工况并可对变电站终端设备进行远程维护。包括对终端设备的运行监视和参数设置,提供在线定值远方设置与修改功能,以图形的方式显示变电站配置图及其运行情况。

各个通信通道的投入/退出状态,主/备状态。

各个终端设备的运行状态。

各个通信通道的通信次数累计、通信故障次数累计。

统计通道停运时间。

(9)系统安全管理

系统用户分为一般操作员、数据管理员和系统管理员,不同的用户有不同的权限,从而保证了系统在用户使用上的安全性。用户的权限分为:查看属性;修改属性;修改图形;修改报表;遥控执行;遥控监护;数据浏览等。

用户的登录及重要操作均需要权限认证,并记录到数据库中。

5)变电所视频监视子系统功能

变电所视频监视子系统中应实现如下功能:

(1)画面监视、多画面分割和画面切换功能,可以对不同变电站的不同监视点进行实时监视和切换。

(2)控制操作,即对各变电站监视点摄像设备的光圈、焦距等进行控制;此外,一些辅助控制操作也是必需的,包括变电站室内灯光的开/停,告警装置的投入/解除等。

(3)事件告警功能,当变电站现场有异常情况发生时(如盗警、火警等),后台系统能迅速告警。

(4)画面记录、回放功能。当变电站发生异常告警时,能自动记录事发时的现场情况。

(5)事件查询功能。可分类检索各变电站,各监视点的告警记录,结合画面记录、回放功能,可对异常告警时的现场情景进行回放。

第 7 章

交通安全设施

7.1 安全设施概述

近几年来,随着公路建设的发展,公路交通安全问题越来越受到人们的关注。交通部《公路勘察设计典型示范工程咨询示范要点》明确提出了“安全、环保、舒适、和谐”的设计理念。在交通发展的新理念上,勘察设计工作必须做到“六个坚持,六个树立”,第一个即是“坚持以人为本,树立安全至上的理念”,可见安全问题已经被提到首要重要地位了。因此,在大力发展交通事业的同时,必须将“安全意识”引入道路的设计中,通过完善的道路设计,来有效地控制交通安全,减少交通事故,减少经济损失。

交通安全设施作为胶州湾大桥的重要组成部分,对维护交通秩序,保障行车安全、快速、舒适,以充分发挥道路交通功能及对于道路的合理起着决定性的作用,完善而合理的交通安全设施,不仅可以有效减少事故的发生和事故造成的损失,还可以提高行车的安全舒适性。胶州湾大桥安全设施的设置是按照国家相关的标准和规范并结合胶州湾大桥自身特点,进行的设计。实施时,在确保工程内在质量的同时,特别重视外观质量,提高标志清晰明了、标线美观大方、护栏线形优美、隔离栅顺滑流畅的外观质量要求。

7.2 交通标志

7.2.1 交通标志设计

随着高速公路的快速发展和人们安全意识的不断提高,交通标志也越来越引起人们的重视。合理设置交通标志对保障安全、快捷、高效等功能的发挥和美化路容都起着重要作用。

高速公路指路标志设置不合理将直接影响标志的视认性,增加驾驶员认知难度,使行驶车辆产生速度差,严重时甚至导致交通事故。因此,交通标志的设置应从驾驶员视认习惯及视认能力的角度出发,提供清晰、准确、连续的信息,避免给驾驶员带来迷惑和误解。

交通标志的设置应给道路使用者提供明确及时和足够的信息,并应满足夜间行车视觉的效果,版面注记及结构形式应与道路线形、周围环境协调一致,以满足视觉及美观要求为原则。

胶州湾大桥全线主线布设的标志类型有出口预告标志、直行方向标志、组合限速标志、入口标志、合流标志等；匝道上布设的标志类型有匝道限速标志、地点方向标志等；被交道路上布设的标志类型有入口预告标志、组合禁令标志等。收费公告牌标志设置于收费广场的入口处，标志板方向平行于行车方向，其版面内容以相关批文为准。

为了满足胶州湾大桥 80km/h 车速时道路使用者对标志信息的视认要求，主线指路标志汉字高度按照 GB 5768—2009 中的规定，为 50cm，匝道及被交道路上标志汉字高度采用 40～50cm，版面采用中英文对照。汉字高宽比为 1：1～1：0.75，字体为交通标志专用字体，英文字高为汉字高度的 1/2，版面尺寸按不同版面内容确定，尽量达到统一，版面内容中汉字间距、笔画粗度、最小行距、边距、边框等均以国标为依据。

由于胶州湾大桥全桥设置了护栏灯照明系统，考虑到普通的反光膜在良好照明条件下的反光效果会受其影响而减弱，又考虑到施工及维修养护的方便，胶州湾大桥设计主线、互通匝道及连接道路标志中的文字、箭头以及底色等均采用微棱镜式二级反光膜。

7.2.2 标志的版面结构及防腐处理

由于青岛海湾桥地理位置的特殊性，本次标志结构采用的风速值为 36.9m/s，以保障标志结构的安全稳定。根据标志版面尺寸大小及设置位置的需要，标志支架结构有单柱式、双柱式、悬臂式、门架式及附着式等。标志底板采用铝合金板，为了保证标志板面的平整度，对于版面面积小于 $10m^2$ 的标志板厚度采用 2mm，版面面积大于 $10m^2$ 的标志板厚度采用 3mm，并均采用铝合金龙骨加固。标志的立柱以及连接件均采用 Q235B 钢，焊条全部采用 T42，铝合金材料采用 3004。考虑到青岛海湾桥所处位置常年受海风侵袭，空气湿度大、海盐腐蚀严重的特点，地脚螺栓、基础法兰、锚板、连接螺栓经除锈处理之后采用热浸镀锌防腐处理，镀锌量应不小于 $350g/m^2$；其他所有钢构件经除锈处理之后采用热浸镀锌后再涂塑的防腐处理，镀锌量应不小于 $270g/m^2$。涂塑材料采用聚乙烯涂料，厚度>0.15mm，颜色为乳白色。

7.2.3 标志的施工要求

1）标志定位与设置

所有交通标志都应按图纸的要求定位和设置，安装的标志应与交通流方向几乎呈直角，在曲线路段，标志的设置角度应由交通流的行近方向来确定。为了消除路侧标志表面产生眩光，标志应向后旋转约 5°，以避开车前灯光束的直射；门架标志的垂直轴应向后倾成一角度；对于路侧标志，标志板内缘距土路肩边缘不得小于 250mm，或根据监理人的指示确定。

2）标志板制作安装

（1）标志板应在车间剪裁或切割，以产生整齐、方正的边缘，不应有毛刺。所有标志板的槽钢应在粘贴定向反光膜之前焊接好。

（2）定向反光膜应用不剥落的热活性胶粘剂粘贴，将反光膜牢固粘贴到标志板上，其表面不得产生任何气泡和污损等缺陷。

（3）标志板的运输、储存和搬运方式应按制造厂商的要求进行，两块标志邻接面之间应用适合的衬垫材料分隔，以免在运输、搬运过程中磨损标志板面。标志板应储存在干净、干燥的室内。

3)钢桁架门架标志施工

(1)胶州湾大桥所有钢管及钢板的材质除注明外均为 Q235B 钢,其机械性能和化学成分应符合现行国家标准之规定,必须具备出厂证明及合格证。所有焊条应与主材配套。

(2)为确保工程质量,钢桁架的制作、安装应由钢结构专业企业进行,尽量采用自动焊机施焊,并采取有效措施严格控制焊接变形。

(3)施工时必须设置可靠的临时支撑,为施焊提供良好的操作条件,以确保焊缝质量。

(4)焊缝质量等级:所有与支座相连之主杆的坡口焊缝均为二级,其余焊缝为三级。施工应符合现行钢结构焊接规程的所有要求。

(5)管材必须接长时,均采用全熔透坡口对接焊。

(6)胶州湾大桥部分门架式标志与监控系统可变情报板共用门架,合用的门架由监控系统承包人提供,并负责将大型可变情报板安装到门架上。安全设施承包人负责标志板的安装。

7.2.4 新规范及指南的要求

本次交通标志的设计贯彻了国家高速路网和山东省高速公路网命名及编号规则,设计紧跟国家及交通运输部出台的相关规范及指南的要求,以完全不熟悉本公路及其周围路网体系但对出行路线做出合理规划的公路使用者为设计对象,在保持指路标志类型齐全、功能完整的前提下,将指路标志以路线名信息引导。

(1)路网命名及编号

根据相关规范及指南的要求,山东省内的所有国家高速公路及省级高速公路均采用新的路名及编号。原标志板中的“××高速”均调整为新的路名及编号。公路命名编号标志采用绿底白字,其中“国家高速”采用红底白字,如图 7.2-1 所示。

(2)出口预告标志及出口标志

出口预告标志一般情况下在出口匝道前设置 3~5 级预告,具体设置几级可以按照道路等级及实际情况确定。

出口预告标志的形式是第一行为出口后的路线名,第二行是连接路线两端方向的 2 个控制性地点名,第三行是出口指示箭头和出口距离,如图 7.2-2 所示。

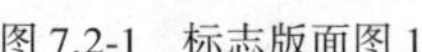

图 7.2-1　标志版面图 1

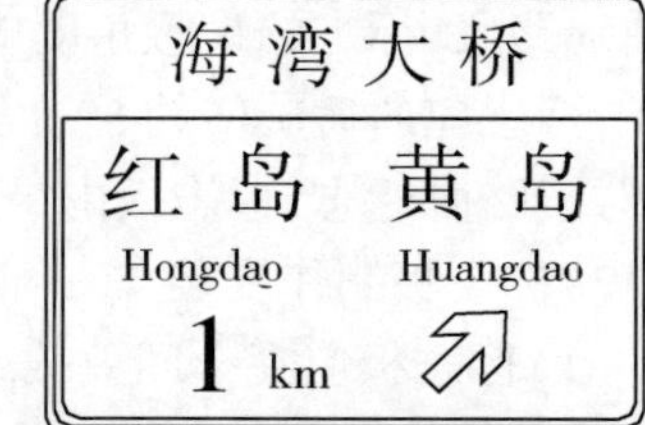

图 7.2-2　标志版面图 2

(3)直行方向标志

直行车道标志内容采用统一的规格形式,第一行为本路线名,第二行为两个地名,右侧为本路线的前方控制性地点名,左侧为下一互通出口路线编号(或地名),第三行为表示直行方向的向上箭头。直行车道标志与减速车道起点处的出口预告标志并列,采用门架形式设置,如图 7.2-3 所示。

图 7.2-3 标志版面图 3

(4)合流标志

合流标志调整为三角形黄底黑图案的警告标志。

(5)限速标志

在主线上设置的匝道限速标志,在原限速标志下加上“匝道”两字,以更好地明示是对匝道的限速,并与主线限速标志区分。设置于匝道内的限速标志,则不调整。

(6)下一出口标志

在下一出口标志板面中增加出口编号信息。

7.3 交通标线

7.3.1 标线设置的原则

标线、导向箭头的设置应确保车流分道行驶,起导流作用,保证昼夜的视线诱导良好,车道分界清晰,线形清楚、轮廓分明,指引车辆在汇合或分流时进入合适的车道,规范车辆行驶秩序,促使更好地组织交通,如图 7.3-1 所示。

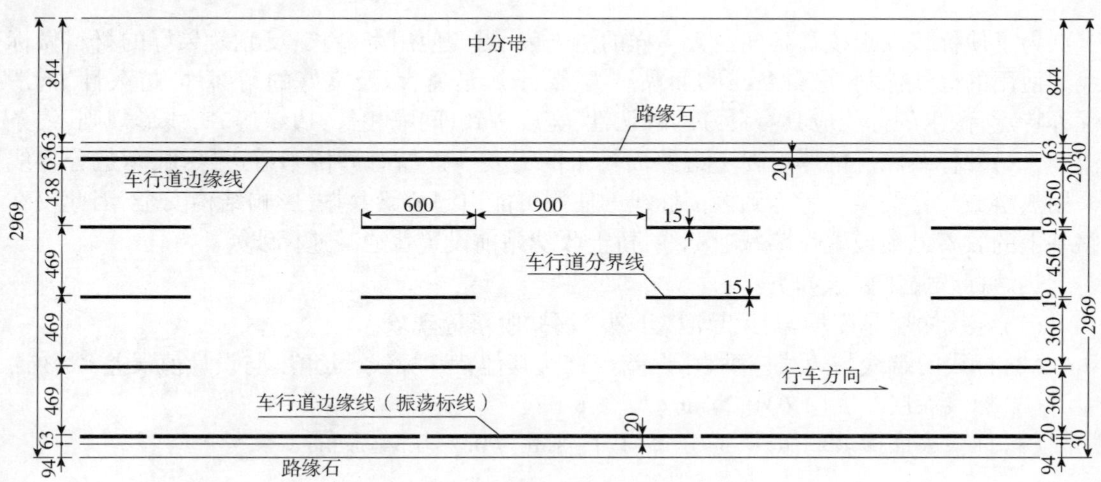

图 7.3-1 标线一般布置图(尺寸单位:cm)

胶州湾大桥全线布设的标线类型有车行道边缘线、车道分界线、出入口标线、导流线、接近障碍物标线以及导向箭头等。

(1)车道边缘线——设在上下行车道两侧路缘带的内侧,为宽 20cm 的白色实线。

(2)车道分界线——设在行车道之间,为白色虚线,线宽 15cm,实线长 600cm,间隔为 900cm。

(3)出入口标线——设在出入口加减速车道与行车道之间,为白色虚线,线宽 45cm,虚实段均为 300cm。

(4)导流线——设在进出口三角端处,为白色实线,线宽 45cm,线距为 100cm,具体做法详见互通标线布置图及大样图。

(5)接近障碍物标线——设在收费岛前以及匝道与连接道路平交口处,用以引导车流运行,为白色实线,线宽 45cm,线间距 100cm。

(6)减速标线——设置于进入主线收费站前的收费广场,以提醒驾驶员减速进入收费站。

(7)导向箭头——设置于互通式立交及服务区前后的主线以及匝道和连接道路上。

(8)ETC 车道标线——设置于 ETC 车道的收费岛岛头,并延长至收费广场直线段末端,如图 7.3-2 所示。

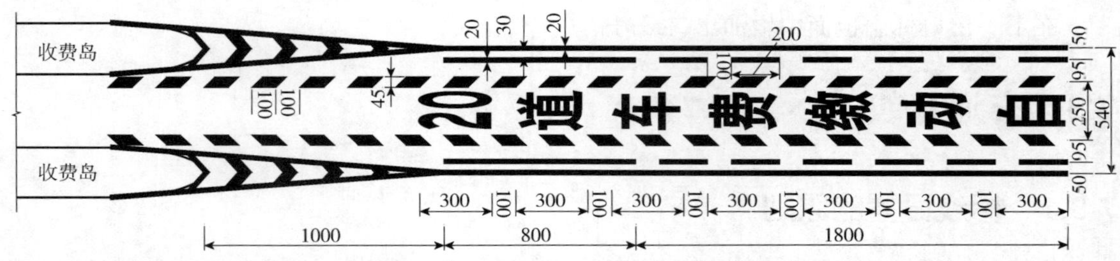

图 7.3-2　自动缴费车道地面标线和文字布置图(尺寸单位:cm)

7.3.2　标线材料的选择

为了使标线在黑夜具备同白天一样的清晰度,需要使用寿命长、反光效果好的材料做标线。使用的标线涂料,应具备与路面黏结力强,干燥迅速,以及良好的耐磨性、持久性、抗滑性等特点,做出的标线应具有良好的视认性,宽度一致,间隔相等,边缘等齐,线形规则,线条流畅。另外标线涂层的厚度要考虑路面排水的需要。青岛海湾桥车道边缘线、车道分界线采用热熔 2 号标线漆。考虑到振荡标线的使用可能引起桥梁共振,影响结构安全,因此仅在路基上的收费站前设置振荡减速标线,桥上收费站前设置普通减速标线。

热熔标线施工要求如下:

(1)标线涂层厚度均匀,无起泡、开裂、发黏、脱落等现象。

(2)标线的端线与边线应垂直,误差≤±5°,其他特殊标线,其角度与设计值误差≤±3°。

(3)标线涂层厚度(1.6+0.2)mm。

(4)标线表面撒玻璃微珠,应分布均匀,含量为 0.3~0.34kg/m^2。

7.3.3　有关振荡标线的技术要求

振荡标线突起部分的规格为高度(5±1)mm,宽度 50mm,每两个突起部分设置间距在

200mm，基础标线厚度为1.6mm。

具体施工工艺为：

(1)路面处理。先除去路面泥土、尘埃等杂物，如果含有水分，应用喷枪进行干燥。

(2)底漆散布。使用专用设备按热熔型标线涂料的规定用量均匀散布。

(3)振荡标线的涂敷。往热熔釜中投入专门材料在充分搅拌的条件下使之完全溶解，在确认底漆完全干燥后，使用专用划线机在170~210℃之间进行涂敷施工，为保证路面排水的顺畅，振荡标线的施工每隔15m予以断开，断开长度0.05m。

(4)玻璃微珠的散步。使用与划线机一体的散布器在涂敷施工后，随即散布玻璃微珠。

(5)确认涂料充分冷却、固化后，即可开放车辆的通行。

警告振荡标线布置图如图7.3-3所示。

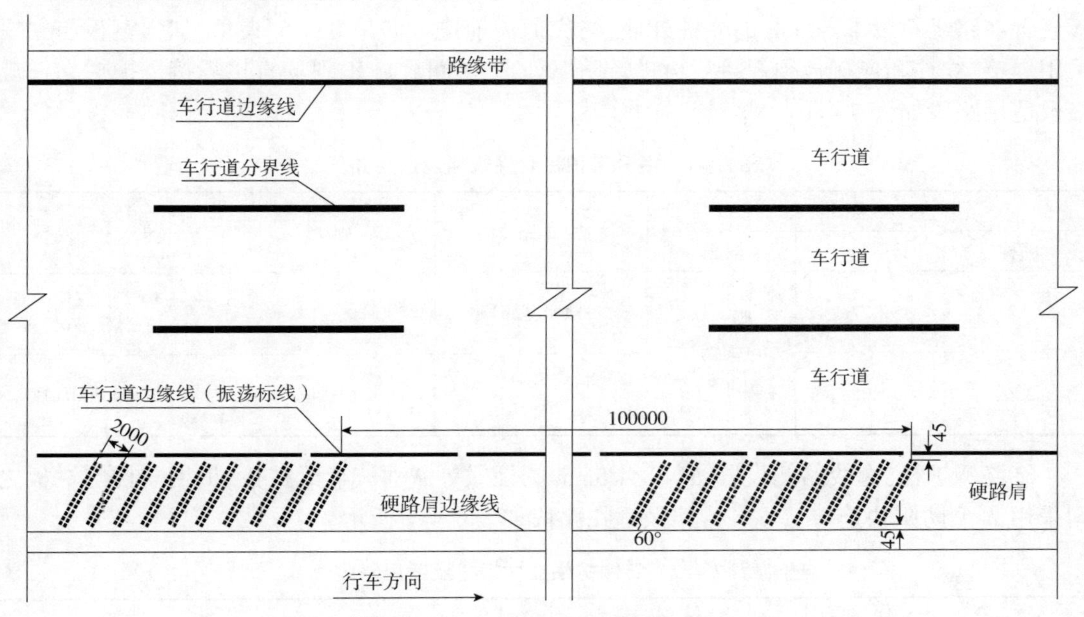

图7.3-3　警告振荡标线布置图

7.4　护栏

护栏上交通安全设施的重要组成部分，其对防止行车事故起着重要作用，可以有效防止失控车辆越出中央分隔带或者路侧比较危险的路段冲出路基，也可以通过护栏吸收能量，减轻事故车辆及人员的损伤程度，同时还可以诱导驾驶员的视线，使其能清晰地看到道路轮廓及前进方向的线形。

7.4.1　护栏设置原则及规格

胶州湾大桥的防撞护栏形式根据不同地点选用了不同的形式，主要有：

刚性护栏——组合式桥梁护栏，大桥两侧及中分带设置组合式桥梁护栏。

半刚性护栏——波形梁护栏（分为路侧护栏、中央分隔带护栏两种）和移动式护栏。路侧波形梁护栏除大中桥外,全线连续设置,波形梁与立柱之间采用防阻块连接;中央分隔带护栏除在中央分隔带开口段外,全线连续设置,波形梁与立柱之间采用防阻块连接。在中央分隔带开口处设置移动式护栏,以便特殊车辆通过。

波形梁护栏能够防止失控车辆冲出路外或超越中央分隔带;具有导向功能,使碰撞车辆改变行驶方向;具有较强的吸收碰撞动能的能力;另具有视线诱导功能。

胶州湾大桥波形梁护栏的等级根据相关规范的要求选择,考虑到路基填土高度、边坡坡率、路外侧危险程度等因素选取 A 级、Am 级护栏。

(1)波形梁护栏

①中央分隔带护栏:主线中央分隔带两侧设置 Am 级波形梁护栏,主线护栏立柱与栏板之间采用 A 型防阻块连接。中分带立柱处设置 310mm×200mm×10mm 的加强钢板,加强钢板设置在路缘石以下 50mm 的立柱外侧,与交通流前进方向呈 0~15°夹角,加强钢板与立柱采用焊接,立柱和连接板须焊接后再进行防腐处理,不可在施工现场直接焊接。护栏立柱规格及适用路段如表 7.4-1 所示。

表 7.4-1　中分带护栏立柱规格及适用路段

立柱规格			适用路段	基础形式	护栏代号
名称	长度(m)	材料			
AZ	2.27	圆形柱 电焊钢管 ϕ140×4.5	一般土基路段	直接打入	Gr-Am-4E Gr-Am-2E
CZ	1.05		构造物路段 (有护栏座)	护栏座	Gr-Am-2B1

②路侧护栏:全线路侧设置 ϕ140×4.5mm 圆柱式等截面波形梁护栏,护栏立柱与栏板之间采用 A 型防阻块连接。立柱规格及适用路段如表 7.4-2 所示。

表 7.4-2　路侧护栏立柱规格及适用路段

立柱规格			适用路段	基础形式	护栏代号
名称	长度(m)	材料			
AL	2.15	圆形柱 电焊钢管 ϕ140×4.5	一般土基路段	直接打入	Gr-A-4E Gr-A-2E
CL	0.93		构造物路段 (有护栏座)	护栏座	Gr-A-2B1
DL	1.15		构造物路段	Ⅰ型	Gr-A-2C

③波形梁护栏板共分为 B01、B02、C02 型和非标准型。B01 型栏板适用于路侧及中央分隔带一般土基路段(立柱间距 4m);B02 型栏板适用于路侧及中央分隔带设置加强型护栏的路段(立柱间距 2m);C02 型栏板为弯梁,用于互通立交匝道半径小于等于 70m 的路段;非标准型用于立柱间距在 2~4m 之间的调整路段。各型栏板的断面尺寸均为 310mm×85mm×4mm。

④在桥梁、通道等构造物的两端,均设置加强型 A 级护栏,以满足不同强度护栏之间的过渡及确保车辆安全。加强型护栏的设置长度为:大桥两端各 42m;中桥两端各 34m;通道

两端各 24m。

⑤波形梁护栏端头一般路段采用圆头式。

⑥考虑到波形梁护栏的防盗,胶州湾大桥所有拼接螺栓及连接螺栓均采用防盗螺栓。

⑦波形梁护栏的防腐处理采用热浸镀锌处理方式,其中螺栓、螺母、垫圈、垫片等紧固件的镀锌量应不小于 350g/m^2,其他钢构件如波形梁栏板、护栏立柱、端头梁、防阻块等镀锌量应不小于 600g/m^2。热镀锌所用的锌应符合《高速公路交通工程钢构件防腐技术条件》引用的《锌锭》(GB/T 470—1997)中所规定的 Zn99.995 或 Zn99.99 锌锭,镀锌层应均匀,镀层不剥离、不凸起,不得开裂或起层到手指能够擦掉的程度。

(2)移动式护栏

胶州湾大桥在主桥段共设 4 处中央分隔带开口,开口段长度分别为 50m 和 60m。为了分隔对向交通流,同时在特殊情况下又便于紧急车辆通过,开口处设置了移动式护栏。考虑到中分带开口处的交通安全,采用折叠式桁架预应力活动护栏。

7.4.2 施工注意事项

在护栏施工中,需注意由构造物开始向一般路段布设。同时在护栏立柱打入前应充分收集道路横向排水管、分歧通信管道等预埋管线的设置桩号,如发现与护栏立柱有冲突,可调整护栏立柱的位置,以免将其破坏。另外在中央分隔带通信人井处,护栏立柱应避开人井设置。

(1)立柱放样

①根据图纸进行立柱放样,并以桥梁、通道、中央分隔带开口、互通式立体交叉等控制立柱的位置,进行测距定位。

②立柱放样时利用调节板调节间距,并利用分配方法处理间距零头数。

③应调查立柱所在处是否存在地下管线、排水管等设施,或构造物顶部埋土深度不足的情况。

(2)立柱安装

①立柱安装与图纸相符,并与公路线形相协调。

②位于土基中的立柱,可采用打入法、挖埋法或钻孔法施工。立柱高程应符合图纸要求,并不得损坏立柱端部。

③在铺有路面的路段设置立柱时,柱坑从路基至面层以下 50mm 处采用与路基相同的材料回填并分层夯实,余下部分应采用与路面相同的材料回填并压实。

④位于石方区的立柱,根据图纸的要求设置混凝土基础。

⑤位于通道混凝土基础中的立柱,设置在预埋的套筒内,通过灌注砂浆或混凝土固定,或通过地脚螺栓与桥梁护轮带基础相连。

⑥立柱安装就位后,其水平方向和竖直方向形成平顺的线形。

⑦护栏渐变段及端部的立柱,须按图纸规定的坐标进行安装。

(3)防阻块安装

防阻块通过连接螺栓固定于护栏板和立柱之间,在拧紧连接螺栓前应调整防阻块,使其准确就位。防撞等级为 A、Am 的波形梁护栏,在安装防阻块时,同时安装上层立柱,线形与下层立柱相同。

(4)横梁安装

①护栏板通过拼接螺栓相互连接成纵向横梁，并由连接螺栓固定于防阻块上。护栏板拼接方向与行车方向一致。拼接螺栓及连接螺栓均采用防盗螺栓，连接螺栓采用高强螺栓，其余采用碳素结构钢 Q235。

②防撞等级为 A、Am 的波形梁护栏通过螺栓将上层横梁与上层立柱加以连接。

③立柱间距不规则时，利用调节板、梁进行调节，不得采用现场切割护栏板的方法。

(5)端头安装

各类护栏端头应通过拼接螺栓与护栏板牢固连接。防撞等级为 A、Am 的波形梁护栏上横梁必须按图纸的规定进行端部处理。

7.4.3 新产品的应用

胶州湾大桥主桥中央分隔带开口处采用的折叠式预应力活动护栏，是一种新型成型产品，荣获国家专利(专利号：CN2010201289675)。

折叠式预应力护栏采用数节钢管桁架及两个桁架端头，组成活动护栏的主体结构。桁架的纵向横梁钢管中穿有施压预应力的钢绞线，预应力钢绞线增加了桁架钢管的抗拉及抗变形能力，极大地提高了活动护栏的防撞能力。防护能量达到 160kJ。经交通部公路交通安全工程研究中心试验测试，防撞能力达到国标要求的 Am 等级。

活动护栏钢管桁架之间通过专用铰连接，连接铰使各个桁架连成一个整体。每组桁架底部装有可调节高低的万向轮，用于移动、旋转折叠时的转向，并可调整高度来适应因路面不平等原因造成的活动护栏高低起伏，保证线形顺畅。连接铰可以在任意一个桁架单元之间的连接处打开，向两边同时旋转折叠，可更为快捷地开启活动开口，如图 7.4-1 所示。

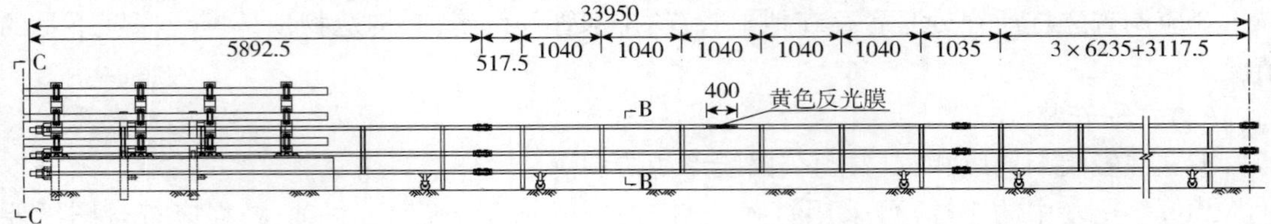

图 7.4-1 折叠式预应力护栏平面图(尺寸单位：cm)

7.5 风障

由于大沽河航道桥所处海域存在横风现象，为提高胶州湾大桥在大风等恶劣天气环境下的安全通行能力，确保行驶车辆的安全，在大沽河航道桥区域设置风障。根据风障研究专题成果，大沽河航道桥外侧护栏布置三道风障，桥塔区前后 60m 范围内侧采用桥塔中心 20m 范围内布设三道风障、两侧各 20m 范围布设两道风障的布设方案。

风障由立柱、障条、障条夹板三部分组成。风障立柱采用 Q345 钢，并采用与大桥护栏相同的热浸锌后涂塑的防腐方案，与护栏间通过螺栓固定。立柱和风障条之间采用夹板进行固定。所有紧固件(螺钉、螺栓、螺母和垫片)采用与大桥紧固件相同的热镀锌的防腐方案，并在钻孔处同样进行防腐涂装。

风障障条采用类U形风障条，材料采用PC耐力板，原材料为聚碳酸酯，该材料具有较好的抗撞击破碎性能、抗火性能好的特点，并在表面喷涂抗UV涂层。

在立柱和风障条安装过程中，严格控制钻孔位置和风障条安装质量，确保立柱和风障条线型与大桥和谐统一。

7.6 隔离栅

为保证道路使用者的安全、快速、便捷，必须在公路用地界内的两侧设置隔离栅，以防行人、牲畜进入高速公路。

隔离栅设置于公路用地界内侧约0.3m处，应尽量靠近用地界，地形有起伏时，隔离栅顺坡设置；在遇到≤3m的沟渠或涵洞时，可一次跨过；在桥下有路及通道处，隔离栅应沿桥下道路做封闭式围封；在旱桥、桥下无道路情况下，应顺桥梁方向做与主线平行的封闭式围封（围封范围及工程量可根据现场情况调整）；在遇跨河流桥梁时，应顺桥梁方向围封至水边，并做端头围封；每段隔离栅的起终点或隔离栅需要断开的地方，应针对不同的情况做端头围封；在隔离栅需要改变方向的地方，应做拐角处理；在跨越沟渠、涵洞处或地面起伏变化大处，隔离栅下方应增加异形网片。

根据目前高速公路的使用情况，胶州湾大桥隔离栅采用框架焊接网隔离栅，颜色为绿色，网片钢丝直径为4mm。

7.6.1 隔离栅材料规格及防腐处理

隔离栅的钢构件均采用Q235钢，钢构件均应作热浸镀锌后再涂塑的防腐处理，塑层必须均匀、光洁、色彩明艳。镀锌量及塑层厚度应满足相应规范要求。

钢构件镀锌层应均匀，镀层不剥离、不凸起，不得开裂或起层到用手指能够擦掉的程度。涂塑层应良好附着，聚乙烯涂塑层经剥离试验后，涂塑层断裂、无剥离。

7.6.2 施工技术要求

(1)隔离栅的施工应严格按照设计图纸进行放样。先定中心线，然后按设计的柱距定出柱位。

(2)隔离栅的柱孔深度应符合设计要求，挖到设计要求深度后，应将基底清净，经检验合格后，方准进行下道工序。

(3)立柱纵向应在一条直线上，不得出现参差不齐的现象。柱顶应平顺，不得出现高低不平的现象。立柱的埋置深度、地面高度、垂直度检查无误后，可浇灌混凝土，分层捣实；混凝土强度等级为C25。

(4)立柱基础采用现浇，混凝土应采用机械拌和，基础尺寸严格按照图纸尺寸施工。

7.7 轮廓标

为了帮助夜间行驶的车辆清楚地辨认道路线形，在主线路侧和中央分隔带两侧及互通立交匝道两侧连续设置轮廓标。

胶州湾大桥在主线一般路段、互通匝道的路侧及中分带设置附着式轮廓标，附着于波形梁护栏立柱和桥梁护栏上，左、右对称布置，直线段间距为 24m，曲线段按照规范，根据曲线半径的大小适当减小设置间距，对于大半径曲线段，最大间距不大于 24m。轮廓标反射器采用晶格诱导器，颜色沿路线前进方向左侧为黄色，右侧为白色。

胶州湾大桥轮廓标施工技术要求如下：

(1)附着于梁柱式护栏上的轮廓标可按立柱间距定位。

(2)附着式轮廓标应按照放样确定的位置进行安装。反射器的安装角度应符合规定。安装高度宜尽量统一，并应连接牢固。

7.8 其他安全设施

7.8.1 里程牌

胶州湾大桥将里程牌通过支撑钢管及抱箍安装在路侧波形梁护栏立柱或混凝土护栏上，里程牌采用铝合金板制作，厚度 2mm，表面粘贴二级反光膜。

7.8.2 百米牌

为了便于对道路的管理，在百米桩号的护栏上用 ϕ10cm 白底绿字二级反光膜标注百米字样。百米牌设置于沿路线前进方向的右侧护栏上，采用反光膜粘贴于波形梁护栏上或钢护栏上。本次设计在百米牌上增加里程桩号，便于求助人员准确告知救援位置。

7.8.3 锥形路标

锥形路标设置在匝道收费广场上，用以分隔上下行车流，设置间距为 3m，材质为 5mm 白色玻璃钢。

7.8.4 突起路标

胶州湾大桥在主线和互通匝道配合车道边缘线布设了突起路标，主线设置间距为 15m，互通匝道设置间距为 6m。突起路标反光片颜色与标线颜色相同，为白色。突起路标的平面布置及大样如图 7.8-1 及图 7.8-2 所示。

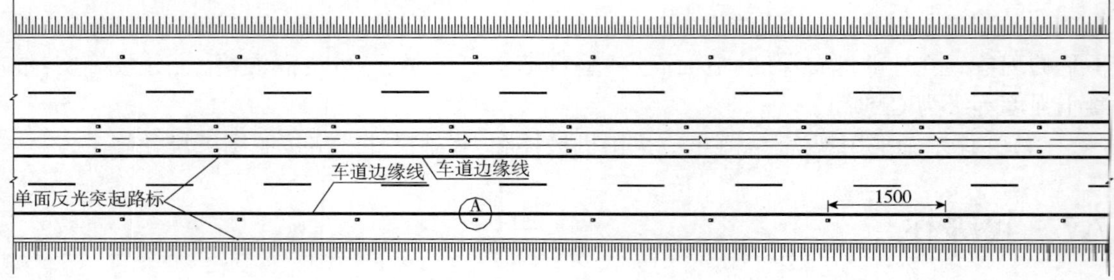

图 7.8-1 主线布设大样图(尺寸单位:cm)

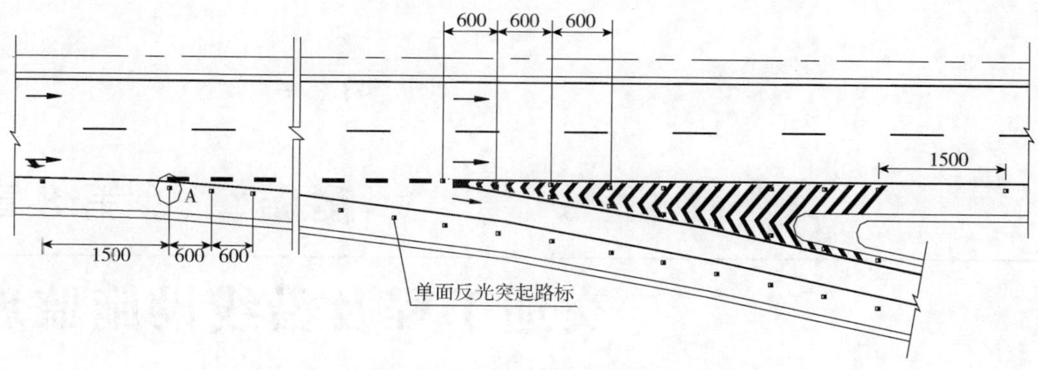

图 7.8-2 互通匝道布设大样图(尺寸单位:cm)

施工技术要求如下:

(1)突起路标应按图纸要求设置,设置时路面面层应干燥清洁,无杂屑,此时,将环氧树脂均匀涂覆于突起路标的底部,涂覆厚度约为 8mm,将突起路标压在路面的正确位置上,轻微转动,直到四周出现挤浆并及时清除其溢出部分,在凝固前突起路标不得扰动。

(2)在水泥混凝土路面设置突起路标时,先用硬刷和 10%盐酸溶液洗刷混凝土表面,然后用清水冲洗干净,待路面清洁干燥后安装突起路标。

(3)突起路标设置高度,顶部不得高出路面 25mm。

(4)突起路标的反光玻璃球有白色、红色或黄色,白色设在一般路段,红色或黄色设在危险路段。

(5)在降雨、风速过大或温度过高过低时,不进行设置。

(6)突起路标设置后,经检查不合格时,应拆除重新安装。

7.8.5 防撞筒

在互通式立交的分流端,为避免波形梁护栏端头对失控车辆造成伤害,需在护栏端头前设置防撞筒以吸收碰撞能量,降低车辆的伤害程度。本次设计采用玻璃钢材料制作的防撞筒。在迎车方向防撞筒的表面粘贴二级反光膜,用以引导车流。筒内装砂以消除碰撞能量。

7.8.6 界碑

界碑的设置按照国标的要求,采用钢筋混凝土结构。设置位置为道路两侧用地范围分界线上,设置间距一般为 200m,在曲线段设置间距适当加密。

第 8 章

交通工程及沿线设施监理

8.1 概述

胶州湾大桥机电、照明、供配电及机电集控项目施工监理，监理范围包括 7 个施工单位，其中机电工程 1 个合同段，照明、供配电及机电集控项目各分 3 个合同段。

8.1.1 监理组织机构

胶州湾大桥工程机电、照明、供配电及机电集控工程项目设监理部 1 处，该监理机构受建设单位委托负责本工程的全部监理工作，机构实行一级监理制。

结合施工合同段的划分，设置三个监理组，监理一组负责机电项目的安装相关监理工作；监理二组负责照明项目相关监理工作；监理三组负责供配电及机电集控相关监理工作。每组按照招标标段在分几个小组，各监理小组均配备相应的专业监理工程师和监理员，分别负责所监理标段的检测、计量及安全环保等相关的监理工作；并另外设置检测组和综合组，负责合同管理、文档管理和后勤工作。监理组织机构框图如图 8.1-1 所示。

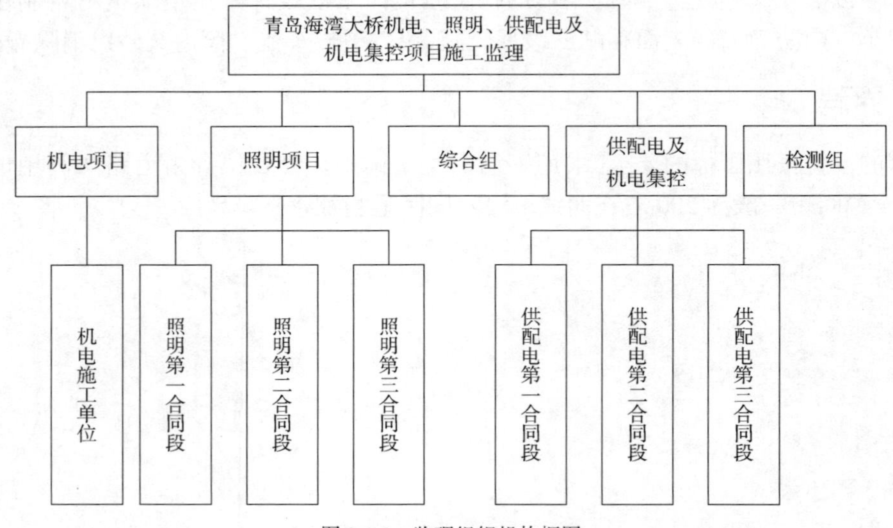

图 8.1-1 监理组织机构框图

8.1.2 监理依据

(1)交通部公路工程施工监理规范。

(2)胶州湾大桥工程机电、照明、供配电及机电集控项目施工监理招标文件。

(3)胶州湾大桥工程机电、照明、供配电及机电集控项目施工监理合同协议书。

(4)胶州湾大桥机电、照明、供配电及机电集控项目施工合同协议书。

(5)胶州湾大桥机电、照明、供配电及机电集控项目设计文件。

(6)工程实施过程中形成的有关文件。

(7)施工合同指定使用的标准图纸、技术规范、工程质量检验评定标准等。

(8)《公路工程施工监理规范》(JTG G10—2006)。

(9)《公路工程质量检验评定标准》(JTG F80/2—2004)。

(10)国家、交通运输部、山东省省交通运输厅及项目所在市颁布的监理法规。

8.1.3 施工监理原则

监理单位根据《施工监理合同协议书》和建设单位与承包商签订的《施工承包合同书》中赋予监理工程师的权利和义务,在合同范围内代表建设单位,对工程建设进行"监督、协调和服务",使建设单位在合理投资的条件下,按期、保质、保量、安全地得到合格的工程,同时承包商也得到合同规定的收益。

(1)监理单位及监理人员、承包商、施工人员、建设单位的项目管理人员均应接受政府交通主管部门、公路和工程质量监督部门的管理和监督检查。

(2)监理单位及监理人员应按照"严格监理、热情服务、秉公办事、一丝不苟"的原则认真贯彻执行有关施工监理的各项方针政策、法规,制订详细工作计划。

(3)明确岗位职责,严格管理制度,努力做好工程质量监理、工程进度监理、工程费用监理,并做好合同管理等各项工作。

8.1.4 监理工作目标

本工程质量目标为管理处巡查组每月一次性抽检平均合格率不小于92%,关键工程合格率不少于95%;分项工程验收评分不小于92分,标段工程评分不小于90分,竣工验收达到优良,争创国家优质工程。

(1)质量控制目标

①1分项工程合格率100%。

②杜绝发生重大质量事故和一级一般质量事故,有效防止发生二、三级一般质量事故,要求尽可能地少发生问题。

③消除质量通病。

④争创优质工程。

(2)进度控制目标

实现建设单位和承包人签订的合同工期。

(3)合同管理目标

规范化、有依据、有制度、有顺序,以避免合同纠纷的产生。

(4)费用控制目标

严格控制规模,严格审核工程变更设计,合理、有效地控制资金使用。

(5)安全控制目标

加强安全监督检查,消除安全隐患,杜绝重特大事故的发生,做到安全施工、安全监理。

(6)信息管理目标

将计划的执行情况与计划目标进行对比分析,找出差异及其产生的原因,采取有效措施排除和预防产生差异的原因,保证项目总体目标得以实现。

(7)组织协调目标

为了实现项目目标进行不断地组织协调。

8.2 监理制度

(1)设计文件、图纸审查制度

监理工程师收到施工设计文件、图纸后,应根据技术设计审查意见、合同文件、国家标准、规范、现场情况认真审查,提出审查意见,并交承包人进一步修改完善,直至审查完全合格为止。

(2)工程检查制度

施工开始后,每日22:00前承包人应将次日的派工单送达或传真至监理部。监理部根据情况派监理工程师到现场监理,如果不派监理工程师到场,当日的工程数量相当于已获确认。如果承包人不送派工单,所做的工程经监理工程师事后检查不合格,承包人应予返工。

每道工序完成后,承包人进行自检并提交工序质量验收表,专业监理工程师应根据监理过程中掌握的情况签署意见。

隐蔽工程在隐蔽之前,施工单位应根据《工程质量评定验收标准》进行自检,并将评定资料报监理工程师,监理工程师在施工单位自检合格的基础上进行审验签认。施工单位应将需要检验的隐蔽工程,在隐蔽前24h提出《隐蔽工程报验单》报监理部,监理部应安排专人到现场进行监理。

(3)工程质量监理制度

监理工程师对施工单位的施工质量有监督管理责任。监理工程师在监理工作中发现的任何工程质量缺陷,都需记入监理日志簿中,指明质量缺陷部位、问题及整改要求,限期纠正、复验。对较严重的质量问题或已形成隐蔽的问题,应由监理工程师填写《工作通知单》,通知施工单位,同时报建设单位。施工单位应按要求及时整改,克服缺陷后,通知监理工程师复验、签认。

(4)监理工作报告制度

施工过程中,监理部每月编制《监理月报》,监理月报内容截至每月25日,月报28日报送有关单位。监理月报的内容应以具体数字说明工程质量、工程进度、支付状况、监理工作执行情况以及概略评述施工单位履行施工合同义务的表现、存在的问题、采取的改进措施和今后工作安排的设想等;重大安全、质量事故、有价值的监理、施工经验等;在监理月报的最后,应附有当月合同执行情况的有关表格。

(5)监理日志制度

监理部安排专人填写监理日志,各专业将每日监理情况汇总后交填写人,填写人逐日将所从事的监理工作写入监理日志,特别是涉及设计、施工和需要返工、整改的事项,应详细作出记录。

(6)会议制度

会议制度是搞好监理工作的一种有效措施。由于会议的任务不同,工地会议分为第一次工地会议、例行工地会议和现场协调会三种形式。

①第一次工地会议。第一次工地会议主要任务是介绍建设单位、监理工程师和承包商三方人员和办事机构,制订行政程序,检查开工前的各项准备工作,宣布承包商的工程进度计划和本项目监理组施工进度及质量要求等。

第一次工地会议是进入工地开工前的首次会议,它可以为建设单位、监理部门和承包商之间在开始阶段建立互相合作的良好关系,为合同管理方面达成一致意见创造机会。会议的议程由建设单位拟定,并征求项目监理组和承包商意见。

②工地例会。例行工地会议是工程开工后定期的例行会议,每月召开一至二次(特殊情况例外)。会议的主要任务是解决施工中有关工程进度、质量以及生产技术或工艺问题。

③现场协调会。现场协调是指在(特别情况例外)按指定时间和地点,由指定的人员参加的协调建设单位、承包商和现场监理人员之间日常工作的会议。现场协调可以增进建设单位、承包商和监理人员之间保持良好的联系渠道,有利于监督承包商的工作。

现场协调会是由建设单位、监理人员和承包商工地负责人、技术主管人员,采用碰头会形式,在指定地点磋商施工中存在的问题和工作安排进行协调,便于互通信息,解决施工中实际难题。

(7)开工报告审批制度

当工程的主要施工准备工作已完成后,施工单位提出《工程开工申请书》,经监理工程师审查开工文件、条件并到现场落实后,签发开工令。

(8)施工进度监督及报告制度

监理工程师监督施工单位严格按照合同规定的和经批准的进度计划组织实施,每月向建设单位报告各项工程实际进度以及与计划进度的对比和形象进度情况。

审查施工单位编制的实施性施工组织设计,要突出重点,并使各单位、各工序进行密切衔接。

(9)投资监督制度

监理工程师要督促施工单位报送与工程承包合同相应的分段、分系统的概算账目投资和补充及变更的设计资料。经常掌握投资变动情况,按其统计分析并报告建设单位。

对重大变更设计或因选用新设备、新技术而投资较大的投资工程,监理工程师应及时掌握并报告建设单位,以控制投资。

依据设计工程量清单,监理工程师要认真计量已完成的工程,合理、准确计价。

(10)工厂监造及进场设备、材料检查制度

设备或材料订货前,应要求承包人提供设备制造(供货)商的出厂测试、试验报告和合格证。必要时监理工程师还应对设备的制造厂商的生产设备、制造工艺进行调查了解,或由承

包人提供设备、材料样品进行测试、试验。

三大系统工程用主要设备、材料的生产制造须工厂监造，不符合要求的设备、材料不准出厂、启运。

设备、材料运抵工程现场后，监理工程师应对设备的外观、品牌、规格、型号、产地、数量、技术指标等认真核对是否符合技术设计文件要求；手续是否完备，如装箱单、合格证、厂验证、测试报告、操作维护手册、使用说明书、安装手册等十分齐全；进口设备、材料应有原产地证明、工厂质检单据、国内供货商资格证明文件、产品代码证等；监理工程师对部分设备、材料在现场检验有困难，应委托有关专业的权威部门或单位进行检验，并出具检验报告；对主要材料在进入施工现场前要进行有关测试资料和合格证书检查。凡运输、包装、品牌、规格、型号、产地、数量、技术指标等与技术设计文件要求或与厂验不一致的，一律视为不合格产品，不得进场使用。

(11)工序验收制度

严格工序质量验收检查。监理部根据设计标准和工艺要求，对关键工序编制施工工序质量验收标准。专业监理工程师按照施工工序质量验收标准认真检查，对不符合质量要求的要及时提出，直至返工。上道工序不合格不能进入下道工序施工。

建立“样板工程”制度。关键分项工程或工序，要选取一个点作为样板工程进行示范操作，通过总结，承包人提出规范的施工工艺标准，经建设单位、设计、监理同意后全线推广。

坚持旁站监理。监理工程师根据承包人的派工单进行监理。一般工序不漏监，要害部位重点监理。

(12)工程交、竣工验收制度

工程交、竣工验收的依据是批准的设计文件(包括变更设计)；国家交通部、省交通厅批准的有关本工程文件；设计、施工有关规范；交通部工程验收质量标准；合同文件规定的执行标准、规范等。

整体工程完工后，施工单位按规定编写和提交工验收文件资料是申请工程竣工的必要条件，竣工文件资料不齐全，文字描述不准确清晰，不得进行验收交接。

在工程验收前，施工单位必须将编制好的全部竣工文件、资料及绘制的竣工图纸，向监理部提交一份，经监理工程师审查确认完整规范后，施工单位再按合同要求装订成册，提交建设单位有关部门审定。

施工单位必须主动、积极配合政府工程质量监督部门和工程质量检测单位在施工工地开展工作。

机电工程交、竣工验收程序按照山东高速集团相关要求执行。

8.3 监理程序

监理的主要工作过程分为施工准备阶段监理、施工阶段监理、试运行及缺陷责任期监理。

8.3.1 施工准备阶段的监理

(1)在建设单位的组织下，做好联合设计，熟悉技术规范和施工设计文件。

(2)熟悉承包商文件的内容,了解施工现场情况。

(3)制订详细的监理工作计划。

(4)复核设计图纸。

(5)审查承包商的施工组织设计(包括施工技术方案、人员、设备及用款计划)。

(6)审查承包商质量保证体系。

(7)核实承包商施工人员、施工装备进场情况。

(8)召开第一次工地会议。

8.3.2 施工阶段的监理

开工后对施工质量、进度和费用实施全面监理,以及协助建设单位进行合同管理。

1)质量监理

质量、进度、费用是工程建设控制的总目标,三者之间紧密相连,既相互矛盾、又相互统一,协调好三者之间的关系是监理工程师的一项重要任务。施工质量必须符合合同条件的规定、施工图纸和技术规范的要求以及建设单位和监理工程师批准的技术标准及合同文件列明的质量标准。

(1)对承包商送来的工程正式开工报告、施工进度计划、施工图纸和施工方案、方法及工艺流程提出审查意见,报建设单位批准。

(2)对承包商(或分包商)的施工资质证明文件、施工组织机构、主要人员及现场管理人员等项准备情况提出审查意见,报建设单位批准。

(3)对承包商提供的设备安装质量检测方法、自检人员的配备、质量自检表格及质量标准等必要的基础资料提出审查意见,报建设单位批准。

(4)对试验检验仪器与试验人员的配备、质量、自检系统及质量保证措施提出审查意见,报建设单位批准。

(5)对承包商提供的设备、进场材料的质量检验报告,包括出厂合格证书和质保文件及开箱检验单,专业监理工程师确认后报建设单位备案。

(6)审查设备安全、施工安全、安全管理情况,并根据上述准备工作检查情况提出开工和停工建议。

(7)审查并向建设单位报告承包商各系统具体施工安排(包括施工地点和内容)的执行情况,并于每周四上午向建设单位提交各系统工程下周的施工安排(包括施工地点和内容)。

(8)工序自检内容。本工程涉及的系统较大,设备和材料种类繁多,工序离散,它的工序自检大致分为单项设备安装工序自检、子系统工序自检、系统工序自检、系统联合运行自检等。

(9)工序检查确认。承包商在单项设备安装和自检时,必须有专业监理工程师在场。

承包商在子系统工序自检时,应有专业监理工程师在场。

承包商在系统工序和系统联合运行自检时应有建设单位、监理工程师在场自检后或自检的同时对每道工序完工后进行检查,承包商应提交完整的检测报告供监理工程师审查、报建设单位批准。

(10)承包商的工序自检。应将每周(月)施工与检验计划和“检验申请单”提前2d报监理工程师。

(11)承包商的工序自检后,并经监理工程师确认后作为按承包合同有关条款进行计量支付的依据。

(12)事故发生后,承包商应立即采取紧急处理措施(包括暂停施工),同时立即填写“质量事故报告单”报告监理部。

(13)监理部接到质量事故报告后,立即组织有关人员到现场查看,同时根据事故现场情况,提出事故处理意见。

(14)承包商根据专业监理工程师的意见,立即采取相应措施,查清事故原因并提出解决措施报监理部,并由监理部呈报建设单位。

(15)若为重要或重大事故,监理部应立即报建设单位。

(16)由监理工程师组织有关各方人员参加的联合调查组,查明原因,提出事故处理意见。

(17)若事故原因迟迟不能查明,监理工程师认为事故隐患未消除,则监理工程师建议建设单位不发复工令,或根据合同条款再次发出暂停施工令,直到事故原因查明后方可报请建设单位下达恢复施工指令。

(18)事故处理后,监理工程师应敦促承包商按规定填写事故报告,监理工程师签字后报送建设单位。

2)进度监理

(1)工程开工

当各项准备工作就绪,承包商的开工条件基本具备,在监理部审查后,呈报建设单位审批,由总监理工程师在计划的时间内下达开工令。

(2)分项(分部)开工

承包商必须至少提前14d将分项工程开工的要求通知监理部,如承包商的开工准备工作情况,工作计划和质量控制方法是可以接受的,则由监理部审查同意后,呈报建设单位审批,由总监理工程师在计划的时间内下达开工令。

(3)计划进度和实际进度在施工监理工作中,应把计划进度和实际进度间的平衡作为控制进度的关键环节。在工程实施过程中密切注视实际进度和计划进度间可能出现的差距,及时督促承包商按计划实施工程进度。设备进场安装阶段要求承包商按周报施工计划。

(4)进度计划的检查

①监理工程师应定出每日进度检查记录。按各系统工程对实际进度进行记录,并定期(日、周、月)汇总报告,作为对工程进度的掌握和决策的依据。

②每日工程进度报告。监理工程师应根据现场监理人员提供的每日施工记录,及时进行统计和标记,并通过分析和整理,每月向建设单位提交月工程进度报告。

③进度控制图表。监理工程师应编制和建立各种用于记录、统计、标记、反映工程实际进度与计划进度差距的进度控制图及进度统计表,以便随时对工程进度进行分析和评价,并作为要求承包商加快工程进度、调整进度计划或采取其他合同措施的依据。

(5)进度计划的调整

①在工程实施期间,如果实际进度与计划进度基本相符时,监理工程师不应干预承包商

对进度计划的执行,并提供和创造各种外部条件,及时调查处理妨碍工程进展的不利因素,促进工程按计划进行。

②监理工程师发现工程现场的组织安排、施工顺序或人力和设备与进度计划上的方案有较大不一致时,应要求承包商对原工程进度计划及资金流动计划予以调整,调整后的工程进度计划应符合工程现场实际,并应保证在合同工期内完成。

③调整工程进度计划,主要是调整关键项目的施工安排,对于非关键项目,如果实际进度与计划进度的差距并不对关键项目的实际进度造成不利的影响时,可不必要求承包商整个工程进度计划进行调整。

④承包商在无任何理由取得合理的延期的情况下,建设单位和监理工程师认为实际工程进度过慢,将不能按照进度计划预定的交工期完成时,应要求承包商采取加快工程进度的措施,以赶上工程进度计划中的阶段目标或总体目标。承包商采取加快工程进度的措施必须经监理工程审查,报建设单位代表批准。

⑤由于建设单位或监理人员的责任,或在实施工程中遇到不可抗拒的因素,使工程进度延误时,监理工程师应依据合同的规定向建设单位提出建议,经建设单位批准后,承包商可延长工期,但承包商应对原来的工程进度计划和资金流动计划予以调整,并按调整后的计划实施。

⑥由于承包商的责任造成工程进度的延误,而且承包商拒绝接受监理人员按建设单位要求加快工程进度的指令,或虽然采取了措施,但仍不能达到预期的工程进度要求时,监理工程师应对承包商的施工能力重新进行审查和评价,必要时应向建设单位提出书面报告,建议对工程的一部分实行指定分包或考虑更换承包商。

3)费用监理

(1)监理工程师必须熟悉工程量清单及其说明的内容,掌握工程具体项目的内容、计量方式和方法。

(2)工程量清单数量是合同图纸给定的数量,监理工程师必须以此为依据,对实际完成的工程量准确计量。

(3)监理工程师按合同规定办理工程变更时,应对变更工程数量、新增工程数量及单价进行修改和补充。

(4)合同工程量清单中所开列的工程量数量仅是该工程的设(预)计数量,不能作为承包商在执行合同中应予完成的确切数量。另外在合同执行过程中所发生的工程变更都必须进行工程计量,以便取得最完整的计量资料为工程支付提供依据。

(5)如果承包商在收到监理工程师的计量通知后,不参加或未派人参加计量工作,则由监理工程师派出人员单方面进行工程计量,该计量应认为是正确的工程计量,可以用作支付的依据,承包商不能对此提出异议。

(6)对永久工程采用现场记录和图纸的计量方式,当承包商被通知要求参加计量时,应在三天内同监理工程师一道查阅和确认现场记录和图纸,并在双方取得同意时在上面签字。如果承包商不参加审查与确认,则应认为这些记录和图纸是正确无误的。承包商若认为上述图纸和记录有不确切之处,应在7d内要求监理工程师给予复议,监理工程师应予以复查,并将结果通知承包商。

(7)在合同实施中,监理人员必须对所有已经完成的工程细目进行计量和记录,以便检查承包商的月度结账单。监理人员还必须对涉及付款的工程细目在施工中发生的一切问题进行详尽记录。

(8)在计量工作中,监理人员应特别注意隐蔽工程的计量,详尽审查施工记录报表,避免其他纠纷。

(9)承包人应按合同中规定的格式和数额,在合同签署后 14d 内提供履约保证金,在承包人向建设单位提交一份不可撤销的由银行出具的预付款保函后 28d 内,业主将按合同基本价的 10%支付预付款作为本工程的第一期支付。

(10)在设备材料总值 80%运到工地现场且开始安装,并经监理工程师检验合格后 42d 内,业主将按合同规定支付到合同基本价的 50%作为本工程的第二次支付。

(11)系统设备全部安装调试完成后进入试用期(试运行)阶段后 42d 内,业主将按合同规定支付到合同基本价的 80%作为本工程的第三次支付。

(12)在试用期(试运行)结束交工验收后,经交通质监部门验收合格,签发交工验收证书后 42d 内,业主将按合同规定支付到最终合同价的 95%作为本工程的第四期支付。

(13)在缺陷责任期满竣工验收后,经有关部门签发竣工验收证书后 42d 内,业主将按合同规定支付到最终合同价的 100%作为本工程的第五期支付。

4)合同管理

(1)为加强管理,降低成本,确保快速、有序、高标准地完成胶州湾大桥工程建设任务,按照《交通部公路工程设计变更管理办法》和《山东省交通厅公路工程变更设计审批管理暂行规定》有关要求,结合本工程项目建设实际情况,制订机电工程变更设计管理规定。

(2)变更设计的条件,符合下列条件之一的,可以考虑变更设计。

①设计文件中存在错、漏、碰、缺或不完善情况。

②设计不合理,不能满足使用功能或原设计虽然可行,但有较大优化余地的。

③勘察设计资料不详,因地质、水文等自然条件与施工图设计差异较大。

④由于水利、工矿、文物、城建、电力、电信、铁路、环保等方面的原因或其他不可预见因素,必须变更设计方案的。

⑤虽然增加部分投资,但有利于提高工程质量、保护环境、改善行车条件或能够方便工程运营期间的检修、维护,降低运营期的维修养护费用的。

⑥国家颁布新的技术标准和新的设计规范以及上级行政主管部门对工程建设提出新的标准和技术要求。

⑦在保证原设计标准的前提下,能减少工程造价、节省投资、节省用地的;不增加投资或增加投资不多,但能够解决特殊的技术问题或能加快施工进度、保证施工质量、改善施工条件明显的。

(3)变更设计的原则:

①设计变更应当符合国家有关公路工程强制性标准和技术规范的要求,符合公路工程质量和使用功能的要求,符合环境保护功能。

②设计变更应符合设计文件批复精神,保持其延续性和完整性。

③设计变更不得降低原设计标准,不得影响工程质量和安全。

④设计变更应先进行认真的调查,收集完整的资料,提出设计变更申请,详细叙述变更理由,按规定审批权限,程序进行处理。

⑤根据变更涉及的变更费用,工程设计变更分为:一般变更和重要变更。一般变更指因工程设计变更造成工程建设费用增减金额在100万元以下的变更;重要变更指因工程设计变更造成工程建设费用增减金额在100万元以上的变更。

(4)监理工程师应做到主动、事前处理工程各方的协调工作,严防延期事件的发生。由于额外的或附加的工作、异常的恶劣气候条件、由于建设单位造成的延误、不是承包商的过失或由其他特殊情况等,使工程预计或出现延迟时,监理工程师必须在确认核实后受理工程延期。

(5)受理费用索赔的条件。监理工程师必须确认下述条件满足时,受理费用索赔。

①承包商必须依据合同有关规定索取额外的费用。

②承包商在出现引起索赔的事件后,按合同规定的期限向监理工程师提交索赔意向报告,并同时抄送建设单位。

③承包商承诺继续按规定向监理工程师提交说明索赔数额和索赔依据等详情材料,并根据监理工程师需求随时提供有关证明。

④承包商在索赔事件终止后,按合同规定的期限,向监理工程师提交正式的索赔申请。

⑤费用索赔的主要类型。

难以预见的情况所引起:异常恶劣的气候条件;外界障碍(化石、古物、地下建筑等);战争入侵、叛乱、暴乱等;通常无法预测和防范的任何一种自然力。

建设单位责任引起:未按合同规定和承包商合理的工程进度计划,提供对现场的占有权和出入权;未按规定向承包商付款;提前占用或使用永久性工程区段而造成损失或损害;违约使合同中途终止。

监理工程师的责任引起:延误签发图纸、指令;负责提供的书面数据不准确;要求进行的合同中未规定的检验。

(6)收集资料、做好记录。

监理工程师应在收到承包商索赔意向后,立即通知有关的监理人员,做好工地实际情况的调查和日常记录,收集来自现场以外的各种文件资料与信息。

(7)审查承包商的索赔申请。

监理工程师收到承包商正式索赔申请,应主要从以下几方面进行审查:

①索赔申请的格式满足监理工程师的要求。

②索赔申请的内容符合要求。即已列明索赔发生、发展的原因及申请所依据的合同条款;附有索赔数额计算的方法、价格与数量的来源细节和索赔涉及的有关证明、文件、资料、图纸等。

③审查通过后,可开始下一步的评估,否则应对承包商的申请予以退回。

(8)索赔评估应主要从以下几方面进行评定:

①承包商提交的索赔申请资料必须真实、齐全,满足评审的需要。

②申请索赔的合同依据必须正确。

③申请索赔的理由必须正确与充分。

④申请索赔数额的计算原则与方法应恰当;数量应与监理工程师掌握的资料一致,价格

与取费的来源能被建设单位所接受。否则应修订承包商的计算方法与索赔数额并与建设单位和承包商协商。

(9)审查报告由正文和附件组成。

正文内容包括受理承包商索赔申请的日期;工作简况;确认的索赔理由及合同依据;经过调查、讨论、协商、确定的测算方法及由此确定的索赔款额、结论等。附件包括监理人员对该索赔的评语,承包商的索赔申请,包括涉及的文件、资料、证明等。

(10)确定索赔。

监理工程师应在确认其结论之后,签发《索赔时间/金额审批表》并报建设单位批准后通过中期支付证书予以支付。

5)安全、文明施工与环境保护

(1)施工现场必须具备良好的施工环境和作业条件,避免发生人生伤亡事故和工程事故。进入施工现场的所有人员必须遵守施工现场安全管理规定。

(2)施工现场安全生产实行项目经理负责制。应建立健全工地安全组织保障体系,制订和完善安全管理制度,采取各项安全防护措施,确保施工正常进行。

(3)文明施工是相对于野蛮施工、混乱施工而言。文明施工的特征是按设计要求及施工规范,严密组织施工,并做到施工场地清洁,井然有序,没有随地乱扔的废旧材料、工具,如短钢筋头、元钉、铁丝、木料、水泥纸袋、扳手、铁锤、钢管、橡皮管等。使用过的机械和多余的材料,在短期内不再使用的应及时归库,不随地乱搁。工人的调度、安排,随着工程需要而定,没有因窝工而到处闲逛或聚坐长时间闲谈的情况。施工中的废水、废渣不随地乱排、乱放。能否做到文明施工是承包商管理水平的体现。因此监理工程师应协助承包人搞好文明施工的管理。

8.3.3 试运行及缺陷责任期阶段的监理

在工程交工验收后,对工程试运行状况进行监理。竣工验收后,在缺陷责任期阶段对工程缺陷的修补、修复、重建和维修维护进行监理。

(1)竣工

①本工程竣工是指工程已交工验收、试运行期结束的全部信息系统管理工程。竣工日期,应以竣工验收日期为计算终点。

②在工程结束后,并合格通过技术规范规定的任何检验后,承包商应向监理工程师提交一份要求竣工验收的申请报建设单位审批。

③竣工合格证书应写明根据合同规定工程已实质上的交工日期、试运行期,或者向承包商发出指令,列明在签发竣工合格证书之前,尚需在缺陷责任期完成的工作。同时还应指明,在试运行期出现的对工程实质上有影响的任何工程缺陷,应在签发以前予以整修完成。

④工程竣工验收合格后,建设单位向承包商签发竣工合格证书并全面接手整个工程,投入正式使用。

(2)签发竣工合格证书的条件

①缺陷责任期后。监理工程师必须对工程进行全面检查,确认工程的全部完成,或剩余工作很少,并不影响工程的正常使用及安全。

②交工验收提出的工程质量问题已处理完毕,工程检验合格。

a.监理工程师对各系统工程质量检验的结果,证明该工程确实符合规范要求,且竣工图纸和各项资料齐全、完整。

b.监理工程师向承包商指出的在交工后和试运行期中的各类质量问题,均已得到圆满的解决。

③工程决算已按交通部规定的办法编制完成,竣工决算已经审计并经交通主管部门或其授权单位认定。

④竣工文件已按交通部规定的内容完成。

⑤如需对档案、环保等进行单项验收,已经由相关部门验收合格。

⑥各参建单位已按交通部规定的内容完成了各自的工作报告。

⑦质检部门已按交通部规定的公路工程质量鉴定办法对工程质量检测鉴定合格,并已形成工程质量鉴定报告。

⑧监理工程师收到承包商的书面申请竣工报告。

(3)竣工合格证书的签发程序

①按有关规定组织竣工评估小组。竣工评估小组的主要任务是:

a.进一步审查竣工申请报告。

b.现场检查申请竣工的工程。

c.审查承包商缺陷责任期的剩余工程计划。

d.决定是否签发竣工证书。

e.根据以上情况写出评估报告。

②对竣工申请进行审查。

a.评估小组应确认承包商竣工申请报告,对申请竣工的工程范围,竣工工程的工程质量、质量缺陷的处理等描述全面、准确。在缺陷责任期内的剩余工程计划安排合理可行。并写出书面审查意见。对基本符合有关部门条款的竣工申请报告,评估小组应予以接受,但必须在审查意见中肯定成绩、指出存在的缺点及在缺陷责任期内修改的建议。

b.对与有关规定存在较大差距的申请报告不予接受,但应写明审查意见予以退回。

③现场检查与评估。

a.主要检查申请竣工工程全面质量、各系统运行的功能、系统和设备各项技术指标是否达到合同和技术规范的要求。建设单位认为有必要时,可对系统的某一或多个重点部位进行现场测试。

b.评估小组对检查情况进行合同评估,重点对检查中及以前发现的工程缺陷进行分析,确定这些缺陷的修正是否可作为剩余工程留待在缺陷责任期内完成,并与承包商所报的剩余工程计划相符合。

c.全面审查承包商提供的竣工技术文件:竣工图纸、各单项关键设备、各子系统、系统的功能和技术指标测试检验报告、操作维修手册是否齐全、完整并符合要求。按技术规范和合同要求的技术资料。

④评估报告内容。

a.承包商申请竣工验收的工程范围,完成情况及提出申请的过程。

b.竣工评估小组的授权及任务。

c.评估小组人员名单。

d.评估活动过程。

e.小组评议情况:是否接受申请及对缺陷的讨论。

f.小组结论:对完成合同和技术规范要求的功能、主要技术指标的进行全面技术评价、是否接受剩余工程计划,同意于何时(年、月、日)签发竣工证书(或不予签发)。

g.报告附件:内容主要为承包商的竣工申请报告;评估活动计划;现场检查的工程缺陷一览表及被批准的承包商缺陷责任期内的剩余工程计划。

⑤签发竣工合格证书。工程竣工的日期以评估小组决定的签发竣工合格证书日期为准。工程竣工合格证书的内容包括获得竣工合格证书的工程范围、工程获得竣工合格证书的日期(竣工日期)、审查竣工工程的单位和竣工合格证书的签字人(建设单位、监理工程师、设计代表、承包商负责人)。

(4)工程交工验收合格后进入缺陷责任期,建设单位应根据合同规定确定工程的缺陷责任期,起算日期应以建设单位签发的工程交接证书日期为准。对于有一个以上竣工日期的工程,缺陷责任期应分别从各自不同的竣工日期起算。

(5)缺陷责任期监理工作的内容。检查承包商的剩余工程计划:定期检查剩余工程计划的实施,并视工程具体情况,建议承包商对工程计划进行充实、调整,加快进度。检查已完工程:经常检查已完工程,对工程交接时存在的缺陷及签发交接证书后发生的工程缺陷情况作记录,并督促承包商及时修复。

(6)缺陷责任期的监理组织

监理工程师应根据监理合同规定的缺陷责任期任务和剩余工作量,配备缺陷责任期的监理人员。一般包括一名高监和一名专监,负责质量检测及处理合同事宜。

(7)缺陷责任终止证书签发的必要条件:

①按合同要求,缺陷责任期18个月后,监理工程师确认承包商已按合同规定及监理工程师指示完成全部剩余工作。

②监理工程师对全部剩余工程的质量予以认可。

③监理工程师收到承包商含有如下内容的终止缺陷责任申请:

a.剩余工程计划的执行情况。

b.在试运行期和竣工验收期间,建设单位和监理工程师指令承包商进行修复的工程缺陷完成情况。

c.缺陷责任期内发现的,监理工程师指令承包商进行修复的工程完成情况。

(8)签发缺陷责任期终止证书:

监理工程师根据竣工评定报告,并确认工程按合同规定已达到缺陷责任期工作验收标准,向建设单位提出建议:给承包商签发缺陷责任期终止证书。签发日期应以工程通过竣工检验的日期为准。证书中应包括以下主要内容:

①获得证书的工程范围。

②审查缺陷责任期工程的单位。

③工程竣工日期及合同缺陷责任终止日期。

④缺陷责任终止证书的签字人(建设单位、监理工程师、设计代表、承包商代表)。